吴理财 主编

文化政治学

INTRODUCTION TO
CULTURAL POLITICS

概 论

社会科学文献出版社
SOCIAL SCIENCES ACADEMIC PRESS (CHINA)

目　录

第一章　文化政治学引论

文化政治学（Cultural Politics），是对文化的政治学研究，探讨文化的政治逻辑。不过，这里的文化是一个比较宽泛的概念，它把各种社会和政治现象文化化，将种族、民族、族裔、身份、性别、年龄、地缘、生态等问题都纳入文化政治学进行思考和讨论。而且，它往往把文化视为意义竞争乃至政治斗争的场域。

文化政治学的出现相当晚近，目前仍处于发展之中。它受到马克思主义、新马克思主义、法兰克福学派、后现代主义等各种相互影响又相互冲突的理论流派的影响，这也就决定了它从产生到后续的发展都是混合、杂糅和不完善的。

第一节　文化政治学的兴起

文化政治学产生于 20 世纪五六十年代的西方新社会运动以及与之相关的文化研究。参与这场影响广泛且深远的新社会运动的人，要么以文化为媒介、要么以文化为工具、要么以文化为领域或舞台，表达自身的利益诉求，争取合法的政治权益。这场新社会运动，或可称为文化政治运动。与此同时，相关的理论研究开始出现"文化政治化""政治文化化"转向，从而逐渐消融了"文化"和"政治"乃至"文化研究"和"政治学"的传统认识边界，最终形成了所谓的"文化政治学"。严格而言，文化政治学是这场新社会运动以及相关理论研究相互影响、相互促动的结果。

西方"文化政治"的研究主要受马克思主义和新马克思主义、法兰克福学派、伯明翰学派以及后现代主义等诸多学术流派的影响，以揭示社会边缘群体、亚群体或被压迫群体的"无意识"支配的隐秘权力机制为己任，从而对资本主义进行文化批判，甚至主张"迈向一种渐进的民主政治"。

西方马克思主义在 20 世纪 20~30 年代发生了"文化转向"。以卢卡奇（György Lukács）、科尔施（Karl Korsch）和葛兰西（Antonio Gramsci）为代表的西方马克思主义者有感于经典马克思主义面临理论和实践上的双重危机，对马克思主义经典理论进行新诠释和新改造产生了深刻影响，并催生了新马克思主义、后马克思主义等诸多流派，他们把更多的目光聚焦到文化批判、文化斗争和文化政治运动上。例如，卢卡奇、葛兰西等理论家的研究主题由经济政治批判转向文化批判，由重视经济基础的决定作用转向发掘上层建筑的理论和实践功能，张扬马克思主义的辩证法特性、意识形态价值和文化领导权。尤其是葛兰西的文化领导权理论，为西方马克思主义文化研究的文化政治转向提供了重要理论支撑。

法兰克福学派通过对科技理性导致的异化、法西斯极权主义的文化根源、工人阶级日益被收编等问题的思考，对资本主义社会展开深入的文化批判，形成了一种具有鲜明政治立场的理论实践。例如，阿多诺（Theodor W. Adorno）对文化工业的意识形态功能进行了深刻揭露，强调文化工业以标准化程式快速复制生产文化产品来迎合大众娱乐消遣需要，消解了大众的批判精神，瓦解了大众的反抗意志，成为操控和驯服大众的手段。其文化批判具有鲜明的政治指向。

英国新左派的文化政治研究源自英国文学批评传统与马克思主义的结合。威廉斯（Raymond H. Williams）试图在马克思主义的学术传统下，建构起研究英国社会文化变革的"文化唯物主义"，形成一套系统的分析社会日常生活诸要素的理论机制。其提出文化是对社会、政治和经济生活中系列变迁的重要反映，是借以把握社会政治性质的理论工具。以威廉斯为开山鼻祖的文化研究具有政治性面向，以至詹姆斯·凯瑞（James W. Carey）说："英国的文化研究，毫无疑问且更加准确地应当重新命名为意识形态研究，因为它以各种复杂的方式将文化与意识形态画上了等号。或者，更确切地说，它将意识形态当成了整个文化的提喻。"[1] 随着 20 世纪 90 年代马克思主义在西方社会的逐渐远去，意识形态的概念逐渐让位于权力的概念。[2] 就

---

[1] James W. Carey, *Communication as Culture: Essays on Media and Society*. Boston: Unwin Hyman, 1992, p. 97.

[2] 〔澳〕马克·吉布森：《文化与权力：文化研究史》，王加为译，北京大学出版社，2012，第 2 页。

像托尼·本内特（Tony Bennett）指出的那样，文化研究"现在主要是用作一个方便字眼，用以指代一系列的理论和政治观点……这些观点都是从它们与权力之间的复杂关系以及权力内部的复杂结构的角度审视文化行为"①。

同时，这里的权力概念深受米歇尔·福柯（Michel Foucault）的影响。对于福柯而言，"在社会的每两个点之间，在男性和女性之间，在家庭成员之间，在教师和学生之间，在每一个认识的人和不认识的人之间，都存在着权力"。"事实上在任何社会里，权力关系多种多样，它们渗透于社会整体，成为社会的主要特征，并且构成了社会。"② 米歇尔·福柯关于权力的宽泛理解，在一定意义上促进了文化政治学的发展。

除了对权力概念的重新理解，文化政治理论的发展还跟对"文化"的全新解读有关。如今，"现实世界不再以本身的面貌存在，而仅仅以文化的形式登台、演出、展现、想象"③。文化得势不再被视为社会及解决体制的反映和伴随物，它本身已经反过来变成社会、经济、政治，甚至是心理现实的决定项。文化经由社会领域大幅扩张到社会生活的方方面面，就其原始的以及尚未被理论化的意义而言，可以说都已经变成"文化的"，"'文化'已经变成真正的'第二自然'"④。对于文化政治学者而言，在文化领域，意义和真理都是在权力模式与关系中构成的，文化遂成为争夺意义的符号战场，文化政治则被设想为"围绕阶级、性别、种族、性意识、年龄等方面组成的一系列集体社会斗争，试图根据特定价值观和希望的后果来重新描述社会"⑤。

20世纪60年代，随着社会结构的变迁和新社会运动的兴起，后现代主义诠释成为理论前沿。伊格尔顿（Terry Eagleton）在此语境下分析了文化政治产生的历史条件。他在后现代历史语境下将文化政治理解为"文化的政

① Tony Bennett, "Putting Policy into Cultural Studies," in L. Grossberg, C. Neslon and P. Treichler (eds.), *Cultural Studies*. New York and London: Routledge, 1989, p. 23.

② Michel Foucault, *Power/Knowledge: Interviews and Other Writings*. Brighton, Sussex: Harvester, 1980, pp. 187, 93.

③ 〔英〕戴维·钱尼：《文化转向：当代文化史概览》，戴从容译，江苏人民出版社，2004，第212页。

④ Fredric Jameson, *Postmodernism, or the Cultural Logic of Late Capitalism*. Durham: Duke University Press, 1992, p. ix.

⑤ 〔英〕克里斯·巴克：《文化研究：理论与实践》，孔敏译，北京大学出版社，2013，第460页。

治化",即文化是表达政治诉求的语法方式,"价值、言语、形象、经验和身份在这里是政治斗争的唯一语言"①。

如今,文化已全方位渗入资本主义结构,并构成了晚期资本主义社会的支配逻辑。"文化本身落入了尘世。不过,其结果倒并不是文化的全然消失,恰恰相反的是其惊人的扩散。这种扩散的程度之泛滥使得文化与总的社会生活享有共同边界;如今,各个社会层面成了'文化移入',在这个充满奇观、形象或者蜃景的社会里,一切都终于成了文化的——上至上层建筑的各个平面,下至经济基础的各种机制。"② 这种对文化世俗化、商品化的论断,同法兰克福学派的观点十分相似。不过,"法兰克福学派令人不满的并不是它的否定和批判的立场,而是这种立场所依赖的肯定的价值,即维护传统的现代主义高级艺术的价值"③。实际上,法兰克福学派从审美现代性的立场对这种文化下降运动展开了无情的批判,以"反艺术"的审美主义推动现代文化继续朝着精英化方向前行。詹明信(Fredric Jameson)意识到,文化已成为后现代主义历史时期的主导力量,并从内容到形式都变得与现代主义文化迥然不同。在其看来,以单一现代性的目光审视后现代,不从根本上理解和阐释现代性与后现代的文化断裂,最终只能走向文化悲观与保守主义。当然,放弃法兰克福学派那种精英主义的现代性批判意识,并不是要完全认同后现代主义文化的浅表化、商品化、消费化、娱乐化、抹平深度、精神分裂、能指狂欢等诸多性状与症候,做一个鲍德里亚所说的"与碎片嬉戏"的后现代主体,而是要以一种政治批判的姿态介入晚期资本主义的生产关系与文化结构,从扑朔迷离的后现代主义文化镜像中发掘出隐秘的政治无意识。④ 就像詹明信所指出的,"我们必须正视后现代主义的文化规范,并尝试去分析及了解其价值系统的生产及再生产过程。有了这样的理解,我们才能在设计积极进步的文化政治策略时,掌握最有效

① 〔英〕特里·伊格尔顿:《理论之后》,商正译,商务印书馆,2009,第 47 页。
② 〔美〕詹明信:《晚期资本主义的文化逻辑》,陈清侨等译,生活·读书·新知三联书店,1997,第 381 页。
③ 王逢振主编《詹姆逊文集》第 3 卷,中国人民大学出版社,2004,第 57 页。
④ 李艳丰:《重建一种"马克思主义"的文化政治学——詹姆逊后现代主义文化理论与文化政治诗学的批判性反思》,《南京社会科学》2021 年第 3 期。

的实践形式"①。在詹明信这里，"文化政治"是分析批判资本主义的一种策略方法，构成了他分析后现代主义文化特征的基本框架。② 在其看来，"文化研究或'文化唯物主义'实质上不啻为一项政治事业"③。

当代英国政治哲学家拉克劳（Ernesto Laclau）与墨菲（Chantal Mouffe）创立的"后马克思主义"，是当今西方学界继"西方马克思主义"之后又一新的左翼学术文化思潮，是西方新社会运动文化思潮的理论化，倡导微观政治、身份政治与话语政治，本质上也是一种文化政治学。后马克思主义文化政治学就是为阐明异质的民主斗争（性别的、人种的、阶级的、性的、环境的等）提供一个构架。④ 它从宏观政治转向微观政治。"微观政治关注日常生活实践，主张在生活风格、话语、躯体、性、交往等方面进行革命，以此为新社会提供先决条件，并将个人从社会压迫和统治下解放出来。"⑤ 微观政治不再把政治斗争局限于单一的生产场所或国家领域，而是趋向日常生活的各个方面。这一后马克思主义文化政治学是当代西方解构哲学等新理论与阿尔都塞（Louis Althusser）、葛兰西理论的接合，是当代马克思主义文化政治学"语言学转向"的最新产物。⑥

第二节　文化政治学的研究内容

什么是文化政治学？文化政治学的主要内容是什么？其实，对此并没有确切和统一的界定。这跟人们对文化政治学的不同理解，以及它的不同理论来源和研究旨趣有关，尽管它如今已遍及西方人文社会科学研究领域。

伊格尔顿在《理论之后》中宣布"文化政治学"就此诞生，但认为"这个词的意义却非常含混不清"⑦，这种表述既反映了伊格尔顿的谨慎，也

---

① 〔美〕詹明信：《晚期资本主义的文化逻辑》，陈清侨等译，生活·读书·新知三联书店，1997，第 432 页。

② 陈金山：《文化政治省思：运思逻辑、概念界定与理解语境》，《学术论坛》2015 年第 12 期。

③ 王逢振主编《詹姆逊文集》第 3 卷，中国人民大学出版社，2004，第 17 页。

④ 〔英〕尚塔尔·墨菲：《政治的回归》，王恒、臧佩洪译，江苏人民出版社，2005，第 8 页。

⑤ 〔美〕斯蒂文·贝斯特、道格拉斯·凯尔纳：《后现代理论：批判性的质疑》，张志斌译，中央编译出版社，1999，第 150 页。

⑥ 陶水平：《后马克思主义文化政治学及其文论价值》，《中国文学研究》2014 年第 1 期。

⑦ 〔英〕特里·伊格尔顿：《理论之后》，商正译，商务印书馆，2009，第 46 页。

折射出文化政治理论的复杂性。1991年,一位出生于美国的非裔女作家贝尔·胡克斯(bell hooks)写了一本名为《向往:种族、性别和文化政治学》的书。她提出,黑人知识分子应投身于对种族、性别、阶级等不平等现象的批判活动,以具体的文化行动来反抗文化领域的权力压迫。文化政治研究的宗旨在于,"清醒地坚持将文化研究与进步、激进的文化政治相联系,将会保证文化研究成为一个使批判性介入成为可能的领域"①。在《反抗的文化:拒绝表征》中,她提倡用文化政治抵制文化的殖民化,认为文化政治能祛除话语、思维与想象的殖民化特色,使文化研究成为"干预、挑战和改变的有力场所",从而"保持一种思维模式和进步的政治观,从根本上反对殖民主义,否定形形色色的文化帝国主义表现形式","文化批评就能够成为变化的动因,能够以各种解放的方式培养批判意识"②。她主要从后殖民主义的理论视域出发,将文化政治视为黑人抵抗种族、性别、阶层等权力压迫的意识形态策略。

此后,在1994年又有两本以"文化政治学"为名的著作问世,一是格伦·乔丹(Glenn Jordan)和克里斯·威登(Chris Weedon)的《文化政治学:阶级、性别、种族和后现代世界》(Cultural Politics:Class, Gender, Race and the Postmodern World),二是艾伦·森费尔德(Alan Sinfield)的《文化政治学——酷儿读本》(Cultural Politics:Queer Reading)。对于格伦·乔丹、克里斯·威登而言,文化政治表征复杂的权力问题,关注的主要问题是:哪种人的文化是正统的?哪种人的文化是从属的?什么样的文化被认为值得展示?哪些文化则需要掩盖和隐藏?谁的历史要被铭记?谁的历史又要被遗忘?什么样的社会生活构想应当被突出?而哪些构想须被边缘化?什么声音能被听到?哪些则须保持缄默?谁可以代表人?其代表又基于何种缘由?凡此种种均属于文化政治的领域。③ 他们强调文化在意义生产与分配、价值、主体性与身份建构方面的重要政治作用。"文化政治学基本

---

① bell hooks, *Yearning:Race, Gender, and Cultural Politics*. Boston MA: South End Press, 1991, p. 9.
② 〔美〕贝尔·胡克斯:《反抗的文化:拒绝表征》,朱刚等译,南京大学出版社,2012,第5~6页。
③ Glenn Jordan & Chris Weedon, *Cultural Politics:Class, Gender, Race and the Postmodern Word*. Oxford: Blackwell, 1995, p. 4.

上决定社会实践的意义，进一步的，哪些群体或个人有权力来定义这些意义。文化政治学也关切主体性与认同，因为文化扮演建构我群感的核心角色。文化斗争通常反映以及/或生产深层的情感——爱国主义、精英主义、种族主义、性别主义、反种族主义等诸情感。换言之，它们必须联系主体性。我们所在的主体性的形式扮演决定我们是否接受或抗争现存的权力关系。更进一步，对被边缘化或被压抑的群体而言，新的及抵抗的认同之建构是改变社会的更广泛政治斗争的关键层面。"①

这些文化政治学者从女性主义、种族主义、后现代主义出发，吸收了阿尔都塞的意识形态理论、葛兰西的文化霸权理论、福柯的话语权力理论等，形成了研究所谓"非常规政治"或"非正式政治"的"文化政治学"。当今文化研究中大力推崇文化政治学并身体力行的是詹明信和伊格尔顿，他们不仅以卓著的理论建树推进了文化政治学，而且在具体的文学、文化研究中采用文化政治批评方法，取得了许多重要的成果。

在西方学术领域，"文化政治学"主要关注和研究种族、民族、族裔、身份、性别、年龄、地缘、生态等问题，而且这些问题所关涉的对象一般是社会的边缘群体或受支配群体。以致詹明信认为，文化政治的任务就是"详细列出各种边缘群体、被压迫或受支配群体——所有所谓的新社会运动以及工人阶级——所忍受的种种'束缚'结构，同时承认每一种苦难形式都产生出了它自己的特殊'认识方式'（epistemology），它自己的特殊的由下而上的视野，以及它自己的特殊的真理"②。这些问题的核心其实仍然是权力，包括权力的界定、分配、使用、执行、生效、争夺、转移、巩固、延续等。有学者甚至认为，文化政治学不仅关涉社会边缘群体或受支配群体，还关涉一个社会的强势群体，无论是前者还是后者都注重文化的政治性功能，对其而言文化政治是为表达他们对世界的看法而采取的一种策略和战略。因此，文化政治学这门学科向一个广泛的文化概念开放，包括流行的文化实践形式，也包括抵抗的乃至斗争的文化实践形式，以至于"社

---

① Glenn Jordan & Chris Weedon, *Cultural Politics: Class, Gender, Race and the Postmodern Word*. Oxford: Blackwell, 1995, pp. 5-6.

② Fredric Jameson, "History and Class Consciousness as an Unfinished Project," *Rethingking Marxism*, 1988 (1): 71. 转引自〔美〕道格拉斯·凯尔纳、斯蒂文·贝斯特《后现代理论：批判性的质疑》，张志斌译，中央编译出版社，1999，第220页。

会和文化生活中的每种事物在根本上都与权力有关。权力处于文化政治学的中心。权力是文化的核心。所有的指意实践——也就是说，所有带有意义的实践——都涉及到权力关系"①。

文化政治将文化设定为政治斗争的场域，或者将文化视为一种有政治争议的社会建设，试图从日常生活实践中发掘出权力博弈的文化策略。文化政治研究意识形态、主体、性别、身份、阶层、族裔、地缘等问题，是一种典型的知识分子政治、微观政治、差异政治或生活政治。其逃避、消解、反抗现代政治的宏大叙事逻辑，转而以文化启蒙、文化批判与文化革命的方式吹奏政治的号角，以达成人性的文化关怀与政治解放。因而，有学者这样描述西方的文化政治："从时间上说，它是一种后现代政治；就其表现形态而言，它是一种具体政治；就其重要性而言，它是一种边缘政治；从其世俗性来说，它是一种日常生活政治；就其学理性质而言，它是一种学术政治；就其心理特点而言，它是一种欲望政治；从传统观念看来，它是一种非常规政治；从正统观念看来，它是一种非正式政治，如此等等，不一而足。"②

文化政治理论重新思考了文化、政治与权力问题，重构了文化、政治的语义、结构与功能。文化成为政治的结构、载体与象征性符码，政治嵌入文化隐蔽的褶皱，弥散成权力的根须，形构出文化多元复杂的意义图式。③

也有人认为，文化政治既关涉"文化政治化"，也关注"政治文化性"生成。本质上，文化政治是一种基于"文化"和"政治"关系探讨社会生活领域各种权力关系的理论范式。"文化政治化"关切的问题是文化如何被赋予政治功能，旨在揭示文化背后的政治意蕴。在研究方法上，"文化政治化"不是用文化来解释一切，而是用一切来解释文化。"政治文化性"关切的议题则是政治问题背后的文化价值或文化本质，也就是"政治文化性"

---

① 〔英〕阿雷恩·鲍尔德温、布莱恩·朗赫斯特、斯考特·麦克拉肯、迈尔斯·奥格伯恩、格瑞葛·斯密斯：《文化研究导论》，陶东风等译，高等教育出版社，2004，第229页。

② 姚文放：《关于文化政治》，载《中国中外文艺理论研究（2011年卷）》，2011年中国中外文艺理论学会年会暨"国外马克思主义文论与中国当代文论建构"国际学术研讨会，成都，2021年6月20日。

③ 李艳丰：《"文化政治"：话语内涵及理论生成的历时性考察》，《云南社会科学》2016年第5期。

如何生成，它遵循政治学的概念逻辑，文化的功能则是寻求对政治问题的文化解释，从而确立政治的属性，其最终目的在于探究政治问题的文化性质或价值空间。简言之，文化政治学既探讨文化如何被赋予政治意义的问题，也关注政治问题背后的价值旨归。① 西方的文化政治研究旨趣基本上是前者，其研究主体也主要是文化研究领域的学者，而政治学者（严格而言是正统的政治学者）更关注后者。并且，就像劳伦斯·格罗斯伯格（Lawrence Grossberg）坦率指出的那样，"从根本上来说，文化不是一个让大多数政治学家感到舒服的概念"②。然而，具有讽刺意味的是，在政治内部文化范畴无处不在，譬如在政治学话语内部，在国家话语中，在国家方位内的文化空间中（如公民社会或公共领域），在政府的文化和文化的管理中，以及人们借以理解控制和权力世界的所有话语中，都存在文化范畴或者跟文化紧密关联。③

对当代中国学者而言，如果要建构面向中国的文化政治学，那我们所理解的"文化政治"不仅要比上述文化研究者宽泛，而且具有（传统）政治学的特性，主要关注国家政治或总体性政治。具体而言，它主要论述（国家）政治权力的定义、展现（或再现）、论证。它不仅仅把文化当作政治来理解，更主要地探讨正式政治——政党、议会、官僚机构、国家形式、抗议运动及其他——为何是文化的：为何是被竞争的意义的舞台而不是有特权的神圣性和权力。④

因此，文化政治研究一般是由这些关键词构建的，即意识形态、话语（论述）、文化霸权、合法性、身份/认同（差异政治）、承认、接合、文化权利、收编、文化整合、规训、定义、表征（文化符号）、文化资本、公民文化等。我们的研究旨趣与西方学者之所以不同，是因为各自政治社会发

① Michel Foucault, *Power/Knowledge*：*Interviews and Other Writings*. Brighton, Sussex：Harvester, 1980, p. 187.

② David J. Elkins & Richard E. B. Simeon, "A Cause in Search of an Effect, or What Does Political Culture Explain?" in Lane Crothers & Charles Lockhart（ed.）, *Culture and Politics*：*A Reader*. New York：St. Martin's, 2000, p. 33.

③ 〔美〕劳伦斯·格罗斯伯格：《文化研究的未来》，庄鹏涛、王林生、刘林德译，中国人民大学出版社，2017，第239页。

④ 〔英〕阿雷恩·鲍尔德温、布莱恩·朗赫斯特、斯考特·麦克拉肯、迈尔斯·奥格伯恩、格瑞葛·斯密斯：《文化研究导论》，陶东风等译，高等教育出版社，2004，第235页。

展的现实要求不一样，我国尚处于社会主义初级阶段，而西方发达国家已普遍进入晚期资本主义社会，各自面对的政治、社会和文化发展问题是不完全相同的。尽管如此，西方学者的研究仍然有可资借鉴之处。

第三节　文化政治学的批评

早在英国文化研究的草创时期，威廉斯等人就对马克思主义的经济决定论和上层建筑与经济基础的二元模式表示了不满。自从文化研究的"葛兰西转向"之后，对法兰克福学派文化工业理论的反思和批评就变得十分流行，主要矛头指向它的悲观主义、精英主义的立场以及生产主义的研究范式。这种潮流到费斯克（John Fiske）走向了极端，出现了所谓的过度美化大众能动性的"民粹主义"倾向。民粹主义的文化政治研究由于警惕经济主义而把关注的焦点放在消费而不是生产上，积极肯定消费大众的主动性与创造性，却矫枉过正地走向了民粹主义与"消费主义"。吉姆·麦克盖根（Jim McGuigan）对包括文化政治研究在内的文化研究的非马克思主义和非政治经济学倾向提出了批评。他声称，这些文化政治研究的真正危机是把关注点狭隘地集中在消费上，而没有把消费问题置于物质的生产关系中。他提倡文化政治研究应该重新引入政治经济学，重新关注生产，否则的话，文化政治研究很可能与现存的剥削和压迫力量结成同盟。[①]

尼古拉斯·加恩海姆（Nicholas Garnham）认为，把马克思主义政治经济学与文化政治研究对立起来是建立在对政治经济学的误解之上的，"只有在文化研究与政治经济学的桥梁重新建成之后，文化研究的事业才能成功推进"[②]。民粹主义式的文化政治研究背叛了自己原先的主张——统治方式及其伴随的文化实践是建立在资本主义生产方式的基础上的。结果，是文化消费而不是文化生产，是休闲的文化实践而不是劳动或工作的文化实践，成为文化政治研究压倒一切的关注点。这反过来在政治上帮助了右派，因为正是右派在意识形态上把人们建构为消费者而不是生产者。偏离了政治

---

① 陶东风主编《文化研究读本》，南京大学出版社，2013，第 20~21 页。
② 〔英〕尼古拉斯·加恩海姆、贺玉高、陶东风：《政治经济学与文化研究》，《西北师大学报》（社会科学版）2005 年第 1 期。

经济学和生产分析的文化政治研究通过把注意力集中于消费、接受和阐释的阶段，而夸大了消费和日常生活的自主性、创造性。如果脱离经济结构与政治权力而集中关注孤立的"日常生活"，就会制造一种人们的日常生活能脱离结构的权力的幻象，回避了权力结构与权力组织的存在，而文化工业当然就是这样的特定权力结构与组织。

弗兰克·韦伯斯特（Frank Webster）指出，这种否定阶级分析范式的文化政治研究存在几个方面的"危险"：反经济还原主义变成对没有任何解放意义、革命意义的差异的无批判庆贺；对于消费者的创造性过于乐观，低估了社会结构对行动者的制约、压迫；对观众"快感"的赞美导致对最肤浅的文化产品不加思考的任意肯定；在所谓的"生产—再现—接受"的"文化循环"中对生产的低估，并过分强调接受与消费；为理论而理论以及理论的自我迷恋，等等。斯蒂文·贝斯特（Steven Best）和道格拉斯·凯尔纳（Douglas Kellner）也认为，文化政治只有在为社会整体性变革的斗争中才能获得真正的意义，否则，"文化政治和身份政治就依然限制在社会边缘，并且处在退化到自恋、快乐主义、唯美主义或个人治疗的危险之中"①。

在西方，文化政治基本上属于后现代主义范畴。文化政治学者格伦·乔丹和克里斯·威登认为，后现代主义对普遍性、元叙事、本质的主体性和固定的意义的批判的确有激进的政治潜能，但也容易造成对社会关系结构的盲视。"对差异的理解一旦脱离产生它的结构性权力关系，后现代对差异的欢庆就会变得危险。"② "差异政治"弄不好，就会沦为失去批判性的"游戏"的政治。③ 诚如伊格尔顿批评的那样，后现代政治"被改变成了某种审美景观"，"它已经帮助把性、性别和族性的问题如此坚实地放进了政治日程……只不过是对更经典形式的激进政治学的一种替代，这种更经典形式的激进政治学涉及的是阶级、国家、意识形态、物质的生产方式"④。

① 〔美〕斯蒂文·贝斯特、道格拉斯·凯尔纳：《后现代转向》，陈刚等译，南京大学出版社，2002，第372页。
② Glenn Jordan & Chris Weedon, *Cultural Politics：Class, Gender, Race and the Postmodern Word.* Oxford：Blackwell, 1995, p.564.
③ 范永康：《超越后现代文化政治——伊格尔顿"政治批评"的后期走向及其启示》，《东方丛刊》2010年第2期。
④ 〔英〕特里·伊格尔顿：《后现代主义的幻象》，华明译，商务印书馆，2002，第29页。

后现代主义以"微观政治"取代"解放政治"恰恰"是一场政治失败的后果",而"正是这一点,歪曲了众多的当代文化观点,使它们走了样"①。从这个意义上而言,"后现代主义对规范、整体和共识的偏见是一场政治大灾难,其愚蠢也确是惊人的"②。

综上所述,即便是在西方,虽然形成了诸多文化政治理论,但是从学科角度而言,文化政治学尚在形成之中。与其说是对文化政治学的批评,毋宁说是对文化政治及相关理论的批判。无论是文化政治还是文化政治学,都是研究文化与政治关系的;只有回到马克思主义的轨道上,才能真正揭示文化与政治之间的根本逻辑。

第四节　中国文化政治学的建构

文化政治研究主要是围绕文化与权力的关系展开的,主要探讨"文化治理"的议题。国内关于文化政治的研究,严格而言,才刚刚开始。为了开始这项研究,编者认为必须首先梳理文化政治研究的主要关键词,并尝试运用这些关键词来理解、阐释当代中国文化政治现象和问题,从而逐步建构本土的文化政治学,服务于当代中国文化政治发展的现实需要。③

文化政治学是对文化的政治学研究,探讨文化的政治逻辑。文化政治学的建构,是在文化政治研究的基础上,将文化政治研究学科化。

本书从文化政治关系、文化政治形态、文化政治机制、文化政策话语、文化政治发展等方面对文化政治学进行建构。全书由17章组成。第一章是文化政治学引论,对文化政治学的兴起、研究内容、西方文化政治研究进行述评。第二章、第三章、第四章分别论述文化权力、文化权利和文化治理,讨论文化政治关系。第五章、第六章、第七章、第八章分别论述意识形态、政治话语、文化空间和政治仪式,讨论文化政治形态。第九章、第十章、第十一章、第十二章分别论述文化认同、身份政治、文化规训和文化表征,讨论文化政治机制。第十三章论述文化政策话语。第十四章、第

---

① 〔英〕特里·伊格尔顿:《沃尔特·本雅明:或走向革命批评》,郭国良等译,译林出版社,2005。
② 〔英〕特里·伊格尔顿:《理论之后》,商正译,商务印书馆,2009,第16~17页。
③ 吴理财:《主持人语:漫谈对文化的政治学研究》,《云南行政学院学报》2015年第6期。

十五章、第十六章、第十七章分别论述当代中国大众娱乐习惯变迁、现代公共文化服务体系建构、现代文化产业体系发展、国家文化治理现代化，讨论文化政治发展。本书是我们对中国文化政治学建构的初步尝试，姑且称之为"文化政治学概论"。

第二章　文化权力

什么是文化权力？这个比较常见的概念至今似乎没有一个正式的定义，也没有专门的论述。关于文化权力的论述及使用主要散见于马克思、葛兰西、法兰克福学派、福柯、文化研究者、布尔迪厄、约瑟夫·奈等的著述之中，很显然他们在不同意义上使用了这一概念。

第一节　作为权力自觉"文本"的意识形态

马克思很少直接论述"文化"，他一般将文化视为一种精神观念或意识形态。然而，即便是意识形态，马克思也没有做过系统的论述，但是他关于意识形态的主要理论轮廓却是清晰的，并产生了深远的影响。①

马克思在《〈政治经济学批判〉序言》中提出："人们在自己生活的社会生产中发生一定的、必然的、不以他们的意志为转移的关系，即同他们的物质生产力的一定发展阶段相适合的生产关系。这些生产关系的总和构成社会的经济结构，即有法律的和政治的上层建筑竖立其上并有一定的社会意识形式与之相适应的现实基础。物质生活的生产方式制约着整个社会生活、政治生活和精神生活的过程。"② 在这一经典的"经济基础/上层建筑"的关系框架中，文化被视为意识形态的产物，或者等同于意识形态。③

马克思对意识形态基本上持批判的态度。一方面，他认为："不是人们的意识决定人们的存在，相反，是人们的社会存在决定人们的意识。"④ 黑

---

① 〔英〕大卫·麦克里兰：《意识形态》，孔兆政、蒋龙翔译，吉林人民出版社，2005，第13页。
② 《马克思恩格斯选集》第2卷，人民出版社，1995，第32页。
③ 〔英〕约翰·斯道雷：《文化理论与大众文化导论》，常江译，北京大学出版社，2019，第4页。
④ 《马克思恩格斯选集》第2卷，人民出版社，1995，第38页。

格尔恰恰颠倒了这一关系。马克思和恩格斯在《德意志意识形态》一文中态度鲜明地指出："德国的批判，直至它最近所作的种种努力，都没有离开过哲学的基地。"① 他们称呼那些鼓吹颠倒意识与存在、思想与现实的关系并以纯思想批判代替反对现存制度的实际斗争的德国哲学家为"意识形态家"或"玄想家"。因为无论是青年黑格尔派还是老年黑格尔派，都认为宗教、概念、普遍的东西（观念、意识）统治着现存世界，只不过一派认为这种统治是篡夺的而加以反对，另一派则认为这种统治是合法的而加以赞扬。青年黑格尔派认为，只要同意识的这些幻象做斗争就能获得"解放"。马克思和恩格斯则提出："思想、观念、意识的生产最初是直接与人们的物质活动，与人们的物质交往，与现实生活的语言交织在一起的。人们的想象、思维、精神交往在这里还是人们物质行动的直接产物。表现在某一民族的政治、法律、道德、宗教、形而上学等的语言中的精神生产也是这样。人们是自己的观念、思想等等的生产者，但这里所说的人们是现实的、从事活动的人们，他们受自己的生产力和与之相适应的交往的一定发展——直到交往的最遥远的形态——所制约。意识〔das Bewuβtsein〕在任何时候都只能是被意识到了的存在〔das bewuβte Sein〕，而人们的存在就是他们的现实生活过程。如果在全部意识形态中，人们和他们的关系就像在照相机中一样是倒立成像的，那么这种现象也是从人们生活的历史过程中产生的，正如物体在视网膜上的倒影是直接从人们生活的生理过程中产生的一样。"② 在这里，马克思和恩格斯将黑格尔颠倒的意识和存在之间的关系再次倒置过来，从而展开了对当时德国社会意识形态的历史唯物主义的批判。

另一方面，在马克思主义经典作家看来，意识形态不仅仅是"颠倒的观念"，更与社会资源和权力的不公平分配联系在一起。③ 实际上，也只有将意识与存在的关系重新倒置过来，才能揭示意识形态所遮蔽的不平等的现实关系或权力结构，从而认识到文化作为经济基础所决定的上层建筑，或隐或现地维护着统治阶级的利益。④ 不过，并非所有的思想都是意识形态

① 《马克思恩格斯选集》第 1 卷，人民出版社，1995，第 64 页。
② 《马克思恩格斯选集》第 1 卷，人民出版社，1995，第 72 页。
③ 〔英〕大卫·麦克里兰：《意识形态》，孔兆政、蒋龙翔译，吉林人民出版社，2005，第 13 页。
④ 〔英〕约翰·斯道雷：《文化理论与大众文化导论》，常江译，北京大学出版社，2019，第 4 页。

的；使思想转化为意识形态的，正是它们与劳动过程所固有的社会和经济关系的冲突性之间的关联。

马克思和恩格斯认为，这些冲突从根本上来自两个方面：首先是劳动分工，"与这种分工同时出现的还有分配，而且是劳动及其产品的不平等的分配（无论在数量上或质量上）"①；其次是这造成了私人财产的出现，以及私人利益与公共利益之间的矛盾。为此，"共同利益才采取国家这种与实际的单个利益和全体利益相脱离的独立形式，同时采取虚幻的共同体的形式，而这始终是在每一个家庭集团或部落集团中现有的骨肉联系、语言联系、较大规模的分工联系以及其他利益的联系的现实基础上"②。所有这些的后果是，"国家内部的一切斗争——民主政体、贵族政体和君主政体相互之间的斗争，争取选举权的斗争等等，不过是一些虚幻的形式——普遍的东西一般说来是一种虚幻的共同体的形式——，在这些形式下进行着各个不同阶级间的真正的斗争"③。社会实际上被利益的冲突撕裂，但为了掩饰这些对立和矛盾，为社会和经济的不平等分配辩护，粉饰统治，一些思想观念便因此成为意识形态。④

诚如马克思、恩格斯在《德意志意识形态》中论述的那样："统治阶级的思想在每一时代都是占统治地位的思想。这就是说，一个阶级是社会上占统治地位的物质力量，同时也是社会上占统治地位的精神力量。支配着物质生产资料的阶级，同时也支配着精神生产资料……既然他们作为一个阶级进行统治，并且决定着某一历史时代的整个面貌，那么不言而喻，他们在这个历史时代的一切领域中也会这样做，就是说，他们还作为思维着的人，作为思想的生产者进行统治，他们调节着自己时代的思想的生产和分配；而这就意味着他们的思想是一个时代的占统治地位的思想。"⑤ 而且，统治阶级"为了达到自己的目的不得不把自己的利益说成是社会全体成员的共同利益，就是说，这在观念上的表达就是：赋予自己的思想以普遍性

---

① 《马克思恩格斯选集》第1卷，人民出版社，1995，第83页。
② 《马克思恩格斯选集》第1卷，人民出版社，1995，第84页。
③ 《马克思恩格斯选集》第1卷，人民出版社，1995，第84页。
④ 〔英〕大卫·麦克里兰：《意识形态》，孔兆政、蒋龙翔译，吉林人民出版社，2005，第16~17页。
⑤ 《马克思恩格斯选集》第1卷，人民出版社，1995，第98~99页。

的形式，把它们描绘成唯一合乎理性的、有普遍意义的思想"①。马克思通过对资本逻辑的揭示，指出资本主义生产关系中固有的剥削和不平等被流通领域自由交换的外表所掩盖，导致了自由、平等一类典型的资本主义意识形态的产生。②简言之，所谓自由平等博爱的资本主义意识形态，根本上是为资产阶级统治的合法性辩护的。

尽管统治阶级的思想是占统治地位的思想，但是，这并不等于说统治阶级的意志可以简单地强加于被统治阶级，也不等同于把"错误的意识"（false consciousness）灌输给人们。③由此，必然导致意识形态的斗争。也就是说，统治阶级的思想"并不仅仅被动地以统治的形式存在，它需要不断地被更新、重建、防御和修改。同时，它也不断地受到抵抗、限制、改变和挑战"④。意识形态的霸权不是一劳永逸的。

第二节　作为大众欺骗"启蒙"的文化（工业）

法兰克福学派是西方马克思主义的一个流派。1944 年，法兰克福学派代表人物霍克海默（Max Horkheimer）和阿多诺（Theodor L. W. Adorno）在《文化工业：作为大众欺骗的启蒙》（*The Culture Industry：Enlightenment as Mass Deception*）中专门论述了"文化工业"（culture industry），对资本主义社会的大众文化产品及其生产进行了批判。

随着资本主义的发展和科技的进步，大规模生产和复制文化产品日益普遍，"所有大众文化都是一致的，它通过人为的方式生产出来的框架结构，也开始明显地表现出来"⑤。这个时候，"电影和广播不再需要装扮成艺术了，它们已经变成了公平的交易……真理被转化成了意识形态"⑥。

---

① 《马克思恩格斯选集》第 1 卷，人民出版社，1995，第 100 页。
② 〔英〕大卫·麦克里兰：《意识形态》，孔兆政、蒋龙翔译，吉林人民出版社，2005，第 21~22 页。
③ 〔英〕约翰·斯道雷：《文化研究中的文化与权力》，《学术月刊》2005 年第 9 期。
④ Raymond Williams, *Marxism and Literature*. Oxford：Oxford University Press, 1977, p. 112.
⑤ 〔德〕马克斯·霍克海默、西奥多·阿多诺：《启蒙辩证法：哲学断片》，渠敬东、曹卫东译，上海人民出版社，2020，第 122 页。
⑥ 〔德〕马克斯·霍克海默、西奥多·阿多诺：《启蒙辩证法：哲学断片》，渠敬东、曹卫东译，上海人民出版社，2020，第 122 页。

他们认为，一旦文化工业大行其道，"当人们谈论文化的时候，恰恰是在与文化作对。文化已经变成了一种很普通的说法，已经被带进了行政领域，具有了图式化、索引和分类的含义"①。在这样的社会里，"一个人只要有了闲暇时间，就不得不接受文化制造商提供给他的产品"，"然而，〔文化〕工业却掠夺了个人的这种作用"②。

文化工业控制了大众的日常生活甚至内心欲望，消弥了个体的批判精神和否定意识，使之成为"单向度"的人。就像马尔库塞（Herbert Marcuse）论述的那样："娱乐和信息工业（文化工业）生产出来的东西是令人难以抗拒的，因其蕴含着某种预设的观念和习俗，通过激发精神上或情感上的反应将'心甘情愿的'消费者和文化的生产者绑定在一起；进而，文化的受众也就被纳入了整个资本主义体系。这些文化产品向人们灌输着某种虚假意识，操纵着人们的思想，让大众无法看清其欺骗性……这已经成了一种生活方式。这是一种很'好'的生活方式，至少比以前好。在这种生活方式之下，绝不会发生任何质变。因此，就出现一种单向度的思维与行为模式，那些试图超越既有话语和行为范畴的观念、愿望和理想，要么被摒弃，要么被纳入现存的体系。"③

正因为如此，在文化工业社会之中，"个性化从来就没有实现过。以阶级形式存在的自我持存，使每个人都停留在类存在的单一层面上。……社会所依凭的每个人，都带上了社会的烙印：他们看似自由自在，实际上却是阶级和社会机制的产品。权力本身建立在广泛的权力基础上，而且通过对人们的影响，获得了人们的拥戴"④。这其实是资本主义通过文化工业实现阶级统治的"奥秘"。

渗透于文化工业中的"意识形态也开始有些语焉不详，词不达意了，它既没有变得更明确，也没有变得更软弱无力。然而，正是这种含糊不清的东西，这种从不把自己等同于未经证实的事物的科学取向，成为统治工

---

① 〔德〕马克斯·霍克海默、西奥多·阿多诺：《启蒙辩证法：哲学断片》，渠敬东、曹卫东译，上海人民出版社，2020，第133页。

② 〔德〕马克斯·霍克海默、西奥多·阿多诺：《启蒙辩证法：哲学断片》，渠敬东、曹卫东译，上海人民出版社，2020，第126页。

③ Herbert Marcuse, *One Dimensional Man*. London: Sphere, 1968, pp. 26-27.

④ 〔德〕马克斯·霍克海默、西奥多·阿多诺：《启蒙辩证法：哲学断片》，渠敬东、曹卫东译，上海人民出版社，2020，第158页。

具。由此，意识形态变成了鼓吹现状的举动，它不仅一丝不苟，而且是事先安排好的。文化工业把自己造就成蛊惑权威的化身，造就成不容辩驳的既存秩序的先知"①。

受到马克思主义特别是"经济基础"与"上层建筑"理论框架的影响，法兰克福学派认为，文化工业以及与此相应的大众文化，最终是由资本主义经济所行使的功能造成的。② 阿多诺指出："文化工业的全部实践就在于把赤裸裸的赢利动机投放到各种文化形式上。"③ 所谓"文化工业的进步，〔始终〕离不开资本之普遍法则的根源"④。

霍克海默、阿多诺指出：在资本主义社会，文化工业产品的"消费者总是那些工人、雇员、农民和地位低下的中产阶级。资本主义生产从身体和灵魂上都对他们进行了限制，使他们成为孤立无助的牺牲品。相比于自身而言，统治者总是很自然、很严厉地对他们施加道德压力，今天，受骗的大众甚至比那些成功人士更容易受到成功神话的迷惑。他们始终固守着奴役他们的意识形态"⑤。在这样的社会里，"整个世界都要通过文化工业的过滤"⑥。文化工业仿佛是资产阶级的意识形态滤网，发挥着观念"过滤"或"矫正"的功能。霍克海默、阿多诺进一步批判道："既然意识形态始终反映出了经济强制性，那么不论在什么地方，对意识形态的自由选择就变成了选择同一种意识形态的自由。……人类之间最亲密的反应都已经被彻底物化了，对他们自身来说，任何特殊的观念，现在都不过是一种极端抽象的概念：人格所能表示的，不过是龇龇牙、放放屁和煞煞气的自由。"⑦

---

① 〔德〕马克斯·霍克海默、西奥多·阿多诺：《启蒙辩证法：哲学断片》，渠敬东、曹卫东译，上海人民出版社，2020，第 150~151 页。

② 〔德〕马克斯·霍克海默、西奥多·阿多诺：《启蒙辩证法：哲学断片》，渠敬东、曹卫东译，上海人民出版社，2020，第 123 页。

③ 〔德〕阿多诺：《文化工业再思考》，高丙中译，载陶东风、金元浦主编《文化研究》第 1 辑，天津社会科学院出版社，2000，第 199 页。

④ 〔德〕马克斯·霍克海默、西奥多·阿多诺：《启蒙辩证法：哲学断片》，渠敬东、曹卫东译，上海人民出版社，2020，第 134 页。

⑤ 〔德〕马克斯·霍克海默、西奥多·阿多诺：《启蒙辩证法：哲学断片》，渠敬东、曹卫东译，上海人民出版社，2020，第 136 页。

⑥ 〔德〕马克斯·霍克海默、西奥多·阿多诺：《启蒙辩证法：哲学断片》，渠敬东、曹卫东译，上海人民出版社，2020，第 128 页。

⑦ 〔德〕马克斯·霍克海默、西奥多·阿多诺：《启蒙辩证法：哲学断片》，渠敬东、曹卫东译，上海人民出版社，2020，第 171 页。

通过对文化工业的批判，他们深刻地揭露了隐藏在资本主义文化工业背后的权力逻辑——"毫无疑问，文化工业的权力是建立在认同被制造出来的需求的基础上，而不是简单地建立在对立的基础上，即使这种对立是彻底掌握力与彻底丧失无力之间的对立"①。

尤其是他们对文化娱乐的分析，充分而细致地揭示了文化工业消费娱乐所掩饰、遮蔽的资本主义权力支配下的悲哀、无奈、麻木和自欺欺人。"文化工业对消费者的影响是通过娱乐确立起来的。"② 霍克海默、阿多诺指出，"晚期资本主义的娱乐是劳动的延伸。人们追求它是为了从机械劳动中解脱出来，养精蓄锐以便再次投入劳动。……人们要想摆脱劳动过程中，在工厂或办公室里发生的任何事情，就必须在闲暇时间里不断接近它们。所有的消遣都在承受着这种无法医治的痛苦。快乐变成了厌烦，因为人们不需要做出任何努力，就可以快乐下去，他们只要按照老掉牙的程序严格操作下去就行了。不要指望观众能独立思考：产品规定了每一个反应，这种规定并不是通过自然结构，而是通过符号作出的，因为人们一旦进行了反思，这种结构就会瓦解掉。文化工业真是煞费了苦心，它将所有需要思考的逻辑联系都割断了"③。在这里，"娱乐"是文化工业产品生产者事先所给定的，因而是程式化的。这样的"娱乐"，既无暇独立思考，又不容人们独立思考。对于文化工业产品而言，人们因为消费而"娱乐"，因为"娱乐"而消费。如此一来，"娱乐"成为（剥削）"劳动"的延伸，人们为了更好地重新投入"劳动"而去"娱乐"。就这样，资本主义生产可以循环往复下去，从而建构并维系着整个资产阶级的统治秩序。

在资本主义社会，"文化向来可以产生驯服那些革命和野蛮本能的作用，工业文化也助其一臂之力。这充分说明，人们根本无法摆脱这种残酷的生活境遇。那些感到身心疲惫的个人必须把疲惫化成动力，为使他疲惫

---

① 〔德〕马克斯·霍克海默、西奥多·阿多诺：《启蒙辩证法：哲学断片》，渠敬东、曹卫东译，上海人民出版社，2020，第139页。

② 〔德〕马克斯·霍克海默、西奥多·阿多诺：《启蒙辩证法：哲学断片》，渠敬东、曹卫东译，上海人民出版社，2020，第139页。

③ 〔德〕马克斯·霍克海默、西奥多·阿多诺：《启蒙辩证法：哲学断片》，渠敬东、曹卫东译，上海人民出版社，2020，第139~140页。

不堪的集体权力服务"①。生活在这样的文化工业社会，"社会所依凭的每个人，都带上了社会的烙印：他们看似自由自在，实际上却是阶级和社会机制的产品。权力本身建立在广泛的社会基础上，而且通过对人们的影响，获得了人们的拥戴"②。于是，文化工业作为大众欺骗的启蒙、一种具有欺骗性的意识形态，成了统治阶级社会权威的"卫道士"，发挥着稳定现行秩序的"社会水泥"的作用。

法兰克福学派另一位代表人物洛文塔尔（Leo Lowenthal）持有同样的观点。他认为文化工业生产出来的文化具有"标准化、模式化、保守、虚幻等特征，是极具操纵性的消费品"③。这些文化工业产品对工人阶级去政治化，使其只关注眼前，不关心未来。"革命的趋势只要稍露锋芒，就会立即为财富、历险、热恋、权力和感动等白日梦般的虚假满足感所冲淡和打断。"④

第三节　作为霸权的文化

到了葛兰西那里，文化不仅获得了自主性，而且发挥着积极的"领导"作用，由此形成了葛兰西独特的"文化领导权"或"文化霸权"（cultural hegemony）理论。

与马克思主义经典作家不同的是，葛兰西通过对西方资本主义社会的考察，将其上层建筑分为"市民社会"和"政治社会"⑤两个部分。其中，市民社会由政党、工会、教会、学校、学术文化团体和各种新闻媒介等构成，政治社会则由军队、监狱等暴力机构构成。葛兰西指出，资本主义社会，尤其是先进的具有较高民主程度的资本主义社会，其统治方式已不再

---

① 〔德〕马克斯·霍克海默、西奥多·阿多诺：《启蒙辩证法：哲学断片》，渠敬东、曹卫东译，上海人民出版社，2020，第156页。

② 〔德〕马克斯·霍克海默、西奥多·阿多诺：《启蒙辩证法：哲学断片》，渠敬东、曹卫东译，上海人民出版社，2020，第159页。

③ Leo Lowenthal, *Literature, Popular and Society*. Palo Alto, CA: Pacific Books, 1961, p. 11.

④ Leo Lowenthal, *Literature, Popular and Society*. Palo Alto, CA: Pacific Books, 1961, p. 11.

⑤ 葛兰西的"市民社会"，是一个特殊所指的概念，它在"文化领导权"中发挥重要作用。葛兰西说："国家的一般概念中应有属于市民社会概念的成分，在这个意义上可以说：国家=政治+市民社会，换句话说，国家是披上了强制的甲胄的领导权。"（〔意〕安东尼奥·葛兰西：《狱中札记》，曹雷雨等译，中国社会科学出版社，2000，第222页）

通过暴力，而是通过宣传及其在道德和精神方面的领导地位，让广大民众接受一系列的法律制度或世界观来达到统治的目的，这就是葛兰西所说的"文化霸权"。

在具体实践中，文化霸权主要是通过统治阶级所掌握的学校、报纸、期刊、教会，乃至对家庭的控制，使统治阶级的道德观念、价值体系、审美趣味、行为规则和思维习惯，渗透到市民生活的各个层次、各个领域和各个角落。①

葛兰西认为："一个社会集团的霸权地位表现在以下两个方面，即'统治'和'智识与道德的领导权'。一个社会集团统治着它往往会'清除'或者甚至以武力来制服的敌对集团，他领导着同类的和结盟的集团。一个社会集团能够也必须在赢得政权之前开始行使'领导权'（这就是赢得政权的首要条件之一）；当它行使政权的时候就最终成了统治者，但它即使牢牢地掌握住了政权，也必须继续以往的'领导'。"② 而且，"为了行使有效的领导权，就不应该单单指望政权所赋予的物质力量"③。换言之，社会集团不仅在取得统治之前必须行使文化的领导权，而且它的继续统治仍然需要牢牢掌握文化领导权。简言之，行使文化领导权既是统治的前提，又是（有效）统治的保障。一旦这种文化领导权崩溃瓦解，那么"自然"就会为"强制"所取代，其形式更少掩饰、更加直接，最终只能彻底付诸警察的手段和政变，④ 也就是后来约瑟夫·S. 奈（Joseph S. Nye Jr.）所说的"硬权力"。葛兰西把"统治/支配"和"领导"区分开来，认为后者相对于前者更加有效。这里所说的"领导"，主要是指文化的领导。葛兰西所说的这种文化的"领导权"不仅表达统治阶级的利益，而且渗入大众的意识之中，被从属阶级或大众接受为"正常现实"或"常识"。

文化霸权总是将统治阶级的利益表现为自然而然、势所必然且无可争辩的大众利益，为人人所欲。为此，统治阶级不得不向从属阶级做出一些

---

① 张怡：《葛兰西的文化政治思想》，《外国文学》2000 年第 4 期。
② 〔意〕安东尼奥·葛兰西：《狱中札记》，曹雷雨、姜丽、张跣译，河南大学出版社，2014，第 59 页。
③ 〔意〕安东尼奥·葛兰西：《狱中札记》，曹雷雨、姜丽、张跣译，河南大学出版社，2014，第 61 页。
④ 〔意〕安东尼奥·葛兰西：《狱中札记》，曹雷雨、姜丽、张跣译，河南大学出版社，2014，第 62~63 页。

必要的让步和妥协，偶尔会牺牲一些经济利益，"但是同样无疑的是，这些牺牲和折中的做法都不能触动其根本；因为尽管霸权属于伦理政治的范畴，它同时也必须属于经济的范畴，必须以领导集团在经济活动的根本中心所执行的决定性职能为基础"①，来维护和保障统治阶级的根本利益。由此可见，尽管葛兰西不赞成把经济基础视为社会的最终决定因素，但是他却承认，相较于"伦理的、政治的"意识形态，"经济的"基础具有"举足轻重的功能"。

　　这种文化"霸权是体现在习以为常的'日常生活形式'中的权力，是权力的'非代理性'的面向"②。尽管文化霸权与意识形态存在千丝万缕的联系，但二者不同的地方在于，"意识形态是权力的自觉的文本或内容，它是'代理性的'。由于意识形态明确地表达了一种内容，因而是能够质疑、抗拒和反抗的，而霸权则是微妙的、弥散的，基本上是难以质疑的，因为它渗入于构造着行动和信念的形式。如果意识形态代表意识，那么，霸权就代表无意识"③。

　　更为重要的（不同）是，"一种活生生的领导权总是一个过程"④。就像雷蒙·威廉斯（Raymond Williams）所指出的，"领导权超越'文化'……在于它坚持把'整个的社会过程'和特定的权力分配及影响结合起来。……'领导权'概念超越了'意识形态'。起决定作用的不仅是观念和信仰的意识系统，而且是作为在实践上由特定的和占主导地位的意义和价值被组织起来的总体的活生生的社会过程"⑤。如果我们只把霸权视为一种"结构"，而不是"一个复杂和冲突的过程"，"如果我们只把批评的目光关注于日常生活，只看到结构和强加的行为，仅注意到操纵和'错误的意识'，我们将不能理解纠缠于复杂的日常生活过程中的文化与权力之间的关

① 〔意〕安东尼奥·葛兰西：《狱中札记》，曹雷雨、姜丽、张跣译，河南大学出版社，2014，第196页。
② 〔美〕戴安娜·克兰（Diana Crane）主编《文化社会学——浮现中的理论视野》，王小章、郑震译，南京大学出版社，2006，第90页。
③ 〔美〕戴安娜·克兰（Diana Crane）主编《文化社会学——浮现中的理论视野》，王小章、郑震译，南京大学出版社，2006，第90~91页。
④ Raymond Williams, *Marxism and Literature*. Oxford：Oxford University Press, 1977, p.112.
⑤ Raymond Williams, Marxism and Literature. Oxford：Oxford University Press, 1977, pp.108-109.

系"①。总而言之,文化霸权从来就不是稳定的("结构"),而只是一个暂时的解决办法,不断需要更新、谈判。在这里,文化便是围绕意义的控制权,一块冲突和斗争不断的领地。文化霸权不是一个稳定的实体,而是一系列不断变化的话语和实践,盘根错节地纠结着社会权力。②

总之,葛兰西把将霸权概念用于描述权力过程,其间居支配地位的集团或社会阶级不仅靠武力统治而且靠认同引导。霸权关涉一种特殊的认同,即某一社会阶级或集团把自身的特殊利益呈现为作为整体的社会的普遍利益的认同。③ 因此,霸权不仅是意义的强加,同时也是一个始终关涉协商与斗争的持续过程。虽然霸权以高度的认同为特色,但是它从不缺少冲突;也就是说,始终有抵制的存在。然而,为了霸权的持久成功,冲突与抵抗必须得到不断的疏浚与遏制——按照居支配地位集团的利益重新进行耦合。④ 对霸权的解释肯定不是这样的,即"霸权先在洛杉矶被包装好,然后被运往地球村,进而展现在无知的大脑之中"⑤。正如葛兰西所指出的那样,"不应该把历史和政治视为一首连续不断的盲从者进行曲,一场魔术和手法大赛"⑥。

第四节 作为意义竞争的文化

在西方,文化研究是一个特殊的学科领域,因为包括代表人物斯图亚特·霍尔(Stuart Hall)在内的许多文化研究者一直反对将其学科化、体制化。文化研究关注或涉及各种方式的文化实践,这种实践产生、存在并运行于人们的日常生活和社会形态之中,以再现或变革既有的权力结构,甚至与之博弈。它探究的是人们如何被特定的社会结构或力量支配或剥离,

---

① 〔英〕约翰·斯道雷:《文化研究中的文化与权力》,《学术月刊》2005 年第 9 期。

② 陆扬:《关于葛兰西的文化"霸权"理论》,《中共长春市委党校学报》2006 年第 1 期。

③ 〔英〕约翰·斯道雷:《斯道雷:记忆与欲望的耦合——英国文化研究中的文化与权力》,徐德林译,广西师范大学出版社,2007,第 1 页。

④ 〔英〕约翰·斯道雷:《斯道雷:记忆与欲望的耦合——英国文化研究中的文化与权力》,徐德林译,广西师范大学出版社,2007,第 2 页。

⑤ T. Liebes & E. Katz, *The Export of Meaning: Cross-Cultural Reading of Dallas*. Cambridge: Polity Press, 1993, p. XI.

⑥ Antonio Gramsci, *Selections from the Prison Notebooks*. London: Lawrence and Wishart, 1971, p. 164.

社会结构或力量以矛盾的方式组织起人们的日常生活。① 特别是进入晚期资本主义和后现代之后，越来越多的人将社会实践视为一种文化实践，试图通过文化斗争争取社会权利。在这样的背景下，文化研究日益成为西方社会科学的一门显学。

文化研究最早源自英国。在文化研究早期，几乎不涉及权力这个概念。但是，自威廉斯开始的文化研究，却总是绕不开权力这个主题。

很显然，威廉斯式的文化研究受到马克思主义的影响，特别是马克思主义意识形态概念的影响。以至詹姆斯·凯瑞（James Carey）在 20 世纪中期的一篇文章中指出，英国的文化研究应当重新命名为意识形态研究，"因为它以各种复杂的方式将文化与意识形态画上了等号，或者更确切地说，它将意识形态当成整个文化的提喻"②。20 世纪 70 年代初，葛兰西的霸权概念被引入英国的文化研究，形成文化研究的"葛兰西转向"。③ 这可以视为文化研究受到马克思主义的第二波影响，这一波的影响是通过葛兰西传递的。直到 20 世纪 90 年代，随着马克思主义在西方社会的逐渐远去，文化研究中的意识形态、文化霸权概念才让位给米歇尔·福柯（Michel Foucault）的权力概念，④ 越来越多的文化研究直接围绕权力展开。这些受到马克思主义影响或福柯影响的文化研究，从不同面向探讨了作为意义竞争、角逐的文化的权力逻辑。

尤其是葛兰西文化霸权概念的引入，引起了人们对（大众）文化的重新思考和研究。⑤ 在此之前，对文化或大众文化存在两种对立的观点，第一种观点（如法兰克福学派、结构主义、某些流派的后结构主义、政治经济学等）把大众文化视为文化工业强加的文化，即为了利润和意识形态控制而赐予的文化，或确立了主体位置、强加意义的文化。简言之，这是作为

① 〔美〕劳伦斯·格罗斯伯格：《文化研究的未来》，庄鹏涛、王林生、刘德林译，中国人民大学出版社，2017，第 7 页。

② James W. Carey, *Communication as Culture-Essays on Media and Society.* Boston：Unwin Hyman，1989, p. 97.

③ Stuart Hall, "Cultural Studies：Two Paradigms," in John Storey（ed.），*What is Cultural Studies：A Reader.* London：Arnold, 1996, p. 36.

④ 〔澳〕马克·吉布森：《文化与权力：文化研究史》，王加为译，北京大学出版社，2012，第 2 页。

⑤ Stuart Hall, "Cultural Studies：Two Paradigms," in John Storey（ed.），*What is Cultural Studies：A Reader.* London：Arnold, 1996, p. 37.

"结构"（structure）的大众文化。第二种观点（如某些流派的文化主义、后现代理论）把大众文化视为一种自发兴起于社会底层的文化，一种本真的工人阶级文化。简言之，这是作为具有能动性"主体"（agency）的大众文化。换成威廉斯的说法，前者是"自上而下"对（大众）文化的定义，认为（大众）文化是被上面的意识形态强压下来的，为了统治集团的利益发挥作用；后者是"自下而上"对（大众）文化的定义，认为（大众）文化发生在真实的生活方式"之下"，表征的是从属阶级或社会大众的日常生活。① 这两种不同的定义，将"我们的文化仿佛给分隔成两个不相干的半球，各自展示着一种不同的逻辑"②。然而，葛兰西的文化霸权概念认为，统治（或支配）和抵抗是同一社会过程的一部分，它包括乃至超越了人们对文化或大众文化的两种对立的思考方式。③

受到葛兰西文化霸权理论的启发，源于英国的文化研究者则认为，大众文化既不是一种本真的工人阶级或社会大众的文化，也不是一种文化工业强加的文化，而是葛兰西所谓的二者的"折中均势"（compromise equilibrium）④，一个底层力量和上层力量的矛盾混合体，它既是商业性的也是本真性的，既有抵制的特征也有融合的特征，既是"结构"也是能动性的。⑤ 它把两种代表性的思考文化的方式——要么强调"结构"的方式，要么强调"主体"的方式——带入活跃的互动关系之中。⑥

由此可见，在葛兰西的霸权理论框架中，大众文化既不是大众的文化扭曲、变异，也不是文化的自身肯定或创造；相反，它是一块角力场，体现的是那些互为冲突的压力和倾向形构而成的关系。⑦ 这就意味着，日常生活文化积淀下来的方方面面，被深深卷入争夺、赢得、丧失和抵制霸权的过程之中——统治阶级建构大众文化领域，企图赢得霸权，同时又以反对

---

① 〔英〕约翰·斯道雷：《文化研究中的文化与权力》，《学术月刊》2005 年第 9 期。
② 陆扬：《关于葛兰西的文化"霸权"理论》，《长春市委党校学报》2006 年第 1 期。
③ Raymond Williams, *Marxism and Literature*. Oxford：Oxford University Press，1977，p.108.
④ Antonio Gramsci, "Hegemony Intellectuals and the State," in John Storey（ed.），*Cultural Theory and Popular Culture：A Reader*. London：Prentice Hall，1997，p.211.
⑤ 〔英〕约翰·斯道雷：《斯道雷：记忆与欲望的耦合——英国文化研究中的文化与权力》，徐德林译，广西师范大学出版社，2007，第 108 页。
⑥ 〔英〕约翰·斯道雷：《文化研究中的文化与权力》，《学术月刊》2005 年第 9 期。
⑦ 陆扬：《关于葛兰西的文化"霸权"理论》，《长春市委党校学报》2006 年第 1 期。

这一企图的形式出现。它不是简单地包含了自上而下的同统治阶级步调一致的大众文化，而更像是两者之间的一块谈判、博弈的场所，其间主导的、从属的和对抗的文化与意识形态价值，以大众文化形态各异的特定类型方式，"混和"在不同的队列里。①

同时，霸权概念被引入文化研究，开启了对文化特别是大众文化的政治研究。自从文化研究实现葛兰西转向以后，文化尤其是大众文化被视为霸权生产和再生产的关键领域，将研究的对象从电影、电视乃至各种文化商品、文化消费扩展开来，从阶级扩展到性别、种族、意义和愉悦等领域。②

例如，英国文化研究代表人物霍尔在《编码/解码》中，把电视节目视为"有意义的话语"进行分析，认为这些电视节目由承载意义的符码构成，"这些符码就是促使权力和意识形态在各种特殊的话语中表达意义的途径"③。尽管像电视这样的传媒是被嵌入支配体系中的，但是他并不赞成法兰克福学派的观点，包括广大劳动阶级在内的消费者完全是被操纵被欺骗的"文化傻瓜"，沉溺于统治阶级的"虚假意识"之中。霍尔认为，电视观众等文化工业消费者有可能用他们自己的方式解码那些镶嵌在电视等传媒中的"统治话语"。因此，电视信息的消费（或接收）跟电视信息的发送不是同质的，从发送到接收不是一个线性的过程，电视观众能够根据自己的社会处境（地位、利益和价值观）做出相应的价值判断。也就是说，解码的意义结构往往与编码的意义结构相左，二者不完全一致。

霍尔提醒我们，意义并非完全由编码所预设，意义在系统中由接收符码所决定。④"解码过程并非不可避免地依据编码过程"，"解读不是从文本中读取意义，而是文本与处于社会中的读者之间的对话"⑤，这种对话不是简单的同意，也会有协商，甚至会有抵制。最终"意义是社会决定的，也

① Tony Bennett, "Popular Culture and the 'turn to Gramsci'," in John Storey (ed.), *Cultural Theory and Popular Culture: A Reader*. London: Prentice Hall, 1997, p. 222.
② 〔英〕约翰·斯道雷：《斯道雷：记忆与欲望的耦合——英国文化研究中的文化与权力》，徐德林译，广西师范大学出版社，2007，第111页。
③ 斯图亚特·霍尔：《编码，解码》，载罗钢、刘象愚主编《文化研究读本》，中国社会科学出版社，2000，第359页。
④ 陆扬、王毅：《文化研究导论》，复旦大学出版社，2009，第157页。
⑤ 〔美〕约翰·菲斯克：《电视文化》，祁阿红、张鲲译，商务印书馆，2005，第93页。

就是说，是由适应社会的读者与文本结合的产物"①。阅读文本是一种社会活动，是一种社会谈判的过程。② 简言之，面对传输的文化符码，文化消费者不是被动地接收编码的意义，而是能动地做出反应。换句话说，文化文本的意义不是被铭写的，也无法用作者意图或生产方式予以保证；意义必须被阐释，也即必须在某种文化消费实践中被积极地生产。在霍尔看来，文化领域充满了为特定意识形态和特定社会利益而耦合、去耦合与再耦合文化文本的斗争。③ 这些消费文化产品的人不是"文化盲从者"，文化产品也不是"人世间的新式鸦片"。

否认文化产业所生产的商品的消费者并非文化盲从者，也不是否认文化产业力图操控大众或劳动阶级。但是，它否认日常生活文化仅仅是一幅堕落的商业和意识形态操控的景观，是为了牟取利润和取得社会控制而被自上而下强加的。葛兰西式的文化研究坚持认为，决定这些事情要求警惕和关注文化生产和文化消费间互动实践的具体细节，这些并不是刻意用精英主义的一瞥或者高人一等的嘲笑就能一劳永逸地决定的问题（历史和政治的偶然除外）。④

葛兰西式文化研究的核心贡献是主张文化与权力乃文化研究的首要研究对象。自从葛兰西的文化霸权概念 1970 年被引入文化研究以来，文化研究便深受其影响，同时受葛兰西文化霸权理论影响的文化研究又进一步影响了女性主义、后结构主义、后殖民理论、心理分析、酷儿理论等。如今，围绕民族、族裔、种族、性别、身份等差异引起的认同和排异、反抗和斗争，都被纳入文化霸权的视域进行政治思考，以致文化特别是流行文化成为统治集团与从属集团利益争斗和协商的竞技场。

与此同时，在欧美社会兴起的维护妇女、有色人种、工人阶级、少数族裔和非主流性取向者、原住民以及其他人群权益的各种新兴社会运动，几乎离不开文化研究者的参与。他们为这些社会群体争取合法的社会身份、

---

① 〔美〕约翰·菲斯克：《电视文化》，祁阿红、张鲲译，商务印书馆，2005，第114页。
② 陆扬、王毅：《文化研究导论》，复旦大学出版社，2009，第159页。
③ 〔英〕约翰·斯道雷：《斯道雷：记忆与欲望的耦合——英国文化研究中的文化与权力》，徐德林译，广西师范大学出版社，2007，第109页。
④ 〔英〕约翰·斯道雷：《斯道雷：记忆与欲望的耦合——英国文化研究中的文化与权力》，徐德林译，广西师范大学出版社，2007，第111页。

权利，围绕着文化权力大做文章。

尽管如此，我们也注意到，在文化研究领域内部，人们对于权力的关注和研究并不是一致的，甚至存在一定程度的焦虑。到了 2005 年前后，一些文化研究者呼吁放弃权力的分析。问题是，人们不再研究权力是否意味着权力不再重要了？①

第五节　作为"文化资本"的权力

对于皮埃尔·布尔迪厄（Pierre Bourdieu）而言，文化包括信仰、传统、价值以及语言，它通过把个体和群体联系于机构化或体制化的等级而调节着各种各样的社会实践。无论是通过倾向、客体、体制的形式，还是通过机构的形式，文化都体现着权力关系。而且，布尔迪厄认为，所有的文化符号及其实践——从艺术趣味、服饰风格、饮食习惯，到宗教、科学与哲学乃至语言本身——都体现着强化社会区隔的利益与功能。② 许多社会的文化实践建构了相对自主的、为了区隔而进行斗争的舞台。③ 为了社会区隔而进行斗争，成为人们社会生活的一个基本维度。不仅社会区隔蕴含着特定的权力关系，而且权力处于社会生活的核心。权力的成功实施需要合法化，而这一合法化又离不开文化资本和文化符号。由此一来，文化不能脱离政治的内容，毋宁说文化是政治的一种表达。④

根据布尔迪厄的观点，社会行动者在很大程度上"误识"（mis-recognize）了文化资源、文化过程以及文化机构如何把个体与群体锁定在统治的再生产模式中，所以社会学的任务就是揭开权力关系的这个隐秘之处——"社会的无意识"。社会无意识是由行动者在参与不平等的社会秩序时追逐的那些不被承认的利益所形构的。在他看来，正是对这些具体化利益的误识构成了权力实施的必要条件，所以，他相信公开揭露这些利益将

---

① 〔澳〕马克·吉布森：《文化与权力：文化研究史》，王加为译，北京大学出版社，2012，第 13 页。

② Pierre Bourdieu, *Choses Dites*. Paris：Editions de Minuit, 1987, p. 36.

③ 〔美〕戴维·斯沃茨：《文化与权力：布尔迪厄的社会学》，陶东风译，上海译文出版社，2006，第 1 页。

④ 〔美〕戴维·斯沃茨：《文化与权力：布尔迪厄的社会学》，陶东风译，上海译文出版社，2006，第 7 页。

会摧毁其合法性，并开启改变现存社会秩序的可能性。通过揭示这些把个体与群体捆绑在不平等权力关系中的隐性利益，社会学就成为让人从统治的压制中解放出来的斗争工具。①

布尔迪厄把马克思主义的资本概念扩展到所有的权力形式——不管它们是物质的、文化的、社会的，还是符号的。个体与群体凭借各种文化的、社会的、符号的资源来维持、巩固或提升其在社会秩序中的地位。当这些资源作为社会权力关系发挥作用的时候，也就是说，当它们作为有价值的资源变成争夺对象的时候，布尔迪厄就把它们理论化为"资本"。②

文化资本是布尔迪厄提出的一个非常重要的概念，通过它来分析和揭示一个社会中以阶级为基础的权力的行使及其再生产。这个概念包括了各种各样被争夺的资源，比如语词能力、一般的文化意识、审美偏好、关于教学体系的信息以及教育文凭等。

布尔迪厄认为，这种客观化和制度化的文化资本形式向相对自主的市场的转化与发展，已经成为发达社会塑造社会分层结构的基本机制。如今，文化资本正变成越来越重要的新的社会分层的基础。③ 客观化、机构化（或制度化）的文化资本的不平等分配，是现代社会中不平等的关键因素。④ 现代教育的发展不但没有消除反而加剧了客观化和机构化（或制度化）文化资本的不平等分配。因此，他认为，在高度分化的社会中，文化资本也是某种形式的权力资本。

布尔迪厄指出，所有的行为都是与利益相关的，包括符号的追逐（symbolic pursuits），亦复如此。尽管知识活动具有符号的特征，但它在本质上也是逐利的。⑤ 甚至他提出，知识分子在建构社会区隔的舞台及其机构

---

① 〔美〕戴维·斯沃茨：《文化与权力：布尔迪厄的社会学》，陶东风译，上海译文出版社，2006，第 11 页。
② 〔美〕戴维·斯沃茨：《文化与权力：布尔迪厄的社会学》，陶东风译，上海译文出版社，2006，第 86 页。
③ Pierre Boudieu & Luc Boltanski, "Change in Social Structure and Changes in the Demand for Education," in Giner and M. Scotford-Archer (eds.), *Contemporary Europe*: *Social Structures and Cultural Patterns.* London: Routledge and Kegan Paul, 1977, p. 33.
④ 〔美〕戴维·斯沃茨：《文化与权力：布尔迪厄的社会学》，陶东风译，上海译文出版社，2006，第 89 页。
⑤ 〔美〕戴维·斯沃茨：《文化与权力：布尔迪厄的社会学》，陶东风译，上海译文出版社，2006，第 78 页。

化（或制度化）的等级中发挥了核心作用。① 他把经济计算的逻辑扩展到"所有的商品，物质的与符号的，都毫无例外地把自己表征为稀缺的，在一个特定的社会结构中值得追逐的"②。每个个体的实践本质上都与利益相关，他们尝试从特定的社会地位（situation）中获得利益。③

布尔迪厄认为，社会结构内化为个体与群体的认知结构，这些个体与群体用来划分世界的范畴正好就是社会秩序划分自身的那些范畴，就这样，个体与群体不知不觉地再生产了社会秩序。④ 而"符号系统就是这些社会关系的程度不同地转化了的表达"⑤。

经济不能自助地表达自己，而必须被转化为符号形式。因而，既存在经济的或物质的权力，也存在"符号权力"。那些能够把自我利益转化为超功利的，并从中获益的个体或群体，就获得了布尔迪厄所谓的"符号资本"。符号资本是一种"不被承认的资本"，它把潜在的利益关系伪装为超功利的追求。⑥ 因此，符号资本是这样一种权力形式，即它通常不被看作权力，而被看作对承认、依从、忠诚或其他服务的合法要求。⑦

布尔迪厄把符号资本理解为"高度发达的资本种类"，只要被统治阶层发现把承认与合法化给予统治阶层是合乎自己利益的，那么，这种资本就从统治者那里扩展到了被统治者那里。这是一种"集体信仰"（collective belief），一种"信任资本"（capital of trust），它既来自社会尊重也来自物质财富。⑧ 符

① 〔美〕戴维·斯沃茨：《文化与权力：布尔迪厄的社会学》，陶东风译，上海译文出版社，2006，第1页。

② Pierre Bourdieu, *Outline of a Theory of Practice*. Cambridge：Cambridge University Press, 1977, p. 178.

③ 〔美〕戴维·斯沃茨：《文化与权力：布尔迪厄的社会学》，陶东风译，上海译文出版社，2006，第78页。

④ 〔美〕戴维·斯沃茨：《文化与权力：布尔迪厄的社会学》，陶东风译，上海译文出版社，2006，第99页。

⑤ Pierre Boudieu, "The Field of Cultural Production, or the Economic World Reversed," *Poetics* 12, (1983)：314.

⑥ 〔美〕戴维·斯沃茨：《文化与权力：布尔迪厄的社会学》，陶东风译，上海译文出版社，2006，第104页。

⑦ 〔美〕戴维·斯沃茨：《文化与权力：布尔迪厄的社会学》，陶东风译，上海译文出版社，2006，第105页。

⑧ 〔美〕戴维·斯沃茨：《文化与权力：布尔迪厄的社会学》，陶东风译，上海译文出版社，2006，第106页。

号资本是通过成功地利用其他资本获得的。它意味着其他资本形式的合法化状态，就好像其他资本在获得掩盖其物质与利益基础的符号承认的时候，便获得了特定的符号效力。不过，这些符号资本最终不过是一种伪装的经济资本形式的证据。①

对于布尔迪厄来说，符号权力（symbolic power）不是存在于理念的力量中，而是存在于它们与社会结构的关系中。符号权力"是在实施这个权力的人与接受这个权力的人之间的特定关系中，并通过这种关系得到界定的，也就是说，是在生产并再生产信仰的场域的结构中得到界定的"②。因而，符号权力不是存在于词语或符号本身中，而是存在于人们对"语词的合法性的信仰以及对说出这个语词的人的信仰"③。

对于布尔迪厄而言，符号系统不仅提供认知和整合的功能，而且作为统治工具发挥独特的功能。占支配地位的符号系统为统治集团提供整合，为社会群体的排列提供区别与等级，同时还通过鼓励被统治者接受现存的社会区分等级而把社会的等级排列加以合法化。④ 符号系统因此发挥着政治功能。⑤

马克思赋予意识形态的正是这种作用，布尔迪厄则把它视作符号系统的政治功能。布尔迪厄把意识形态或"符号暴力"理解为通过伪装的、习以为常的形式再现经济与政治权力来强制性地推行理解与适应社会世界的方式的能力。事实上，符号系统"只有通过那些并不想知道他们臣属于符号权力甚至他们自己就在实施符号权力的人的合谋"⑥，才能实施符号权力。符号权力是一种合法化的权力，它既引出统治者的赞同，也引出被统治者

---

① 〔美〕戴维·斯沃茨：《文化与权力：布尔迪厄的社会学》，陶东风译，上海译文出版社，2006，第 107 页。

② Pierre Boudieu, "Symbolic Power," in D. Gleeson (ed.), *Identity and Structure*. Driffied：Nafferton Books, 1977, p. 117.

③ Pierre Boudieu, "Symbolic Power," in D. Gleeson (ed.), *Identity and Structure*. Driffied：Nafferton Books, 1977, p. 117.

④ Pierre Boudieu, "Symbolic Power," in D. Gleeson (ed.), *Identity and Structure*. Driffied：Nafferton Books, 1977, pp. 114-115.

⑤ 〔美〕戴维·斯沃茨：《文化与权力：布尔迪厄的社会学》，陶东风译，上海译文出版社，2006，第 97 页。

⑥ Pierre Bourdieu, *Language and Symbolic Power*, trans. by Gino Raymond and Mattew Adamson. Cambridge, Mass：Harvard University Press, 1991, p. 164.

的赞同，它既表征着统治关系，又对这一关系加以修饰，使之合法化。由此可见，布尔迪厄关于符号权力的这一观点与葛兰西的文化霸权思想不谋而合。通过布尔迪厄的分析和批判，使人们感受到，这种"暴力虽然是运作于符号层面的，但是由此带来的阶级分化的再生产以及由之而来的受难却是切肤之痛"[1]。

总之，在布尔迪厄看来，文化是一种独特的权力形式，它像资本那样发挥作用，但有自己特殊的积累法则、交换法则与运行法则的资本形式。随着文化场域逐步从政治与经济的权力中解脱出来，获得自主性发展，它们也获得了符号权力，即把现存的社会安排加以合法化的能力。[2]

第六节　作为国家软实力的文化

"软实力"（soft power[3]）最初是国际关系领域的一个专有名词，它将文化或价值视为一种国家力量，甚至成为某些发达国家的霸权形式。后来，这一概念得到广泛传播，并扩展到政治学、经济学、管理学、传播学、马克思主义理论和文化学等领域。由于它与文化之间的紧密关系，在我国，有不少学者将它直接翻译为"文化软实力"。

约瑟夫·S.奈最早在《注定领导：美国权力性质的变迁》中提出软实力概念。[4] 他将这个词定义为，通过吸引而非胁迫在国际事务中达到所期望的结果的能力。他认为，一个国家的实力不仅在于经济、军事等硬实力，还包括软实力。一个国家的软实力主要来自三方面：文化（在其能发挥魅力的地方）、政治价值观（国内外都能付诸实践）、外交政策（当其被视为合法并具有道德权威时）。在这里，约瑟夫·S.奈所说的文化，是为社会创造意义的一整套价值观和实践的总和。

---

① 〔英〕迈克尔·格伦菲尔：《布迪厄：关键概念》，林云柯译，重庆大学出版社，2018，第238页。
② Pierre Boudieu & Jean-Claude Passeron, *Reproduction in Education, Society and Culture*. London：Sage，1977，p. 12.
③ 关于"soft power"，有各种不同的翻译，如"软实力""软力量""软权力""软权势""软国力""柔性权力"等，本文采用比较通用的翻译"软实力"。
④ Joseph S. Nye, *Bound to Lead：The Changing Nature of American Power*. New York：Basic Books，1990，p. 330.

加拿大学者马修·弗雷泽（Matthew Fraser）指出，美国的软实力"军火库"中，的确拥有令人生畏的媚惑大众的武器，即以美国电影、流行乐、电视和快餐为代表的美国流行文化。美国的军事和经济力量对其超级大国地位而言不可或缺，而美国的软实力在历史上一直都是其外交政策至关重要的战略资源。①

如果说约瑟夫·S. 奈等人主要是从积极的功能来论述文化的软实力作用，那么塞缪尔·亨廷顿（Samuel Huntington）则主要从消极的意义来论述文化在世界秩序建构中的冲突作用。他在《文明的冲突》和《文明的冲突与世界秩序的重建》中提出"文明冲突论"，认为在未来世界中，国际冲突的主要根源不是意识形态，也不是经济，而是文化。

软实力一词，从字面上看比较中性，但实际上极富意识形态意味。因此，一些学者，特别是一些文化研究者、后殖民主义学者更愿意使用"文化帝国主义"（cultural imperialism）。文化帝国主义的研究始于弗兰茨·法农（Frantz O. Fanon）从被殖民民族的角度进行的研究。后来，它发展成为一个理论体系，成为后殖民主义理论的核心。②

20 世纪 90 年代以后，人们用"软实力"或"全球化"等一些比较温和的词来取代"文化帝国主义"。为此，拉塞尔·斯曼戴奇（Russell Smandych）提醒人们："我们在使用全球化一词时必须谨慎，因为这个概念经常被用来将真正的权力结构去个性化和匿名化，而事实上我们知道，全球权力结构的最高等级是由华尔街财政集团及其在美国和其他西方国家的政治傀儡和积极联盟构成的。"③ 虽然将全球化等同于美国化，似乎将问题简单化了。但是，众多推动全球化的机制都带有美国文化和美国经济的表征。④ 美国成功地透过网络掌控重要媒体，将美国文化向世界推广，进行所

① 〔加〕马修·弗雷泽：《软实力：美国电影、流行乐、电视和快餐的全球统治》，刘满贵、宋金品、尤舒、杨隽译，新华出版社，2006，第 19~20 页。
② 〔德〕伯尔尼德·哈姆：《文化帝国主义：文化统治的政治经济学》，载〔德〕伯尔尼德·哈姆、〔加〕拉塞尔·斯曼戴奇编《论文化帝国主义：文化统治的政治经济学》，曹新宇、樊淑英译，商务印书馆，2020，第 59 页。
③ 〔加〕拉塞尔·斯曼戴奇：《文化帝国主义及其批判：对文化统治与文化对抗的再思考》，载〔德〕伯尔尼德·哈姆、〔加〕拉塞尔·斯曼戴奇编《论文化帝国主义：文化统治的政治经济学》，曹新宇、樊淑英译，商务印书馆，2020，第 25 页。
④ 〔美〕约瑟夫·奈：《软实力》，马娟娟译，中信出版社，2013，第 55~58 页。

谓的"文化输出"。正如西方后殖民理论的重要代表人物萨义德（Edward W. Said）所指出的，"在美国的世纪中，它的不同之处在于文化扩张范围的突飞猛进。这主要是由于传播与控制信息的工具空前发展"①。约瑟夫·S.奈也承认，如果没有西方流行文化经年累月传递的那些影像，没有它们"搞破坏"，光凭锤子和压路机是难以推倒柏林墙的。② 美国流行文化对苏联人的自信心和意识形态所产生的腐蚀效果，已经一目了然。③

事实上，人们也认识到，软实力不是单向的影响力，它更加依赖自发的解读者和接受者，其效果在很大程度上取决于受众的接受态度。④ 换言之，单程票的"文化帝国主义"的确不复存在，因为还有回程票，即来自受众方面的反应也必须考虑进去。⑤

正是在这个意义上，英国学者约翰·汤姆林森（John Tomlinson）反对在全球化世界中继续使用文化帝国主义概念，对他而言，毋宁使用"文化全球化"更为贴切。他指出："所谓文化帝国主义，是说一个社会主导着另一社会。我认为，一个社会不可能主导另一个社会。……因为，这种断言无异于说，所谓被控制的社会根本不知道如何去回应这种文化影响。而大量事例向我们证明，至少是向我证明，人们确实知道如何去回应。"⑥ 他辩称，这牵涉对文化的理解。"在我看来，文化是人们对他的日常生活的理解，他们怎么看待自己的特定的生活。它的传播与扩散是非常复杂的。一个国家的经济的强大并不意味着有转置文化的可能。"⑦

美国人类学者纳塔拉詹（Balmurli Natrajan）认为："汤姆林森将文化理解为'产生意义的语境'，而不是'在语境中产生意义'，似乎将意义叙事与它们的政治经济学隔离开来，并且遮蔽了全球化过程中一直存在的强制

① 〔美〕萨义德：《文化与帝国主义》，李琨译，生活·读书·新知三联书店，2003，第415页。
② 〔美〕约瑟夫·奈：《软实力》，马娟娟译，中信出版社，2013，第67页。
③ 〔美〕约瑟夫·奈：《软实力》，马娟娟译，中信出版社，2013，第68页。
④ 〔美〕约瑟夫·奈：《软实力》，马娟娟译，中信出版社，2013，第21、133页。
⑤ 金惠敏：《文化帝国主义与文化全球化——约翰·汤姆林森教授访谈录》，《陕西师范大学学报》（哲学社会科学版）2012年第6期。
⑥ 金惠敏：《文化帝国主义与文化全球化——约翰·汤姆林森教授访谈录》，《陕西师范大学学报》（哲学社会科学版）2012年第6期。
⑦ 金惠敏：《文化帝国主义与文化全球化——约翰·汤姆林森教授访谈录》，《陕西师范大学学报》（哲学社会科学版）2012年第6期。

行为。这样做是致命的。"① 他坚持主张，"文化帝国主义"一词继续适用于反对全球化的特殊抗议。实际上，"在我们这个时代，直接的控制已经基本结束；我们将要看到，帝国主义像过去一样，在具体的政治、意识形态、经济和社会活动中，也在一般的文化领域中继续存在"②。它表现为当代的文化帝国主义。对萨义德而言，帝国主义是一个比较宽泛的概念，指的是统治遥远土地的宗主中心的实践、理论和态度。③ 特别是文化帝国主义，更像一个隐喻。这一概念，包括了"将一个社会带入现代世界体系的过程，而该社会的统治阶层或是被吸引，或是被强制，或是被贿赂，而使自身的社会体制适应于或是有利于该体系支配性中心的价值观念和社会结构"④。

只不过在当代，特别是冷战结束以后，美国文化输出的大众化以及隐蔽性特征愈益明显，这意味着美国文化帝国主义在更大范围内、更深层次上得到了发展。多元化使消费者产生了一种自由选择的感受，而非被动灌输的假象，因此心甘情愿地接受输出国的价值观念以及生活方式；娱乐性则转移和分散了人们的注意力，削弱了其对外来文化和意识形态的抵触与反抗心理；随着技术手段的日益发展，大众文化得到越来越巧妙的"包装"，从而不断增强了美国大众文化的吸引力，"把帝国主义和统治的现象与商品化结构更为复杂地联系在一起，把从前较为公开和明显的暴力转变为精巧微妙和形而上的复杂物"⑤。当代文化帝国主义因为带上了一个更为精致和美丽的面具，而更难以被识破，也更容易达成其目的。⑥

总而言之，无论是软实力还是文化帝国主义抑或是文化全球化，不论被冠以何种名称，其实都是说明文化在国家之间的关系上发挥着独特的影响作用，构成了国际关系领域的一种权力形式。如今，"文化成为一个舞

---

① Balmurli Natrajan, "Masking and Veiling Protests: Culture and Ideology in Respresenting Globalization," *Cultural Dynamics* 15 (2003): 213-215.

② 〔美〕萨义德：《文化与帝国主义》，李琨译，生活·读书·新知三联书店，2003，第10页。

③ 〔美〕萨义德：《文化与帝国主义》，李琨译，生活·读书·新知三联书店，2003，第9页。

④ Herbert I. Schiller, *Communication and Cultural Domination*. New York: International Arts and Sciences Press, 1976, p. 9.

⑤ 〔美〕弗雷德里克·詹明信：《马克思主义：后冷战时代的思索》，张京媛译，牛津大学出版社，1994，第17页。

⑥ 张小平：《当代文化帝国主义的新特征及批判》，《马克思主义研究》2019年第9期。

台，各种政治的、意识形态的力量都在这个舞台上较量"①。就像萨义德所指出的："文化不但不是一个文雅平静的领地，它甚至可以成为一个战场，各种力量在上面亮相，互相角逐。"②

第七节　小结

在西方社会科学中，文化权力的概念及其观念，大多受到马克思主义的影响，尽管马克思本人没有创立专门的文化权力概念，也没有关于文化权力的系统论述，甚至极少直接论述"文化"这一概念（在他的文献中，文化与文明的概念常常交叉甚至并列使用）。且不说法兰克福学派、葛兰西以及与葛兰西文化霸权理论直接相关的文化研究受到马克思主义的直接影响，即便是后来人们对于文化资本、软权力以及文化帝国主义的讨论和批判，仍然有着马克思主义关于意识形态、资本和资本主义相关论述的影子。

当前，人们之所以在不同维度或意义上使用"文化权力"这一概念，主要是人们对"文化"和"权力"的不同理解所致。

例如，对于文化，有的仅仅将其理解为精神观念或社会意识，有的把它理解为一种资源乃至资本，有的把它理解为特定的社会规范甚至社会制度，有的则把它理解为一种力量或软实力；有的是自上而下定义文化的，把它视为一种"结构"，有的则是自下而上定义文化的，认为它具有能动性，还有人将其视为二者的"混合"或"折中均衡"。

对于权力，也有许多不同的理解。有的把权力类同于能力（capacity）、技巧（skill）或禀赋（talent），是对外部世界产生效果的能力，以及潜藏在一切人的表演中的物理或心理能量。③ 史蒂文·卢克斯（Steven Lukes）在批判性地分析达尔（Robert Dahl）的"第一种维度的权力观"和巴克拉克（Pete Bachrach）、巴拉兹（Morton Baratz）的"第二种维度的权力观"的基

---

① 〔美〕萨义德：《文化与帝国主义》，李琨译，生活·读书·新知三联书店，2003，前言，第4页。
② 〔美〕萨义德：《文化与帝国主义》，李琨译，生活·读书·新知三联书店，2003，前言，第4页。
③ 〔美〕丹尼斯·朗：《权力论》，陆震纶、郑明哲译，中国社会科学出版社，2001，第1页。

础上，提出了"第三种维度的权力观"，描绘了权力三幅不同的面孔。[①] 关于权力，两个常见的争议是：（1）从根本上把它理解为以目标为导向的行动能力［行动权（power to）］，还是管控他人的能力［控制权（power over）］？（2）权力是一种能够被个人和集体占有的资源，还是一种指导或完全决定行为体行为的社会结构？[②]

对"文化"和"权力"的不同理解，导致了人们对文化的权力逻辑的不同看法。从前文来看，关于文化的权力逻辑至少有以下这些代表性观点。第一种（如马克思主义经典作家）把文化理解为一种精神观念或社会意识，作为统治阶级的意识形态实质上是统治阶级权力自觉的"文本"。第二种（如法兰克福学派）从文化工业角度来分析和探讨大众文化的权力逻辑，作为大众欺骗的"启蒙"，文化工业表征的实际上是一种资本主义的宰制性或笼罩性权力。第三种（在葛兰西那里）更加强调文化作为权力的"非代理性"面向功能，即文化通过市民社会的运作发挥着"霸权"作用，行使文化领导权既是取得统治的前提又是继续有效统治的保障。第四种（许多文化研究者）把文化理解为意义竞争的场域，把权力理解为弥散于各种社会关系中的权力，身份、权利乃至日常生活都被纳入文化斗争的视域之中重新进行诠释。第五种（如布尔迪厄）把文化理解为一种特殊的资本，通过它来表征、维护和不断再生产不平等的社会结构。第六种（如约瑟夫·S.奈）把文化视为与硬实力相对应的软实力，把文化权力理解为一种软性权力或柔性权力。这种观点主要盛行于国际关系领域。在全球化时代，美国通过其极具媚惑性的软实力建构了一种新的文化帝国主义体系，其实质乃是文化霸权的全球化版本。

实际上，人们对于文化权力存在诸多不同的理解或解释，除了从不同维度或不同面向乃至不同意义上理解"文化"和"权力"概念以外，更主要的是由于他们从不同的现实出发，站在不同的立场，代表不同的社会群体，对其所面临的社会重大问题做出了自己的解读。

---

① 〔英〕史蒂文·卢克斯：《权力：一种激进的观点》，彭斌译，江苏人民出版社，2012，第3~17页。

② 〔德〕多米尼克·迈尔、克里斯蒂安·布鲁姆：《权力及其逻辑》，李希瑞译，社会科学文献出版社，2020，第12页。

第三章 文化权利

第一节 发展中的文化权利

文化权利是人们随着对公民权利概念的不断认识而提出来的。在 17 世纪、18 世纪的西方社会，人们所认识的公民权利仅仅是指人身权利、财产权利、言论自由、信仰自由等基本人权；直到 19 世纪，公民权利才逐渐扩展到政治领域，形成公民的政治权利；进入 20 世纪，公民权利进一步扩大到社会领域，形成公民的社会权利。因此，1949 年，英国社会学家马歇尔（Thomas H. Marshall）通过对公民权利演化的历史考察将其划分为基本民权、政治权利和社会权利。① 对这些学者而言，文化权利可以视为一种社会权利。类似地，联合国教科文组织前法律顾问、捷克法学家卡雷尔·瓦萨科（Karel Vasak）将人权分为三代：第一代人权"以自由权和政治参与权"为重心，主要是言论自由权、选举权、宗教自由权等公民权利和政治权利；第二代人权以平等权、社会权为重心，主要是经济、社会和文化权利；第三代人权超越了公民、政治权利和经济、社会、文化权利，可以是发展权、自决权、环境权等正在逐渐形成的权利，也可以是一种集体人权。② 受之启发，郑贤君认为，基本权利由自我保存和肯定意义上的古典自然权利、自我表现意义上的公民政治权利以及自我实现和发展意义上的社会经济权利

---

① Thomas H. Marshall, *Citizenship and Social Class and Other Essays*. Cambridge University Press, 1950, pp. 10-29.

② Karel Vasak, "Human Rights: A Thirty-Year Struggle: The Sustained Efforts to Give Force of Law to the Universal Declaration of Human Rights," *UNESCO Courier* 30. Paris: United Nations Educational, Scientific and Cultural Organization, 1977, p. 2.

组成。① 而文化权利是基本权利的一个组成部分，与其他权利不可分割、相互依存，构成了基本权利的整体。文化权利与经济权利、社会权利都属于第二代基本权利。② 总之，文化权利是随着人们对人权、公民权认识的发展而出现的一种权利诉求，而且，这一权利仍然处于发展之中。

尽管有关文化权利的立法最早见于 1919 年德国的《魏玛宪法》（第 158 条），但是对于文化权利的讨论是从 1948 年 12 月 10 日联合国制定的《世界人权宣言》开始的。根据这个宣言，1966 年 12 月先后通过了《公民权利和政治权利国际公约》和《经济、社会和文化权利国际公约》（这两个公约直到 1976 年才生效）。这三份文件构成了世界人权的基本体系，被称为国际人权宪章。

然而，它们关于人权的两分法，即公民权利和政治权利，经济、社会和文化权利，至今仍有争议。

大致有以下几种不同的意见。第一种意见反对将经济、社会、文化权利作为人权予以保护，认为这些权利需要国家的积极投入，主要是政府提供的福利、利益或好处，而不是权利。③ 甚至有人认为，人权至少要有可实现性、普遍性、重要性，与公民权利和政治权利相比，经济、社会和文化权利并不完全如此；而且，这些权利若纳入人权会干扰传统意义上的基本人权——自由权，因为保障人权必须限制国家权力，防止权力滥用而削弱和淡化传统人权。因此，只有公民权利和政治权利才是真正意义上的人权。④ 此外，还有人认为，文化权利与经济权利、社会权利一样在意识形态和技术上都有争议，它们不是真正意义上的权利，这些权利在有些国家要优于政治权利和公民权利并受到保障。⑤ 不过，主张文化权利是人权者认为，文化权利的存在滥觞于人的固有尊严。一个人不能进行文化创造和选

---

① 郑贤君：《基本权利的宪法构成及其实证化》，《法学研究》2002 年第 2 期。
② 周伟：《宪法基本权利：原理·规范·应用》，法律出版社，2006，第 365 页。
③ 〔英〕R. J. 文森特：《人权与国际关系》，凌迪等译，知识出版社，1998，第 12 页。
④ Maurice Cranston, *What Are Human Rights*? London: The Bodley Head, 1973, pp. 65 - 68; Maurice Cranston, " Human Rights, Realand Supposed," in D. D. Raphael (ed.), *Political Theory and the Rights of Man.* Bloomington and London: Indiana University Press, 1967, pp. 43-53.
⑤ 〔挪威〕A. 艾德、C. 克洛斯、A. 罗萨斯主编《经济、社会和文化权利教程》，中国人权研究会译，四川人民出版社，2004，第 5 页。

择文化生活方式，其尊严就无从提起。因此，文化权利对人的固有尊严实现具有举足轻重的作用。否则，人与动物没什么两样。因此，文化权利是人所享有的基本权利。并且，文化权利的实现与资源多寡无必然联系。

第二种意见虽然承认经济、社会、文化权利是基本权利，但认为这些权利是国家的积极义务（事实上未必完全是国家的积极义务，尤其是对文化权利来说，自由主义者一般不赞成政府的积极作为），需要逐步实现，而公民权利和政治权利是国家的消极义务，只要不干涉即可，它的实现是即刻的。[①] 不过，也有学者认为，文化权利具有消极权利和积极权利的双重属性，因为"所有权利均是积极权利，所有权利也均是消极权利"[②]。一项权利相对积极还是相对消极，通常取决于特定的历史环境（时间、空间等）。在有的地方（如食物充足的地方），食物权可能是一种消极权利，但在食物匮乏的地方，食物权可能就是一种积极权利。又比如，在同一个国家如阿根廷，20世纪70年代后期，不受虐待的权利是一项非常积极的权利，而在今天它更接近于一项消极权利。[③] 为此，有人把文化权利划分为积极文化权利和消极文化权利，前者包括请求国家为一定给付义务的请求权、平等多元文化制度的创设权、请求国家排除第三方（私主体）文化干涉和侵犯的请求权，后者包括公民或团体享有文化艺术和科学创造的自由，国家不得肆意干涉和限制，以及国家尊重公民或团体的文化自我决定和自我实现。文化权利的积极面向对应的是一种国家积极的作为义务，消极面向对应的是一种国家消极的不干涉的义务。[④] 甚至有人主张文化权利的消极权利与积极权利的统一。[⑤]

---

① Ida Elisabeth Koch, *Human Rights as Indivisible Rights: The Protection of Socio-Economic Demands under the European Convention on Human Rights.* Leiden: Martinus Nijhoff Publishers, 2009, p. 7.

② 〔美〕史蒂芬·霍尔姆斯、凯斯·R. 桑斯坦：《权利的成本：为什么自由依赖于税》，毕竞悦译，北京大学出版社，2011，第19页。

③ 〔美〕杰克·唐纳利：《普遍人权的理论与实践》，王浦劬等译，中国社会科学出版社，2001，第33页。

④ 涂云新：《文化权利的规范建构——人权公约与实证宪法的法理交错适用》，《复旦大学法律评论》2015年第2期。

⑤ 参见王杏飞《文化权的法学解读》，《中国社会科学报》2012年5月9日；沈寿文《认真对待文化权利中的政治权利内容和消极权利性质——基于"文化宪法"视角的分析》，《人大法学评论》2014年第2期。

第三种意见认为在基本的权利体系中，经济、社会、文化权利与公民和政治权利具有同等的地位，人权是普遍的，适用于一切国家和社会（可能社群主义者承认两类权利同等重要，但一般不承认它们是普遍的或适用于一切社会），而公民权利、政治权利与经济、社会和文化权利是相互依存、相互联系、不可分割的，必须平等对待，任何一套权利体系不优于另外一套权利体系。①

在文化权利的发展和保护方面，联合国教科文组织起着至关重要的作用。在1968年8月召开的巴黎会议上，联合国教科文组织对文化权利做出如下定义："文化权利包括每个人在客观上都能够拥有发展自己个性的途径：通过其自身对于创造人类价值的活动的参与；对自身所处环境能够负责——无论是在地方还是全球意义上。"② 很显然，联合国教科文组织最初是基于自由主义立场给文化权利定义的，认为这是一种个体的权利。但是，随着对文化权利认识的深入，联合国教科文组织也认为文化权利至少包括文化认同的尊重、被认可为一个文化社群的权利、参与文化生活、教育与训练、资讯权、接近文化遗产权、保护研究、创意活动、智慧财产权与文化政策参与权。③

总之，在国际上，越来越多的国家和地区认可并承认文化权利，许多国际权利公约将文化权利载入其中。《世界人权宣言》第27条规定："人人有权自由参加社会的文化生活，享受艺术，并分享科学进步及其产生的福利。人人对由于他所创作的任何科学、文学或美术作品而产生的精神的和物质的利益，有享受保护的权利。"④《经济、社会和文化权利国际公约》第15条第1款明文规定："本公约缔约各国承认人人有权：（1）参加文化生活；（2）享受科学进步及其应用所产生的利益；（3）对其本人的任何科学、

① 薛小建：《基本权利体系的理论与立法实践》，《法律适用》2004年第5期。
② 杨松才、毕颖茜、李思：《国际法视野下的反腐败与人权保障》，社会科学文献出版社，2018，第315页。
③ Halina Nie'c, *Cultural Rights and Wrong：A Connection of Essays in Commemoration of the* 50 *the Anniversary of the Universal Declaration of Human Rights.* Paris：UNESCO，1998，pp. 176-190.
④ 《世界人权宣言》，国务院妇女儿童工作委员会办公室网站，https：//www. nwccw. gov. cn/2017-04/07/content_ 147362. htm。

文学或艺术作品所产生的精神上和物质上的利益，享受被保护之利。"①
2001 年《世界文化多样性宣言》第 4 条规定："捍卫文化多样性是伦理方面
的迫切需要，与尊重人的尊严是密不可分的。它要求人们必须尊重人权和
基本自由，特别是尊重少数人群体和土著人民的各种权利。任何人不得以
文化多样性为由，损害受国际法保护的人权或限制其范围。"② 2005 年《保
护和促进文化表现形式多样性公约》第 2 条第 1 款宣示："只有确保人权，
以及表达、信息和交流等基本自由，并确保个人可以选择文化表现形式，
才能保护和促进文化多样性。"③

　　在我国，包括《宪法》在内的相关法律均有关于文化权利的具体规定。
例如，《宪法》第 47 条明确规定："中华人民共和国公民有进行科学研究、
文学艺术创作和其他文化活动的自由。国家对于从事教育、科学、技术、
文学、艺术和其他文化事业的公民的有益于人民的创造性工作，给以鼓励
和帮助。"④ 但是，目前我国正式的法律文本中尚没有"文化权利"概念的
直接表述，只有"文化权益"的表述，而且仅存在于《公共图书馆法》中。
在党和政府的政策文件中，一般使用的也是"文化权益"。那么，"文化权
利"与"文化权益"究竟是不是两个不同的概念？

　　王列生认为，"文化权益"是中国当代语境的语词创建，"文化权益"
与"文化权利"是两个不同的概念，二者的"差别在于，文化权益不仅包
括文化权利，同时也包括文化利益"⑤。肖巍、杨龙波、赵宴群的看法与之
相似，认为"'文化权益'是文化权利和文化利益的集合，是指人们在法律
规定所拥有的文化权利中，已经真实获取、支配和享有的文化利益"⑥。实
际上，"权利"这个概念本身就包含"利益"的意涵，就像夏勇所说的那
样，权利一般包含利益、主张、资格、权能和自由五大要素，⑦ 因为一个现

① 《经济、社会和文化权利国际公约》，国务院新闻办公室网站，http://www.scio.gov.cn/
ztk/xwfb/09/5/Document/655628/655628.htm。
② 《世界文化多样性宣言》，联合国官方网站，https://www.un.org/zh/node/181813。
③ 《保护和促进文化表现形式多样性公约》，中国保护知识产权网，http://ipr.mofcom.
gov.cn/zhuanti/law/conventions/other/PPDCE.html。
④ 《中华人民共和国宪法》，中国政府网，https://www.gov.cn/guoqing/2018-03-22/content_
5276318.htm。
⑤ 王列生：《论公民基本文化权益的意义内置》，《学习与探索》2009 年第 6 期。
⑥ 肖巍、杨龙波、赵宴群：《作为人权的文化权及其实现》，《学术月刊》2014 年第 8 期。
⑦ 夏勇：《人权概念起源——权利的历史哲学》，中国社会科学出版社，2007，第 38~40 页。

实的人要充分享有权利就必须具备：（1）某种特定的利益；（2）能够通过现实途径提出自己的要求；（3）具备提出要求的资格；（4）这种要求必须得到现实权威的支持；（5）提要求的个人或群体必须有起码的自由和选择能力。[①] 也就是说，"文化权益"与"文化权利"两个概念并无实质性区别，毋宁说二者的区别仅仅是意识形态上的不同表述而已，西方自由主义者偏爱"权利"一词，强调个人的自由和平等，而在中国政治语境中常用"权益"一词替代"权利"，试图突出"公益"而弱化（在中国语境中带有贬义的）"自利"之意。

第二节　文化权利的概念

翻阅现有文献可以发现，我国学者通常不注重对文化权利追根穷源，往往把它视为一个当然的概念来使用。在这一点上，姜广华的看法是比较符合当下实际的，他认为，"迄今为止，我们对文化权利的研究，还很不充分，尤其是在使它成为社会的共识并进而影响决策方面，我们还有很多工作要做"[②]。

什么是文化权利？其实它在西方也是一个颇具争议的概念。

曾任职联合国教科文组织人权、民主与和平部主任的西摩尼迪斯（Janusz Symonides）教授指出：作为人权的一个重要组成部分，"文化权利的内容和价值并没有受到应有的重视，常常被称为人权中的'不发达部分'。所谓'不发达'，是指相对于其他种类的人权，比如公民权利、政治权利、经济和社会权利而言，文化权利在范围、法律内涵和可执行性上最不成熟"[③]。甚至有人称之为其他人权的"穷亲戚"。虽然人们常说"经济、社会和文化权利"，但重点通常是经济和社会权利，这一点不仅表现在理论上，也表现在国家实践中。之所以如此，他认为原因是多方面的。文化权利散见于联合国和专门机构的各种文件中，其中有全球性的，也有地区性的。由于没有编纂成完整的条约或宣言，人们可以把它们任意组合。有时

---

① 夏勇：《人权概念起源——权利的历史哲学》，中国社会科学出版社，2007，第53页。
② 姜广华：《公共文化服务政策选择》，《特区实践与理论》2010年第1期。
③ 黄觉、雅努兹·西摩尼迪斯：《文化权利：一种被忽视的人权》，《国际社会科学杂志》（中文版）1999年第4期。

文化权利是一个整体，即对文化的权利或参与文化生活的权利，有时则被分得很细。此外，文化权利的内涵也变幻莫测，莫衷一是，有时是集体性权利，有时是对文化的权利，有时又是参与文化生活的权利。①

实际上，人们对文化权利的争论远不止这些，不仅体现在文化权利概念本身的内容与价值上，还体现在文化权利的主体、客体、性质、功能等方面，以及自由主义与社群主义等对文化权利认识的分歧上。

文化权利到底包括哪些内容？其实人们的看法并不一致。基于对国际人权法案的理解，挪威人权研究所艾德（Asbjørn Eide）认为，根据《世界人权宣言》第 27 条和《经济、社会和文化权利国际公约》第 15 条，文化权利包括参与文化生活权、享受文化成果的权利、作者精神和物质利益受保护的权利、文化创造权和国际文化合作权。西摩尼迪斯则认为，除以上两条外，《世界人权宣言》第 26 条与《经济、社会和文化权利国际公约》第 13 条谈到的受教育权，《世界人权宣言》第 19 条和《公民权利和政治权利国际公约》第 19 条谈到的发表意见的权利（被概括为信息权），以及联合国教科文组织在《国际文化合作原则宣言》中讲到的国际文化合作权都属于文化权利范畴。他认为文化权利包括受教育权、文化认同权、文化信息权、参与文化生活权、文化创造权、享受科学进步的权利、保护作者物质和精神利益的权利、国际文化合作权。②

艾德跟西摩尼迪斯虽然对文化权利有不同的理解，但基本上都把文化权利视为公民的个人权利。此外，还有一些学者把少数族群或民族的文化问题引入文化权利概念之中，譬如，普若特（L. V. Prott）进一步将文化权利细分为 11 项：表达自由，教育权，父母为子女教育选择权，参与社群的文化生活权，保护艺术、文学与科学作品权，文化发展权，文化认同权，少数族群对其认同、传统、语言及文化遗产的尊重权，民族拥有其艺术、历史与文化财产的权利，民族有抗拒外来文化加诸其上的权利，公平享受人类共

---

① 黄觉、雅努兹·西摩尼迪斯：《文化权利：一种被忽视的人权》，《国际社会科学杂志》（中文版）1999 年第 4 期。

② 黄觉、雅努兹·西摩尼迪斯：《文化权利：一种被忽视的人权》，《国际社会科学杂志》（中文版）1999 年第 4 期。

同文化遗产的权利。① 其中就包含了少数族群的文化议题，从而加剧了人们对文化权利认识的分歧。2001 年 9 月，在新加坡召开的"全球化背景下的文化权利"亚洲研讨会上，与会代表列出了 15 项文化权利清单：（1）文化认同的权利；（2）自由参加所在族群文化生活的权利；（3）享受艺术并受益于科学发展及其应用的权利；（4）保护文化作品的道德或者物质利益的权利；（5）保护文化财产或文化遗产，承认原住民知识产权的权利；（6）文化创造的权利；（7）思想、意识和总结自由的权利；（8）自由表达的权利；（9）少数民族和原住民接受教育和建立自己媒体的权利；（10）文化群体不屈服于灭亡的权利；（11）尊重和珍惜所有文化的尊严的权利；（12）发展和保护自己的文化的权利；（13）传播知识，激励智慧和丰富文化的权利；（14）彼此间达成理解对方生活方式的权利；（15）提高人类精神和物质生活水平的权利。②

我国学者也有类似关于文化权利的划分和讨论。例如，艺衡、任珺、杨立青在《文化权利：回溯与解读》一书中将文化权利归纳为 4 种：享受文化成果的权利、参与文化活动的权利、开展文化创造的权利以及对个人进行文化艺术创造所产生的精神和物质上的利益享受保护的权利。③ 这种文化权利概念应该是一种非常狭义的理解。姜广华认为，文化权利具体包括文化共享权、接受教育权、人格发展权、精神自由权、文化参与权、思想表达权、作品创造权、文化交流权等。其中，文化共享权、接受教育权、人格发展权、文化参与权，可以称为基本文化权利。"基本文化权益"的提法，是基于现阶段我国社会发展水平的实事求是的政策性规定。④

不过，以上这些关于文化权利内容的认识，大多是从有关法律条文中引申出来的，有些划分未必具有严格的学理依据。相对而言，墨西哥 El Colegio 研究所斯塔温黑根（Rodolfo Stavenhagen）关于文化权利内容的划分更加严谨。对应于对"文化"三个不同层面的理解，他认为文化权利包含

---

① L. V. Prott, "Cultural Rights as People's Rights in International Law," in James Crawford (ed.), *The Rights of Peoples*. Oxford: Clarendon Press, 1992, pp.96~97.
② 〔新加坡〕阿努拉·古纳锡克拉、〔荷兰〕塞斯·汉弥林克、〔英〕文卡特·耶尔：《全球化背景下的文化权利》，张毓强等译，中国传媒大学出版社，2006，第 283~284 页。
③ 艺衡、任珺、杨立青：《文化权利：回溯与解读》，社会科学文献出版社，2005，第 12 页。
④ 姜广华：《公共文化服务政策选择》，《特区实践与理论》2010 年第 1 期。

三个层面的内容：文化第一个层面的含义是指作为资本的文化，等同于人类累积的物质遗产，如文化遗址和人工制品等，与此相对应的文化权利意味着"个人有获得这一累积文化资本的平等权利"；第二个层面的含义是指作为创造力的文化，是艺术和科学创作的一个过程，与此相对应的文化权利意味着"个人不受限制地自由创造自己的文化作品的权利，以及所有人享有自由利用这些创造品（博物馆、音乐会、剧院、图书馆等）的权利"；第三个层面的含义是指作为全部生活方式的文化，指的是"特定社会群体的物质和精神活动及其成果的总和"，而与此相对应的文化权利指的是集体意义上的文化权利，即每一个文化群体都有权保留并且发展自己特有的文化，享有遵循或采纳自己选择的生活方式的权利。①

艾德等人对斯塔温黑根教授的观点持赞成态度，并对该定义进行了进一步的发挥，认为文化权利问题还有另一面，即我们不但要尊重世界上不同地区、不同历史传统和不同政治制度下的各种文化价值，而且要尊重各国内部的不同文化价值。那么，就人权和文化发展权而言，这种多样性意味着什么？我们理解的文化发展权不仅意味着个人发明、创新及接受更多文化服务的权利，而且意味着个人坚持自身文化的权利——个人出生时所在群体的文化、个人生活环境的文化和个人认同的文化，也即文化认同的权利。②

于是，文化权利概念渐次引入 20 世纪 80 年代晚期的文化人类学、文化研究乃至社会学、政治学研究领域。相较于过去的公民权利概念，文化权利主要用来描述某些不被国家力量保障的社群，或是被基本权利否认的文化与社会权利的诉求。换言之，关于文化权利的讨论从这个概念本身以及它相对其他权利的比较视域上扩展到新社会运动等实践视域，将关注点聚焦到亚文化群体、边缘性社会群体等少数群体的文化权利的诉求和抗争上来。新社会运动所强调的差异的政治，将性别、阶级、族群、生态、性倾向的团体视为"公民"来考量；但这只是公民权利中"量"的转变，罗

---

① 〔墨西哥〕斯塔温黑根：《文化权利：社会科学视角》，载〔挪威〕A. 艾德、C. 克洛斯、A. 罗萨斯主编《经济、社会和文化权利教程》，中国人权研究会译，四川人民出版社，2004，第 71~73 页。

② 〔挪威〕A. 艾德、C. 克洛斯、A. 罗萨斯主编《经济、社会和文化权利教程》，中国人权研究会译，四川人民出版社，2004，第 78~79 页。

萨尔多（Renato Rosaldo）认为"质"的影响——文化权利的出现，才是公共资源的重新分配，以及改变公民权利认知的新因素。在公民权利"质"的部分的扩充方面，他认为公民在"享有充分的民主与参与的成员权时，也有维持差异的权利（the right to be different）"①，而差异的落实与文化领域高度相关。因此，文化公民权最基本的面向在于提供"成为对于文化意义与社会暴力不断争辩、协商、抗争的场域"②；进而，文化公民权不仅试图解决"社会宰制的排斥与边缘化，也希望寻求公民解放的定义与方向"③。王爱华（Aihwa Ong）则认为，罗萨尔多虽然注意到文化权利与公民权利关系的一个面向，即文化公民权成为劣势团体对主流社会诉求文化认同与差异的权利，文化公民权的落实得以保有更完整公民权利的可能；但忽视了另一个面向，即文化公民权应该被视为文化实践与信仰的一环，产生于公民与国家及其霸权形式既矛盾又竞争的关系及不断的协商中。因此，他认为，文化公民权是在民族国家与公民社会的权力网络中，一个"双重的自我制造与再生产的过程"：一方面，作为"公民"，其主体倚赖着权力关系的提交与实践的过程而被定位与形塑生成；另一方面，公民的态度应在民族国家甚或更大的外在世界中，及不断变动的权力领域自我生成。因此，文化公民权既是被定位的，也是公民意识自我形成的重要部分。④

---

① Renato Rosaldo, "Cultural Citizenship, Inequality, and Multiculturalism," in William V. Flores & Rina Benmayor (eds.), *Latino Cultural Citizenship*. Boston: Beacon Press, 1997, pp. 36 - 37. 转引自王俐容《文化公民权的建构：文化政策的发展与公民权的落实》，《公共行政学报》2006 年第 20 期。

② Renato Rosaldo, "Cultural Citizenship, Inequality, and Multiculturalism," in William V. Flores & Rina Benmayor (eds.), *Latino Cultural Citizenship*. Boston: Beacon Press, 1997, pp. 36 - 37. 转引自王俐容《文化公民权的建构：文化政策的发展与公民权的落实》，《公共行政学报》2006 年第 20 期。

③ Renato Rosaldo, "Cultural Citizenship, Inequality, and Multiculturalism," in William V. Flores & Rina Benmayor (eds.), *Latino Cultural Citizenship*. Boston: Beacon Press, 1997, pp. 36 - 37. 转引自王俐容《文化公民权的建构：文化政策的发展与公民权的落实》，《公共行政学报》2006 年第 20 期。

④ Aihwa Ong, "Cultural Citizenship as Subject Making: Immigrants Negotiate Racial and Cultural Boundaries in the United States," in Rodolfo D. Torres, Louis F. Miron and Jonathan Xavier Inda (eds.), *Race, Identity and Citizenship: A Reader*. Oxford: Blackwell, 1999, p. 264. 转引自王俐容《文化公民权的建构：文化政策的发展与公民权的落实》，《公共行政学报》2006 年第 20 期。

第三节　自由主义视野中的文化权利

对自由主义来说，文化权利仅仅是个体的权利，强调个体选择或认同某一文化的权利。就像唐纳利（Jack Donnelly）鲜明指出的那样："文化权利是由一个特定的文化团体的成员所拥有的，可是，这样的权利是由作为受保护的社会团体成员的个人所拥有的。也就是说，文化权利并非团体的权利；特别是，它们不是团体可以针对个人所拥有和运用的权利。"① 虽然唐纳利也承认，"除了与世隔绝的个人之外，个人总是共同体的成员。事实上，对于人的尊严的任何合理的考虑必然包含社会成员在内；如果人们想要过一种称得上是人的生活，他们就必须是社会团体的组成部分。同样，个人对于社会负有责任，这些责任也许是与社会的权利相一致的"。不过，他又强调，"我们不能由此推论认为，社会或者任何其他社会团体拥有人权"②。

自由主义强调个人及其权利的优先性和基础地位，一个社会的首要正义原则就是尊重和维护这些权利。"个人拥有权利。有些事情是任何他人或团体都不能对他们做的，做了就要侵犯到他们的权利。"③ 文化权利同样如此，其根本目的在于个人选择过一种（自认为）好的生活。文化社群是个人自由结社的结果，尽管文化社群会影响个体行为、塑造其认同感，但它却不是最基本的。④ 人们之所以重视社群，只是它对个人幸福的重要性使然。个体的根本利益在于过一种好的生活，而权利是个体追求以及实现理想生活的重要手段。

论及自由主义的文化权利观，就不能不提到塔米尔（Yael Tamir）和金里卡（Will Kymlicka），尽管他们二位的自由主义均经过了一定的改造。

以色列学者塔米尔说："我认为权利是允许个人过他们反思之后所珍视

---

① 〔美〕杰克·唐纳利：《普遍人权的理论与实践》，王浦劬等译，中国社会科学出版社，2001，第 16 页。

② 〔美〕杰克·唐纳利：《普遍人权的理论与实践》，王浦劬等译，中国社会科学出版社，2001，第 16 页。

③ 〔美〕罗伯特·诺奇克：《无政府、国家与乌托邦》，何怀宏等译，中国社会科学出版社，1991，第 1 页。

④ Chandran Kukaths, "Are there Cultural Rights?" *Political Theory* 1 (1992): 105-139.

的生活，而非历史或命运强加于他们的生活的手段。保证个体依附他们蔑视的文化或者归属于他们不想成为其成员的共同体是没有意义的。文化的权利意在允许个体在他们自己选择的文化中生活，决定他们自己的社会归属，再创造他们所属的共同体的文化，并重新界定它的边界。"① 对塔米尔来说，文化权利是一种个人权利，包括两个方面："个体选择其民族身份的权利，以及他们坚守其选择的民族文化的权利"②，"文化权利不仅意在保护个体遵从他们的既定文化的权利，同时也包括保护他们重新创造自己的文化的权利"③。

塔米尔质疑"文化权利是一种群体权利"："我们之所以能够获得一种利益是因为我们在特定的群体中的成员身份，这并不能改变它作为个体利益的基本性质。相应地，保护这种利益的权利也就应该被看作是一种个体权利。"④ 而且，她认为："权利的本质来自它的合理性而不是权利的某些方面得以最佳实施的方法。由于所有这些权利（不管是宗教的还是政治的）的合理性都建立在个体追求它们的过程中所获得的利益的基础上，所以它们应该被看作是个体权利。没有理由认为这个规则不适用于遵从文化的权利。"⑤

尽管塔米尔认为文化权利是一种个人选择文化的权利，但反对"原子化的自我"观点，并不认为一定的文化社群身份对于个人是毫无价值的。"声称个体可以选择他们的公共归属并不意味着他们不假思索地处理他们的成员身份，或者他们把它看作是与自己的自我定义无关的东西。有一些因素虽然对我们的个人身份——宗教信仰、政治归属、职业、生活方式等——具有建构意义，但依然是受制于反思与选择的。"⑥ 由此可见，她也

① 〔以色列〕耶尔·塔米尔：《自由主义的民族主义》，陶东风译，上海译文出版社，2005，导言第6页。

② 〔以色列〕耶尔·塔米尔：《自由主义的民族主义》，陶东风译，上海译文出版社，2005，第33页。

③ 〔以色列〕耶尔·塔米尔：《自由主义的民族主义》，陶东风译，上海译文出版社，2005，第40页。

④ 〔以色列〕耶尔·塔米尔：《自由主义的民族主义》，陶东风译，上海译文出版社，2005，第34页。

⑤ 〔以色列〕耶尔·塔米尔：《自由主义的民族主义》，陶东风译，上海译文出版社，2005，第36页。

⑥ 〔以色列〕耶尔·塔米尔：《自由主义的民族主义》，陶东风译，上海译文出版社，2005，导言第6页。

同时反对"在境性的自我"（个体被文化处境所决定）这种极端的观念。

几乎所有的社群主义者和民族主义者都毫无例外地认为，个体不可避免地是其文化的产物。而自由主义者坚信依靠自主、选择与反思，个体可以成为自己生活的主人。个体虽然会被一种命定的生活方式无情地塑造，但不意味着人们只能是其文化的囚徒。塔米尔试图调和自由主义和民族主义，她指出："更加深入仔细的观察将表明，自由主义者不必反对文化语境化（cultural contextualization）的重要性，而民族主义者也不必忽视个人自由的重要性。于是产生了一种更加平衡的、显示这两种似乎对立的论点之间广泛一致性的人的观念。例如，这两个思想流派都同意把个体的特性刻画为期待的时候赋予他们的个人思想以语境的行动者，亦即他们承认他们的目标只有在社会语境中才是有意义的，但是他们不一定不加反思地接受社会制定的目标，他们关于好的概念既不是完全个人主义的，也不是完全社群主义的，他们有时可能把个人的好放在共同的好之前，而有时则把这种优先性的次序颠倒过来。这样，社会被看作是实现某些目标的必要条件，也是达成另外一些目的的障碍。"①

塔米尔认为，"绝大多数的自由主义者的确把个体看作根植于社会性之中的，是依赖于群体关系来寻求其道德发展与个人发展的"②。对此，加拿大学者金里卡是同意的。他曾注意到，早期（"二战"前）的自由主义者，如密尔（John S. Mill）、格林（Thomas H. Green）、霍布豪斯（Leonard T. Hobhouse）和杜威（John Dewey）都强调文化成员身份对个人的重要性。③他同样认为，"人们必然在一种重要的程度上受制于他们自己的文化社群。我们不能直接把人们从一种文化移植到另一种文化中，即使我们可以提供学习其他语言和文化的机会。一个人的出身不是随便就可以抹杀的；它是也仍然是形成他是谁的一个构成部分。文化成员身份影响了我们对个人认

---

① 〔以色列〕耶尔·塔米尔：《自由主义的民族主义》，陶东风译，上海译文出版社，2005，第7页。
② 〔以色列〕耶尔·塔米尔：《自由主义的民族主义》，陶东风译，上海译文出版社，2005，第7页。
③ 〔加〕威尔·金里卡：《自由主义、社群与文化》，应奇、葛水林译，上海译文出版社，2005，第194~196页。

同和能力的理解"①。

因此，金里卡主张："自由主义的价值既要求个体的自由选择，又要求个体选择的一个可靠的文化背景。因此，自由主义要求我们能够认同、保护和增进作为一个基本善的文化成员身份……被看作选择背景的文化社群的存在是一项基本的善，也是自由主义者的一种正当的关注。"② 不过，我们必须特别注意金里卡对"文化"的独特定义，因为他的观点跟这一定义不无关联。金里卡说："我是在与此截然不同的另一种意义上使用文化概念的，我所谓文化是指文化社群或文化结构本身。从这个意义上来看，即使当它的成员感觉传统的生活方式再也没有价值，并对传统的文化特征进行自由的调整变更时，文化社群仍会继续存在。"③ 也就是说，对金里卡而言，人们可以选择不同的文化，但是原有的文化（结构）不会因此得以改变。

如果说塔米尔的自由主义借鉴了民族主义的某些观点，是一种"自由主义的民族主义"，那么金里卡的自由主义渗透了社群主义的某些元素，或可称为"自由主义的社群主义"。金里卡认为："无论共产主义者和社群主义者怎样反对，自由主义的正义似乎是适合于支配我们的政治制度和实践的一种可行的政治道德。它表达了一种有吸引力的社群观，在承认我们的自我发展和我们的选择情境依赖于一个文化的社群的同时，仍然承认我们作为自我导向的存在物要求独立于存在于社群中的任何特定的角色和关系。它通过对正义的说明承认社群成员的平等地位，而又不强迫人们以他们关心的人或计划为代价行使他们的权利。作为自由主义的基础的个人主义并不是以我们的社会性或我们共享的社群为代价得到珍视的。毋宁说，它力图承认每个人在社群中的生活的价值，并以所涉及的人能够自觉地接受的方式促进那种价值。它是一种与我们的社会世界对我们的无可否认的重要性相一致的而不是相对抗的个人主义。"④

---

① 〔加〕威尔·金里卡：《自由主义、社群与文化》，应奇、葛水林译，上海译文出版社，2005，第168页。

② 〔加〕威尔·金里卡：《自由主义、社群与文化》，应奇、葛水林译，上海译文出版社，2005，第162页。

③ 〔加〕威尔·金里卡：《自由主义、社群与文化》，应奇、葛水林译，上海译文出版社，2005，第159页。

④ 〔加〕威尔·金里卡：《自由主义、社群与文化》，应奇、葛水林译，上海译文出版社，2005，第124~125页。

　　金里卡抱持的这种自由主义的社群主义，使他不仅赞同个体的文化权利而且为少数群体文化权利辩护。他坚称："人们是作为公民，同时也是作为文化社群中的成员享受到尊重的。在许多情形下，这两者是完全相容的，事实上或许也是彼此重合的。但是在文化多元的社会中，为保护一个文化社群免遭人们不希望见到的崩溃的可能，不同的公民身份权利或许是必要的。假如是这样，那么公民身份和文化成员身份的各自要求便被拽向了不同的方向。两者也都碰到了各自的问题，并且双方中任何一方的问题似乎都不可以简化为另外一方的问题。"①

　　在这里需要特别指出的是，金里卡所称的"少数群体的权利"并不是人们通常所指的非文化的少数派的权利或者非歧视性的权利，譬如针对残疾人、农民工的团体权利或工会等集体权利，而仅仅是指在一个多元文化社会里的少数文化社群的权利。他"在'少数群体权利'这个标签下进行的讨论关注的是人们与文化多元国家的文化成员身份要求有关的内容和根据，并且这个问题较以'集体权利'或'团体权利'的名义进行的讨论而言既要狭窄许多，又要宽泛许多"②。因此，金里卡的学术贡献在于，将文化公民权与少数族群、种族等相联结，讨论在民主国家如何处理文化多样性的问题。

　　金里卡主张把这样一些少数群体的文化权利分为两类：第一类涉及文化或族群内部成员的规定，称为"内部限制"，目的在于保护群体免受内部不满的破坏性影响；第二类涉及一个群体针对较大社会的要求，称为"外部保护"，目的在于保护群体不受外部文化的压力影响。金里卡同时指出，现代国家赋予少数群体的权利，只是为了实现"外部保护"，而对于"内部限制"的做法应当予以拒绝。③ 在金里卡看来，文化只是"作为手段的价值"，不具有"内在的价值"。因此，尤其要警惕少数群体以保护文化传统或习俗为由限制群体成员的基本公民自由。④ 究其思想实质，金里卡最终还

　　① 〔加〕威尔·金里卡：《自由主义、社群与文化》，应奇、葛水林译，上海译文出版社，2005，第146页。

　　② 〔加〕威尔·金里卡：《自由主义、社群与文化》，应奇、葛水林译，上海译文出版社，2005，第133~134页。

　　③ 〔加〕威尔·金里卡：《多元文化公民权：一种有关少数族群权利的自由主义理论》，杨立峰译，上海译文出版社，2009，第44~46页。

　　④ 〔加〕威尔·金里卡：《少数的权利：民族主义、多元文化主义和公民》，邓红风译，上海译文出版社，2005，第56页。

是回归了自由主义的基本立场，以个人文化权利为追求目标。

金里卡认为，"个体权利和集体权利不可能竞争同一道德空间"①，二者未必是冲突的关系，以此回避自由主义与社群主义的争执——自由主义认为社群的正当性不能自我论证，其正当性在于维护个体的权利；社群主义认为个体一旦脱离社群，其权利将毫无意义。

第四节　社群主义视野中的文化权利

如果说自由主义者对个人文化权利的合理性进行了较为系统的理论阐述，那么社群主义者所谓的文化权利观往往是对自由主义零散的批判形成的，严格而言社群主义并未对集体文化权利进行系统的理论论证，甚至只是提出一些有关集体权利的主张而已。

首先，社群主义通过对自由主义的原子化个人或自我的批判，来建构社群性文化权利观。社群主义者认为，从人们生活、思考的文化环境中抽离出来的个人并不存在。泰勒（Charles Taylor）认为，我的"自我"定义是被理解为对"我是谁"这个问题的回答，而不是"我应当成为什么样的人，我应当过什么样的生活"。这个问题在说话者的交替中发现其个人原初含义。他谈道："我通过我从何处说话，根据家谱、社会空间、社会地位和功能的地势、我所爱的与我关系密切的人，关键地还有在其中我最重要的规定关系得以出现的道德和精神方向感，来定义'我是谁'。"② 也就是说，自我的自由不是天生的，是在环境中形成的。按照泰勒的解释，自我是拥有身份、有必要深度和复杂性的存在。③

在这个意义上，社群主义者认为，所谓普遍的、先验的、与生俱来的个人权利或道德权利根本不存在，它是一种未经检验或证实的虚假想象。那些批评以权利为基础之自由主义的社群主义者认为，我们不能将自己看

---

① 〔加〕威尔·金里卡：《自由主义、社群与文化》，应奇、葛水林译，上海译文出版社，2005，第135页。

② 〔加〕查尔斯·泰勒：《自我的根源：现代认同的形成》，韩震等译，译林出版社，2001，第49页。

③ 〔加〕查尔斯·泰勒：《自我的根源：现代认同的形成》，韩震等译，译林出版社，2001，第44页。

作是如此独立的，即自我的载体完全脱离于我们的目标和附属。其认为，我们某些特定的角色部分地构成了我们所是的人；如果我们部分地由我们所生活其中的共同体所定义，那么我们也必须暗含于这些共同体特质的目标和目的之中。① 自由主义忽略了人是处在一定社群中的人，只有在社群中个人的权利才存在；就像"一个人的尊严不仅存在于他的个体性之中，而且存在于他所从属的集体之中，并通过集体而存在"。然而，弗莱纳（Thomas Fleiner）还是紧接着补充说："这没有赋予集体以完全不顾个人价值的权利，也没有赋予集体为了整体而戕害个人价值的权利。"②

其次，社群主义通过强调社群对个人权利的重要性，来阐述社群性文化权利观。社群主义者认为，社群的共同实践和交往是个人权利产生的前提和基础。个人权利是社会实践的产物，是历史地形成的，不具有优先性。而且，在社群主义者看来，"严格地说，权利是一种关系——是资格和义务之间制度化关系"；而"与制度和权利语言相联系的资格和义务是由规范决定的，规范是一些行为规则，它们是由共同体制定出来的，用以支配其成员之间的关系，并带有共同体的权威性，这种权威是这些规范力量的源泉"③。离开了一定的社会规范，个人的正当行为就无法转变成不受他人干涉的权利，所以，自由主义者所说的普遍的、应然的权利缺乏说服力。

再次，社群主义批评片面主张个人权利的危害，提倡社群性文化权利观。在社群主义看来，把个人权利置于集体权利之上会造成不良后果。譬如，可能会导致国家借保护个人权利之名，否定群体的权利，甚至可能威胁他人自由，尤其对某种文化自由造成伤害。艾丽斯·M. 杨（Iris M. Young）认为："族群的需求是不同且多元的，主流文化所主导的单一认同，不能满足族群的多元需求，结果会造成族群间彼此矛盾、紧张、冲突的产生。"④ 人们担心一旦统治阶层掌握了国家权力，就会按照一种绝对信念进行统治。这必然

---

① 〔美〕迈克尔·桑德尔：《公共哲学：政治中的道德问题》，朱东华等译，中国人民大学出版社，2013，第140页。

② 〔瑞士〕托马斯·弗莱纳：《人权是什么》，谢鹏程译，中国社会科学出版社，2000，第24页。

③ 〔美〕贝思·J. 辛格：《实用主义、权利和民主》，王守昌等译，上海译文出版社，2001，第30~31页。

④ Iris M. Young, "Polity and Group Difference: A Critique of the Ideal of Universal Citizenship," in Ronald Beiner（ed.）, *Theorizing Citizenship*. Albany: State University of New York Press, 1995, p.185.

会影响种族意义上的少数民族文化权利的实现。泰勒也赞同这类观点，他认为，"两种模式的张力在这里就出现了——我不可能乐意以个人权利的名义压倒集体的决策，如果我不是已经在一定程度上远离了做出这些决策的社群"①。

总之，对社群主义而言，公共的善优先于个体的权利；而所谓的社群性文化权利，也主要是指属于某一社群的文化身份或资格。然而，在一个日益流动的社会里，文化身份往往也是流动的，恰如霍尔所言，"文化身份不仅仅是已存在的（being），更是转变生成的（becoming），既是过去的，也是未来的……文化身份有它的过去和历史，但是，像历史上其他任何事情一样，处于不断转换过程中，从来不是固定滞留在过去，而注定要随着历史、文化和权力不断变化"②，无法逃脱文化权力的重新分配之网。于是，因为文化身份的流变而衍生出霍尔的"差异文化政治学"（cultural politics of difference）、后殖民主义者的"混杂身份"（hybrid identities）、王爱华的"弹性公民身份"（flexible citizenship）、霍米·巴巴（Homi K. Bhabha）的"第三空间"（third space）等理论。贯穿这些文化身份理论的一条线索，终究是文化的选择或认同问题。自由主义与社群主义在这一问题上的分歧，跟各自所坚持和维护的个体立场或社群立场不无关系。

此外，由于缺乏对社群的判断标准，社群主义者始终无法说明到底什么社群应该享有什么样的文化权利；由于文化这一用词的模糊性，社群主义也无法判断当群体权利侵犯个人权利的时候，用什么标准来衡量，因而导致社群主义的辩护显得苍白无力。这主要是由于社群主义者无意建立一套自己的文化权利理论，而且，社群主义本身也不是一套严密的理论体系。这些批判自由主义的学者绝大多数不愿意被贴上社群主义者的标签，或许他们更乐意被称为自由主义者——恰如华尔泽（Michael Walzer）所言，"不管一位社群主义者的批判多尖锐，它实质上也是自由主义的一个变种"③。

① Charles Taylor, *Philosophy and The Human Sciences：Philosophical Papers* 11. Cambridge：Cambridge University Press, 1985, p. 211.
② Stuart Hall, "Cultural Identity and Diaspora," in Jonathan Rutherford（ed.）, *Identity, Community, Culture, Difference*. London：Lawren & Wishart, 1998, p.225.
③ 〔美〕M. 华尔泽：《社群主义者对自由主义的批判》，孙晓莉译，《世界哲学》2002年第4期。

第四章　文化治理

文化治理日益成为现代治理的一部分。英国文化研究学者本尼特
（Tonney Bennett）认为，"如果把文化看作一系列历史特定制度形成的治理
关系，目标是通过审美智性文化的形式、技术和规则的社会体系实现广大
人口思想行为的转变，文化就会更加让人信服地构想"①。英国社会学家鲍
曼（Zygmunt Bauman）也指出，"'文化'这一观念，是在 18 世纪中后期作
为管理人类思想与行为之缩略语而被创造命名的"②。因而，文化往往包含
着另一个意思，即把人教化（或驯化）为容易治理的对象（也就是所谓的
"文明人"）。然而，文化的这一含义往往被一些美学修辞所包装，成为人
们难以把握其实质的"虚假意识"。

什么是文化治理？学界至今没有形成一致性看法。即便是较早将治理
引入文化研究的英国伯明翰学派，对于文化治理的理解也是大不相同，早
期的伯明翰学派主要受到马克思主义和葛兰西"文化霸权"思想的影响，
较为明显地体现在威廉斯、霍尔等人的学术研究之中；发展到后期，更主
要地受到福柯（Michel Foucault）治理术（governmentality）思想的影响，显
著地表现在本尼特的文化政策研究上。后者批评前者的"文化政治"研究，
只是把文化简化为一种符号的表意实践，可加以挪用来建构认同或反抗，
但忽略了许多现代的文化政治都是文化治理的副产品，并非自发地孕育而
生。对于本尼特而言，18 至 19 世纪，文化的定义在英语世界中有了变动，
随着政治经济学与社会科学的诞生，在社会管理的脉络中，文化开始被视
为治理的对象和工具，对象是下层社会的道德、举止与生活方式，工具是

---

① 〔英〕托尼·本尼特：《本尼特：文化与社会》，王杰、强东红等译，广西师范大学出版社，
2007，第 163 页。

② 〔英〕齐格蒙特·鲍曼：《流动的生活》，徐朝友译，江苏人民出版社，2012，第 56 页。

作为一种意义上更为严谨的文化、艺术与智识活动，而这也正好提供了治理干预与文化管制的手段。[①] 对前者而言，文化斗争主要发生在语言、话语和意识形态领域；对后者而言，文化治理更主要地体现在文化制度、文化政策和具体的文化管理之中。然而，几乎所有的制度、政策和管理背后都包含着一定的话语、意识形态，在实践中彼此不能分离。本文所论述的文化治理概念可以视为两者的综合，甚至其内涵更为宽泛。

王志弘等台湾地区学者较早将文化治理概念引进中文世界，并把它作为一个分析架构对台北等都市文化治理进行了实证研究。[②] 在《文化如何治理？一个分析架构的概念性探讨》一文中，王志弘从福柯的"治理术"（也翻译为"治理性""统理性"等），以及新的政治组织和沟通网络、政权理论和反身性自我驾驭等治理概念，来说明文化治理的内涵；同时，结合文化领导权（或译为"文化霸权"）和调节学派（regulation school）等观点，将文化治理的结构性作用标定于政治和经济之调节与争议，并联结于多元文化主义和反身自控式主体化等操作机制。从而，将文化治理界定为："借由文化以遂行政治与经济（及各种社会生活面向）之调节与争议，透过各种程序、技术、组织、知识、论述和行动等操作机制而构成的场域。"[③] 很显然，王志弘关于文化治理的理论建构，既吸收了葛兰西的文化霸权思想，又引入了福柯的"治理术"以及本尼特的文化治理论述，还试图将调节学派等观点包含进来。因此，他招致了吴彦明的批评："在希望鱼与熊掌皆得的企图心下，王志弘对于文化与治理性之间的理论化关系是过于繁杂与企图兼容并蓄，以至于在这样如万花筒式的架构下，不仅治理的理论角色被稀释掉，文化也被限缩成一种'以不在场的方式出现'的概念，它变成一个派生、临时角色式的概念，它可以是建筑物、博物馆、节庆、城市书写、社会运动、都市或国族认同等等，它轻易地变成一个可被操弄或可治理的对象。"[④] 王志弘承认，文化治理概念还在发展之中，同时对吴彦明的批评作了回应，强调他更加注重文化治理作为分析架构的工具性作用："文化治

---

① 吴彦明：《治理"文化治理"》，《台湾社会研究》2011年第82期。
② 参见王志弘主编《文化治理与空间政治》，（台北）群学出版有限公司，2011。
③ 王志弘：《文化如何治理？一个分析架构的概念性探讨》，《世新人文社会学报》2010年第11期。
④ 吴彦明：《治理"文化治理"》，《台湾社会研究》2011年第82期。

理能否成为理解台湾社会，乃至有广泛适用性的关键词，取决于它在描述现象上的用处，优先于它是否遵从特定分析观点，犹如我们用资本主义这个概念来描述某种复杂的社会状况，但有很多不同观点来分析资本主义。"① 由此可见，王志弘更加注重他所定义的文化治理概念对现实理解的适用性，而不是这个概念本身的自洽性。如果这一概念能够更适合描述我国台湾地区的文化实践，又何必对它如此计较呢？因为所有的概念都是为了描述、理解现实世界而人为建构的。

相对于台湾地区学者，中国大陆地区的学者对于文化治理概念的运用似乎要简单、随意的多。从既有的文献来看，何满子早在 1994 年就撰文论及"文化治理"，他所谓的文化治理是指"矫正社会文化趣味，提高文明水平"，对"大众文化中庸俗趣味所滋蔓的社会低劣情趣"进行"治理"②。此处的"文化治理"，明显不是学术意义上的论述。这种等同于"治理（或整治）文化"的表述，也见于其他文献之中。严格地从学术意义上论述文化治理的屈指可数。譬如，郭灵凤《欧盟文化政策与文化治理》一文借用了 ERICarts 的表述："'文化治理'指的是为文化发展确定方向的公共部门、私营机构和自愿/非营利团体组成的复杂网络。其中包括来自公共部门、私营企业、非营利团体等各种性质的机构和个人，涵盖文化、经济、社会等各个政策领域，涉及跨国、民族国家、地区、地方等不同地理和行政运作层面。治理也指公民不仅作为投票者和利益集团的成员，而且作为消费者、专业工作者、文化工人、企业家、志愿者以及非营利组织的成员，拥有了更为多样化的渠道影响文化的发展。"③ 这种公共管理学式定义，主要强调文化作为公共事务被管理时政府（公共部门）与非政府组织（私营机构）之间开展合作的必要性。此外，胡惠林认为："文化治理是国家通过采取一系列政策措施和制度安排，利用和借助文化的功能用以克服与解决国家发展中问题的工具化，对象是政治、经济、社会和文化，主体是政府和社会，政府发挥主导作用，社会参与共治。""文化治理的特征是通过主动寻求一种创造性文化增生的范式实现文化的包容性发展。"④ 二者均侧重于文化发

① 王志弘：《文化治理是不是关键词？》，《台湾社会研究》2011 年第 82 期。
② 何满子：《文化治理》，《瞭望新闻周刊》1994 年第 9 期。
③ 转引自郭灵凤《欧盟文化政策与文化治理》，《欧洲研究》2007 年第 2 期。
④ 胡惠林：《国家文化治理：发展文化产业的新维度》，《学术月刊》2012 年第 5 期。

展和文化管理的技术或实务层面的论述，只是论述的重点有所不同，郭灵凤偏重于文化发展和文化管理中国家文化部门（或机构）与社会、企业之间的合作，胡惠林偏重于文化发展所发挥的工具化、包容性功能。

人们之所以对文化治理有复杂理解，一方面是由于对文化、治理以及文化与治理关系的不同诠释，另一方面是由于文化治理本身具有诸多不同的"面孔"，并在具体的文化治理实践中以各种形式交汇在一起。当前，学界对于前一方面的讨论或争议较多，对于后一方面似乎鲜有论述。① 我们尝试对文化治理的不同面孔作初步图绘。如果说王志弘等学者试图借鉴诸多理论资源来界定文化治理概念以描绘、分析现实的话，那么我们更主要地是从文化治理的各种实践形态来反观文化治理概念，并尝试解读它、理解它。

第一节　政治面孔

"政治的视角乃是一切阅读和解释行为的地平线"②，阅读和解释文化治理也不可避免地从政治视角出发。文化治理的政治面孔，相对而言是人们较为熟悉的，这主要是因为马克思主义经典作家的论述。

在马克思主义经典作家看来，文化和文化治理往往具备政治的面孔。一定时期的文化观念总是服务于统治阶级的利益，并为阶级统治提供合法的意识形态支持。因为统治阶级的思想在每一时代都是占统治地位的思想。这就是说，一个阶级是社会上占统治地位的物质力量，同时也是社会上占统治地位的精神力量。支配着物质生产资料的阶级，同时也支配着精神生产资料，因此，那些没有精神生产资料的人的思想，一般是隶属于这个阶级的。"既然他们作为一个阶级进行统治，并且决定着某一历史时代的整个

---

① 默瑟（Colin Mercer）从文化能力方面做过类似论述，他认为文化能力包括四个取向：（1）资源取向：帮助人们理解日常生活或在特定工业部门之中文化所扮演的经济角色；（2）社会再建构取向：帮助人们认知在社会组织形构过程中，文化所扮演的角色；（3）政治取向：帮助人们理解在建构、维持、挑战权力关系中，文化扮演的角色；（4）认知与表达取向：帮助人们理解在形成个人价值体系、生活方式中，文化扮演的角色（参见 Colin Mercer, *Towards Cultural Citizenship: Tools for Cultural Policy and Development.* Stockholm: the Bank of Sweden Tercentenary Foundation, 2002, p.1）。

② Fredric Jameson, *The Political Unconscious.* London: Methuen, 1981, p.17.

面貌……他们在这个历史时代的一切领域中也会这样做，就是说，他们还作为思维着的人，作为思想的生产者进行统治，他们调节着自己时代的思想的生产和分配：而这意味着他们的思想是一个时代的占统治地位的思想。"①

在马克思主义者看来，文化作为意识形态，作为资产阶级片面、褊狭的支撑物，是资产阶级为了自身利益而设计的。同时他们还认为，文化作为意识形态钝化了无产阶级的理解和思考：是一个欺骗的工具，掩盖了资产阶级的真正利益。对马克思而言，文化的信仰和实践是权力关系的一种文化符码。② 其意欲表明，文化是偏袒的，经常宣扬关于世界的"虚假意识"，从而作为一种统治阶级压迫工具发挥作用。例如，资本主义社会的个人主义价值观、利润、竞争和市场等主导文化观念，表明了正在巩固新兴资产阶级的意识形态。在竞争激烈和个人主义泛滥的资本主义社会中，它使人们坚信人在本质上是自私自利且相互竞争的，就像坚信在共产主义社会，人类本质上是相互合作的一样，是自然而然的事情。然而，事实上人类和社会的关系极其复杂、充满矛盾，但意识形态却消除了这些矛盾、冲突和负面特性，将人类社会的一些特性理想化为个体性和竞争性，并将其提升为统治观念和主导性价值观。马克思和恩格斯批判意识形态，试图揭示统治观念重塑占统治地位的社会阶层的利益机制，这些利益符合现行社会及其体制，也是社会价值观念的自然化、理想化和合法化表现。③

葛兰西认为，意识形态是一种统治性观念，起着"社会黏合剂"作用，能整合和巩固已有的社会秩序。他在《文化主题：意识形态的材料》一文中指出，在日常生活中，新闻传媒成为构筑现有制度和社会秩序之意识形态合法性的统治工具，而教会、学校和社会团体等各种社会建制也发挥了一定的辅助作用。④ 在马克思的基础上，葛兰西发展出一套文化霸权理论。

---

① 《马克思恩格斯选集》第 1 卷，人民出版社，1995，第 98~99 页。
② 〔英〕阿雷恩·鲍尔德温、布莱恩·朗赫斯特等：《文化研究导论》（修订版），陶东风等译，高等教育出版社，2004，第 102 页。
③ 〔美〕道格拉斯·凯尔纳：《文化马克思主义和现代文化研究》，《上海行政学院学报》2006年第 5 期。
④ 〔美〕道格拉斯·凯尔纳：《文化马克思主义和现代文化研究》，《上海行政学院学报》2006年第 5 期。

其认为,"一个社会集团的至尊地位以两种方式展现自身,其一是'支配',其二是'知识和道德领导权'"①。而知识和道德"领导权的作用是在不同阶级之间的社会关系中,去保证每一个阶级在现存的'统治—从属'的形式中被持续地再生产"②。

或许在这个意义上,王志弘认为,文化治理"在政治层面上,便可以更精简地界定其性质或目标为:文化领导权的塑造过程和机制"③。所谓"霸权"(hegemony)指的是统治阶级(连同其他相关阶级或阶级成分)通过操纵"精神及道德领导权"的方式对社会加以引导而非仅仅依靠国家机器进行统治的过程。在霸权之中包含了一种特殊的共识,即某个社会群体想方设法将自己的特定利益展示为社会整体的利益;被统治阶级因此服膺于所谓的"共同"价值、观念、目标以及文化和政治内涵,从而被既有的权力结构所"收编"(incorporate)。④

在现实生活中,许多人"在客观上"遭到了压迫,但除非这些人将自己的被统治认识为压迫,否则这种关系永远不会变成实际的抵抗,因此也就不可能激发社会变革。文化霸权之所以可能并发生效力,除了统治阶级把自己的特别利益呈现为社会全体的普遍利益,还常常把潜在的"敌对"弱化成简单的"差异"。恰如拉克劳(Ernesto Laclau)所言,"处于霸权地位的阶级并不一定能够将一套整齐划一的世界观强加给整个社会,却往往可以用各种不同的方式来描述世界,进而将潜在的敌对力量消弭掉"⑤。在霸权过程之中,"文化并不像看起来的那样描述现实,它还构造现实"⑥,发挥着政治治理的功能。

---

① Antonio Gramsci, *Selections from the Prison Notebooks*. London: Lawrence and Wishart, 1971, p. 57.

② Stuart Hall & Tony Jefferson, *Resistance through Rituals: Youth Subcultures in Post-war Britain*. London: Hutchinson, 1976, p. 41.

③ 王志弘:《文化如何治理? 一个分析架构的概念性探讨》,《世新人文社会学报》2010 年第 11 期。

④ 〔英〕约翰·斯道雷:《文化理论与大众文化导论》,常江译,北京大学出版社,2010,第 98 页。

⑤ Ernesto Laclau, "Discourse," in R. E. Goodin & P. Pettit (eds.), *A Companion to Contemporary Political Philosophy*. London: Blackwell, 1993, pp. 161–162. 转引自〔英〕约翰·斯道雷《文化理论与大众文化导论》,常江译,北京大学出版社,2010,第 103 页。

⑥ 〔英〕约翰·斯道雷:《文化研究中的文化与权力》,《学术月刊》2005 年第 9 期。

也就是说，有效的文化霸权不是简单的自上而下的强制或控制，往往是统治阶级和被统治阶级相互"协商"乃至"合谋"的结果，是一个同时包含着"抵抗"和"收编"的过程。许多我们认为以社会公益之名获得的权益（如社会保障、大众教育、民主参与），其实都可以理解为统治阶级为了维持霸权而做出的"让步""妥协"。

但是，毫无疑问这些让步、妥协不能触及本质的东西。霸权虽然是伦理的、政治的，但必然也是经济的，其基础必然是领导集团在经济活动的关键内核中所发挥的、举足轻重的功能。①

也就是说，这种协商和让步是有限度的。葛兰西明确指出，霸权的争夺绝不可能对权力的经济基础构成威胁，一旦危及统治阶级的根本利益，强权立即露出狰狞的面目，军队、警察和监狱系统等"压迫性的国家机器"不得不发挥其专制统治的功能。

随着现代国家治理的日益精致化，文化霸权的技艺也在不断发展，它逐渐深入人们的需求和内心欲望等隐秘世界来操控社会大众。恰如布迪厄所指出的那样，"'利用需求而不是反复灌输规范'的方式进行统治，是一个划时代的标志。通过劝说和诱惑，由消费手段来创造身份认同的幻觉（或误认），由此来消除既有的被支配（劳动）阶级的集体性和团结性"②。"因此要成功的统治，"伊格尔顿说，"权力必须理解男人与女人隐秘的欲望和他们所厌恶的事情，而不是他们的投票习惯或社会抱负。如果权力要从内部规范他们，还必须能够从外部想象他们。"不过，他又指出："由于世界上贫富之间的差距不断增大，即将到来的千年所面临的前景将在艰难中前进，独裁的资本主义在衰败的社会风景中，受到来自内部与外部的日益绝望的敌人的进攻，最终抛弃了一致同意的政府的所有伪装，转而残酷而直接地保护它们的特权。"③ 然而，进入新的千年以后，资本主义发展并没有像他预期的那样迅速堕入衰败之境，相反地，资本主义文化霸权借助全球化浪潮继续操纵着这个世界。

---

① Antonio Gramsci, *Selections from the Prison Notebooks*. London: Lawrence and Wishart, 1971, p. 161.

② Pierre Bourdieu, *Distinction: A Social Critique of the Judgement of Taste*. London: Routledge, 1984, p. 154.

③ 〔英〕特瑞·伊格尔顿：《文化的观念》，方杰译，南京大学出版社，2003，第57~58页。

但是，文化霸权的技艺无论如何向前发展，在本质上都包含着主导与从属的关系，"这些关系在形式上体现为实践意识，它们实际上渗透于当下生活的整体过程——不仅渗透在政治活动和经济活动中，也不仅渗透在明显的社会活动中，而且还渗透在由业已存在的种种身份和关系所构成的整体之中，一直渗透到那些压力和限制的最深处——这些压力和限制来自那些最终被视为某种特定的经济体系、政治体系和文化体系的事物"①。威廉斯指出："并非只有进行教育或施加外部压力才是真正的霸权过程，真正的霸权状态是霸权形式再加上有效的自我确认——这是一种具体而又主观内化了的'社会化'过程，它被期待成是确实可信的。"② 这样一来，基于霸权的文化治理越来越呈现为一幅社会面孔，并逐渐深入社会生活的各领域。

第二节　社会面孔

进入现代（特别是晚期现代性社会）以后，文化治理的社会面向越来越重要，并日渐渗透于社会的每一角落乃至意义和价值领域。

这一过程，本尼特将它称为"社会生活的治理化"（governmentalization of social life）。③ 他通过对博物馆这个看似中性的文化场所的观察与分析发现，博物馆也不可避免地布满了国家规训的痕迹，艺术或文化的科层化其实是为了促使工人阶级与移民者学习自我管理并促进整体国民的文明化。④ 实际上，岂止博物馆如此，公共图书馆、美术馆、文化馆等无不隐秘地贯彻着社会生活的治理化逻辑。仅以我国文化馆为例，近代以来它沿着"通俗教育馆"、"民众教育馆"、"人民文化馆"或"群众艺术馆"的名称转换而变迁，其名称本身的变化极好地体现了"匿名的、非主体的臣民""作为

---

① 〔英〕雷德蒙·威廉斯：《马克思主义与文学》，王尔勃、周莉译，河南大学出版社，2008，第 118 页。

② 〔英〕雷德蒙·威廉斯：《马克思主义与文学》，王尔勃、周莉译，河南大学出版社，2008，第 127~128 页。

③ Tony Bennett, "Putting Policy into Cultural Studies," in L. Grossberg, C. Nelson & P. Treichler (eds.), *Cultural Studies*. N. Y.：Routledge, 1992, pp. 26~27.

④ Tony Bennett, *The Birth of the Museum*：*History*, *Theory*, *Politics*. London and New York：Routledge, 1995.

管治对象的民众""社会权利主体的人民群众"的转变，它在不同历史时期先后发挥着社会教化、政治宣传、文化服务的社会治理功能。

本尼特关于文化治理的社会面向研究，深受福柯"治理术"思想的影响。"治理术"（gouvernementalité）是福柯创造的术语，涉及现代社会中用各种不同的权威管理民众或人口的方式，涉及个人用来塑造自我的方式，也涉及二者结合起来的方式。

"治理术"一词有以下三个意思。第一，由制度、程序、分析、反思以及使这种特殊然而复杂的权力形式得以实施的计算和策略所构成的总体，这种权力形式的目标是人口，主要知识形式是政治经济学，根本的技术工具是安全配置。第二，在很长一段时期，整个西方存在一种趋势，比起所有其他权力形式（主权、纪律等），这种称为"治理"的权力形式日益占据了突出地位。这种趋势，一方面形成了一系列特有的治理装置（appareils），另一方面促进了一整套知识（savoirs）的发展。第三，通过这一过程，中世纪的司法国家在十五六世纪转变为行政国家，现代国家则逐渐"治理化"。①

对于福柯而言，"治理"的对象不是领土，而是人（口）。他认为，"对人的治理，首先应当考虑的不再是人的恶习，而是人的自由，考虑他们想做什么，考虑他们的利益是什么，考虑他们之所想，所有这些都是相互关联的"②。所谓的"治理术"，一句话，就是使人误以为"治理""是维护他们的自由"，或者"通过自由来显示治理"。更简洁地说，即通过自由来进行治理。③

本尼特将福柯的"治理术"或"治理"引入其文化研究中，从而"将文化视为一组独特知识、专门艺术、技术与机制——透过符号系统的技艺（technologies of sign system）与权力技艺（technologies of power）建立关系，以及透过自我技艺（technologies of the self）的机制——并作用在社会之上，

---

① 〔法〕米歇尔·福柯：《安全、领土与人口》，钱翰、陈晓径译，上海人民出版社，2010，第91页。

② 〔法〕米歇尔·福柯：《安全、领土与人口》，钱翰、陈晓径译，上海人民出版社，2010，第38页。

③ 〔美〕史蒂文·卢克斯：《权力：一种激进的观点》，彭斌译，江苏人民出版社，2008，第92页。

或与之建立关系"①。因此，文化被他解读为"一系列历史建构的实体……相比于经济与社会性的生产，文化是被生产出如同一个自主的领域，并且被建构为区隔于社会并回过头以一种道德化与进步化的力量作用于社会之上"②。换言之，文化被支配阶级故意建构为一种自主的实体，对社会（大众）实施治理。

本尼特对于文化的社会治理功能的看法，影响了他和跟随他的文化研究者对文化政策的研究。

例如，麦圭根（Jim McGuigan）就注意到：无论是社会主义的还是资本主义的，几乎所有的现代国家都越来越自觉地介入文化的建设和发展。"而且，文化政策有重塑灵魂的作用——这一理念既成为集权主义的普遍假设，也在一定程度上成为自由主义和社会民主主义的思想和实践。"③ 在《重新思考文化政策》一书中，他谈到纳粹德国和苏联的文化政策时指出，"他们把艺术意义上的文化视为社会工程的构建手段"④。根据苏联 1934 年作家代表大会的精神，文化政策的宗旨是造就"社会主义新人"。同时，他也指出，在社会民主条件下的整个西欧，人们对国家的文化政策同样寄予极高但无疑是错误的期望。即便是在标榜文化自由的英国以及与政府保持"一臂之距"的英国艺术委员会也曾招致强烈的批评："20 世纪最严重的艺术欺骗是强行向所有人灌输，……这就是英国艺术委员会建立的逻辑前提。其基础是这样一个观念：经常教育人民，把你希望他们能够'欣赏'的艺术摆在他们面前，芭蕾、交响乐、戏剧和绘画在全国巡回展演的依据就是这个理念。"⑤

---

① Tony Bennett, "Culture and Governmentality," in J. Z. Bratich, J. Packer, and C. McCarthy (eds.), *Foucault, Cultural Studies, and Governmentality.* Albany: State University of New York Press, 2003, p.60.

② Tony Bennett, "Civic laboratories: Museums, Cultural Objecthood and the Governance of the Social," *Cultural Studies* 5, (2005): 542. 转引自吴彦明《治理"文化治理"》，《台湾社会研究》2011 年第 82 期。

③ 〔英〕吉姆·麦圭根：《重新思考文化政策》，何道宽译，中国人民大学出版社，2010，第48页。

④ 〔英〕吉姆·麦圭根：《重新思考文化政策》，何道宽译，中国人民大学出版社，2010，第48页。

⑤ 〔英〕吉姆·麦圭根：《重新思考文化政策》，何道宽译，中国人民大学出版社，2010，第48~54页。

其实，早在 19 世纪，阿诺德（Matthew Arnold）就曾论及国家是社会"善良的一面"。文化与政治无调控的无政府状态是刺激"高明"国家干预的主要因素。他认为，"文化不以粗鄙的人品位为法则，任其顺遂自己的喜好去装束打扮，而是坚持不懈地培养关于美观、优雅和得体的意识，使人们越来越接近这一理想，而且使粗鄙的人也乐于接受"①；文化能够整合中产阶级、贵族和普通民众，带来国家团结，政府必须要依靠文化来规训现代国民。文化、自我、国家三者共同形成现代性，使人们服从于理性的权威。② 就像本尼特指出的那样，对于阿诺德等人来说，"文化"背后始终渗透着"改革"或"改造"民众的逻辑，它也因此成为"改革者的科学"。不过，他也指出："如果文化是改革者的科学，它就几乎不可能是准确的，也一定不是中性的。准备启动文化改革机器和如此具体地说明这台机器运转的逻辑和方向的标准内容是一个有待争论的问题。"③

但是，从另一个侧面说明，"政策也是文化构成的重要部分"④。现代文化政策的目的在于，把公民培养成为有品位（taste）的人，而品位的形成要通过文化管理或文化政策。文化政策就是把治理性和品位合并起来，致力于生产个体，在个人或公众层次上，形成类似的行为风格。对此，米勒（Toby Miller）和尤迪斯（George Yúdice）的认识非常到位。他们认为，文化和政策在美学和人类学两个方面产生联系。在美学世界中，文化具有的是一种标识性作用，在各个社会团体中区分品位和身份；在人类学层面，文化是基于语言、宗教、习惯、时代以及空间进行区分的生活方式。而文化政策就是两方面的桥梁，通过体制上的支持对美学创造力和集体生活方式进行引导。⑤

随着社会的进步，社会面向的文化治理也在不断发展之中。从最初依

---

① Matthew Arnold, *Culture and Anarchy*: *An Essay in Social and Political Criticism*. Indianopolis and New York: Bobbs-Merrill, 1971, p. 39.

② Jim McGuigan, *Culture and the Public Sphere*. London: Routledge, 1996, p. 55.

③ 〔英〕托尼·本尼特：《本尼特：文化与社会》，王杰、强东红译，广西师范大学出版社，2007，第 197 页。

④ 〔英〕托尼·本尼特：《本尼特：文化与社会》，王杰、强东红译，广西师范大学出版社，2007，第 197 页。

⑤ Toby Miller、George Yúdice：《文化政策》，蒋淑贞、冯建三译，（台北）巨流图书有限公司，2006，第 1 页。

赖文化政策对社会实施文化治理，到转向公民的"自我治理"（self-governance）。其实，关于这一点，福柯在阐述"权力"和"治理术"时也曾多次论及。

福柯从不把权力看作一种真实的实体，而是看作一种关系或机制。"将自己的分析对象界定为权力关系而非权力自身……世界上根本就不存在权力这样的实体……只有当一部分人将权力用在他人身上，只有在被付诸实践时，权力才存在……"① "在思考权力机制的过程中，我宁可思考它的细微的存在形式，考虑权力影响到个人的真实性情、触及他们的肉体以及将它自身嵌入他们真实的行为和态度、他们的交谈、学习过程与日常生活中的特征"②。如果不理解福柯对"权力"的定义，是不能理解他的"治理术"概念的，因为"治理术"是建立在"权力"的"关系"（场域）之中的。福柯说："个体被他者驱使以及他们如何引导自己所接触的点，我认为，就是治理。治理民众，广义来说，并非威迫民众做治理者所希望的事情，它总是在胁迫的技艺以及透过自己建构或修正自我的互补或冲突过程之中达到一种可变动的均衡状态。"③ 福柯所说的"治理性"，就是透过自我与他人关系的调适来对自我进行治理。④ 他甚至认为："治理性意味着自我与自我之间的关系，并且，治理性的概念应该包括一系列能建构、定义、组织与制度化个体在处理彼此之间关系时可运用之策略的实践。"⑤

受福柯治理术概念的启发，狄恩（Mitchell Dean）强调，他所谓的"文化治理"的形态或趋势，即当代自由民主体制越来越透过"自我治理"的方式而运作；各种制度和实际的改革，也必须接合（articulate）特定话语，这种话语是"文化性的"，也就是说制度改革必须紧系于个人的属性和能

① Michel Foucault, "The Subject and Power," in J. D. Faubion (ed.), *Power: Essential Works of Foucault* 1954-1984. New York: The New Press, 2000, pp. 339-340.
② Michel Foucault, *Power/Knowledge: Selected Interviews and Other Writing*. Brighton: Harvester, 1980, p. 39.
③ Michel Foucault, "About the Beginning of the Hermeneutics of the Self: Two Lectures at Dartmouth," *Political Theory*, 1993 [1980]: 21 (2), pp. 203-204.
④ Michel Foucault, "Subjectivity and truth," in P. Rabinow (ed.), *Ethics: Subjectivity and Truth*. New York: The New Press, 1997 [1981], p. 88.
⑤ Michel Foucault, "The Ethics of Concern for Self as a Practice of Freedom," in P. Rabinow (ed.), *Ethics: Subjectivity and Truth*. New York: The New Press, 1997 [1984], p. 300.

力，以及个人行为的转变和自我转变。① 类似地，班恩（Henrik P. Bang）也认为："文化治理指涉的是反身现代性（reflexive modernity）下的一种新的驾驭情境，在其中，自我治理和共同治理的扩张成为福利国家（一切专家系统）的先决条件，以便使他们具备无须通过直接指挥和控制其成员与环境便可以获得的那种整全、连贯和效能。"② 对班恩而言，文化治理是一种庞大之网，"促使越来越多的人改变自己，成为自我反身性个体，能够、愿意且理解如何按照既定社会、领域、场域或他人形成决策的过程，来操作差异或操持其自由"③。由此看来，文化治理对民主是一项威胁，因为它以其成功、效能或影响力的系统逻辑，殖民了公共理性、日常政治参与和民主协商。④

不仅发达的西方社会是这样的，陈美兰通过对台湾地区"台语创作民歌"的脉络梳理同样发现，在东方社会"官方文化治理"的脉络下，种种显性或隐性的条文隐含规范的意味，当"自我"被驯化之后，个体对于生命的欲望、动能、信念、价值也相对减少动机，形成"自我制约"，于是个体的自我价值被放诸集体认同的框架内形成"体制化"的直观价值。如此的驯化反向来说亦是一种相对性的自我治理。它将治理意图内隐在人民生活里，化整为零出现在理所当然的实践当中，这些架构性意识由外部渗透调整族群的自我本质，引导个人理解自我的社会身份与主体想象。⑤ 由此可见，对社会生活领域的治理必然关涉价值领域的治理，在价值领域，往往把文化视为意义争夺和身份认同的场域。这是文化治理晚近所展现的另一副社会性面孔。

诚如萨义德所言："文化远远不是具有古典美的上流阶层的一个平静的

---

① Mitchell Dean, "Cultural Governance and Individualization," in Henrik P. Bang (ed.), *Governance as Social and Political Communication.* Manchester: Manchester University Press, 2003, p. 117. 转引自王志弘《文化如何治理？一个分析架构的概念性探讨》，《世新人文社会学报》2010 年第 11 期。

② Henrik P. Bang, "Cultural Governance: Governing Self-reflexive Modernity," *Public Administration*, 2004: 82 (1), p. 159.

③ Henrik P. Bang, "Cultural Governance: Governing Self-reflexive Modernity," *Public Administration*, 2004: 82 (1), p. 160.

④ 王志弘：《文化如何治理？一个分析架构的概念性探讨》，《世新人文社会学报》2010 年第 11 期。

⑤ 陈美兰：《台湾"台语创作民歌"的文化治理脉络》，《理论界》2011 年第 4 期。

领域，而甚至可以是各种动机自我暴露在光天化日之下并彼此斗争的战场。"① 这个战场主要在两个方面展开，一是意义的争夺，二是身份的认同，进而延伸到性别、族群、种族、宗教、阶级等话语争议和后现代主义之中。

在这里，文化被重新理解为符码、表征系统或"意义之图"，基于性别、族群、种族、宗教、阶级等区分的各种社会团体，试图用这种符码、意义之图来定义自己、他人及其在生活中的位置。社会、经济、政治以及人际关系都通过文化意义加以界定。于是，围绕着"定义"与"反定义"、"整合"与"反整合"、"霸权"与"反霸权"的冲突由此产生。在某种意义上，对文化公民身份日益增长的关心反映了这样一个趋势：过去被认为是"社会的"问题如今被认为是"文化的"问题。身份和归属感问题似乎取代了物质权利的问题。②

实际上，身份政治还与各种新兴社会运动纠缠在一起，成为后现代主义所关注的问题域。其中最突出的是妇女解放运动、反种族主义运动、男女同性恋解放运动，这些都从不同方面给治理带来了新的问题。

这主要是因为，"文化身份不仅仅是已存在的（being），更是转变生成的（becoming）；既是过去的，也是未来的……文化身份有它的过去和历史，但是，像历史上其他任何事情一样，它处于不断转换过程中，从来不是固定滞留在过去，而注定要随着历史、文化和权力不断变化"③。也就是说，身份认同往往是因为文化而被建构的，而且处于不断变换和相互冲突之中，就像伊格尔顿所说的：

> 自从20世纪60年代以来……鉴于这些身份都自认为受到了抑制，曾经一度被构想为一致性的领域已经被转变成了一个冲突的地带。简而言之，文化已经由解决问题的一种办法一跃而成了一种问题。文化不再是解决政治争端的一种途径，一个我们纯粹地作为人类同伴在其中彼此遭遇的更高级或更深层的维度，而是政治冲突辞典本身的组成

---

① Edward Said, *Culture and Imperialism*. London：Chatto & Windus, 1993, p. xiv.
② 〔英〕吉姆·麦圭根：《重新思考文化政策》，何道宽译，中国人民大学出版社，2010，第45页。
③ Stuart Hall, "Cultural Identity and Diaspora," in Jonathan Rutherford（ed.）, *Identity, Community, Culture, Difference*. London：Lawren & Wishart, 1998, p. 225.

部分。……对于过去几十年间支配全球议事日程的激进政治的三种形式——革命的民族主义、女性主义和种族斗争，作为符号、形象、意义、价值、身份、团结和自我表达的文化，正好成为政治斗争的通货。①

尤其是"在宗教、民族、性别、种族地位等后一种意义上的文化，是一个论争激烈的领域，因此，文化变得越实用，就越不能完成其调和作用，而它越是起调和作用，也就越是变得丧失效用"②。伊格尔顿所指的文化"危机"，揭橥了文化治理的一个内在悖论，文化或许因为意义的激烈争夺和身份感的冲突，而使自身失去了"意义"。

在当今社会，文化治理已经不可能回避文化民主、多元文化主义（multiculturalism）以及差异政治等议题，甚至这些议题成为后现代主义论争的中心问题。后现代主义总是强调"差异"，即性别差异、文化差异、种族差异、民族差异，它不是简单地将原来边缘的文化放置到中心，而是围绕差异展开的"差异文化政治学"（cultural politics of difference）因此产生新的身份，并使之登上文化政治的舞台。种族、边缘族群、女性主义和关于男女同性恋的性倾向等都被看作文化政治学问题，都被看作新的文化政治学带来的变化。霍尔指出，全球后现代抹去了"高"文化和大众文化（常常被一些人解读为"低"文化）的界限，但是文化霸权从来不像这个术语的字面意思那样简单纯粹，它不能显示纯粹的胜利或彻底的统治；它不是"有最终输赢的游戏"（zero-sum game），总是在各种文化关系间的权力平衡中起伏变化。③

实际上，文化治理的社会面向和政治面向总是相互配合、相互影响乃至交融在一起。

第三节　经济面孔

如今，文化治理也日渐深入产业发展之中，常常以其经济面孔示人。

然而，文化治理的经济面孔却不是单一的、呆板的，而是多色调的

---

① 〔英〕特瑞·伊格尔顿：《文化的观念》，方杰译，南京大学出版社，2003，第44页。
② 〔英〕特瑞·伊格尔顿：《文化的观念》，方杰译，南京大学出版社，2006，第47页。
③ 武桂杰：《霍尔与文化研究》，中央编译出版社，2009，第165页。

（但未必是协调的）。最早从产业角度关涉文化治理的法兰克福学派基本上以"大众"的视角关注它，主要论述文化工业和大众文化对"大众"主体的消极影响，试图揭示其维持或不断再生产资本主义制度的内在逻辑；如今，大多是从"政府"的角度凝视它，越来越多的政府把文化视为经济发展的新兴产业乃至一个国家或地区的"软实力"，企望通过文化产业促进经济的持续发展，从而提升其合法性。于是，文化便成为这些政府表现政绩的最好修辞。

早在 1944 年，法兰克福学派代表人物阿多诺和霍克海默就专文论述了"文化工业"（culture industry），他们批判文化工业"使得所谓的文化不再是一种艺术形式，而使启蒙变成了欺骗，灌输给人们的是一种错误的意识，文化工业使人们变得驯服，停止了对现实批判的思考"①。尤其是在所谓的休闲领域，文化工业通过迷惑人们进入一种催眠和恍惚状态来保持既有体制，反对内部挑战，以此促进资本家获取利润，实现资本主义社会控制。②在前资本主义社会，专制统治者不允许人们自由思考，尽管资本主义社会标榜自由，却因为诸如文化工业这样的隐秘治理机制使人们不能自由思考。在现代资本主义社会，人们虽然可以自由地加入党派、投票、行动，但是所有这些自由都是在一种既有的规制下运作的，而这种隐藏或潜在的文化性规制却与资本主义的治理逻辑相一致。

在法兰克福学派看来，资本主义制度下的劳动阻碍了理性的发展，文化工业扮演了帮凶的角色："文化工业可以让人们从一整天的辛苦劳作中暂时解脱出来……仿佛一个天堂……然而，这种解脱其实是预先设计好的，其目的就是把人们拉回原点，继续劳动。娱乐本应激励他们反抗，如今却只教会他们顺从。"③ 而且，"文化向来可以产生驯服那些革命和野蛮本能的作用，工业文化也助其一臂之力。这充分说明，人们根本无法摆脱这种残酷的生活境遇。那些感到身心疲惫的工人必须把疲劳化成动力，为使他疲惫不堪的集体权力服务"④。然而，"集权社会不仅没有为它的成员祛除苦

---

① 〔德〕霍克海默、阿多诺：《启蒙的辩证》，林宏涛译，（台北）商周出版社，2008，第 174 页。
② 〔美〕本·阿格：《作为批评理论的文化研究》，张喜华译，河南大学出版社，2010，第 77 页。
③ Theodor Adorno & Max Horkheimer, *Dialectic of Enlightenment*. London：Verso，1979，p.142.
④ 〔德〕马克斯·霍克海默、西奥多·阿道尔诺：《启蒙辩证法》，渠敬东、曹卫东译，上海人民出版社，2006，第 138 页。

难，反而制造和安排了这些苦难，大众文化亦步亦趋，紧随其后"①。

最可悲的是，"文化工业的权力是建立在被制造出来的需求和认同的基础上，而不是简单地建立在对立的基础上，即使这种对立是彻底掌握权力与彻底丧失权力之间的对立。晚期资本主义的娱乐是劳动的延伸。人们追求它是为了从机械劳动中解脱出来，养精蓄锐以便再次投入劳动"②。于是，"被蒙蔽的大多数"被困在一个"循环往复的操纵性的怪圈里，而整个系统的一致性也就日益增强"③。

洛文塔尔（Leo Lowenthal）认为，这主要是由于文化工业生产出来的文化具有"标准化、模式化、保守、虚幻等特征，是极具操控性的消费品"④。这些文化商品给苦药包上糖衣的技巧如此娴熟，以至人们在消费和享受文化商品时并未意识到他们是在从事一种意识形态实践。这些文化商品对工人阶级去政治化，使其忘记在资本主义社会体系内遭遇的剥削和压迫，甚至是政治和经济理想。他还坚称："革命的趋势只要稍露锋芒，就会立即为财富、历险、热恋、权力和感动等白日梦般的虚假满足感所冲淡和打断。"⑤简言之，文化工业让"大多数人"只考虑眼前，不关心将来。恰如马尔库塞（Herbert Marcuse）在《单向度的人》中所论述的那样：

> 娱乐和信息工业（文化工业）生产出来的东西是令人难以抗拒的，因其蕴含着某种预设的观念和习俗，通过激发精神上或情感上的反应将"心甘情愿的"消费者和文化的生产者绑定在一起；进而，文化的受众也就被纳入了整个资本主义体系。这些文化产品向人们灌输着某种虚假意识，操纵着人们的思想，让大众无法看清其欺骗性……这已经成了一种生活方式。这是一种很"好"的生活方式，至少比以前好。

---

① 〔德〕马克斯·霍克海默、西奥多·阿道尔诺：《启蒙辩证法》，渠敬东、曹卫东译，上海人民出版社，2006，第137页。

② 〔德〕马克斯·霍克海默、西奥多·阿道尔诺：《启蒙辩证法》，渠敬东、曹卫东译，上海人民出版社，2006，第123页。

③ 〔英〕约翰·斯道雷：《文化理论与大众文化导论》，常江译，北京大学出版社，2010，第76页。

④ Leo Lowenthal, *Literature*, *Popular Culture*, *and Society*. Palo Alto, California：Pacific Books, 1961, p. 11.

⑤ Leo Lowenthal, *Literature*, *Popular Culture*, *and Society*. Palo Alto, California：Pacific Books, 1961, p. 11.

在这种生活方式之下，绝不会发生任何质变。因此，就产生了一种单向度的思维与行为模式，那些试图超越既有话语和行为范畴的观念、愿望和理想，要么被摈弃，要么被纳入现存的体系。①

在一定时期，资本主义也会通过满足大众的某些需求，来消解其心底更为基本的愿望，文化工业阻碍了政治理想的生发。② 为了追逐利润和文化的同质性，文化工业不惜剥夺"本真"文化所具有的批判功能和协商机制，使其丧失了"说不的勇气"。③ 或许本·阿格是正确的，他认为："在马克思时代，虚假意识呈现出来的形式实际上是对现实合理性的虚假文本断言（如宗教和资产阶级经济理论）。今天的虚假意识还才开始，以一种看上去似乎残忍的真实性来书写和解读人们所经历的、一成不变的资本主义的日常生活。换言之，今天的人类经验具有超越的不可能性和社会变革的不可能性的特点。"④

总之，对于法兰克福学派而言，"文化工业"的发展在某种程度上迎合了资产阶级统治的需要，成为资本主义体系不断再生产的一种机制。

不得不承认，法兰克福学派对文化工业的批判，以及通过文化工业的分析揭示资本主义隐秘的文化治理机制，虽有独到之处，但也确有偏颇之嫌。在他们看来，人民大众只是消极的文化工业消费者，不能对隐身于文化工业中的治理机制产生能动反应甚至抵抗。英国著名文化研究学者霍尔对此进行了学术批判，并提出了自己的编码与解码理论。尽管霍尔也同意，像电视这样的传媒是被结构在支配体系之中的，但他并不赞成法兰克福学派的观点——包括广大劳动阶级在内的消费者完全是被操纵被欺骗的"文化傻瓜"，沉溺于统治阶级的"虚假意识"之中。

霍尔认为，电视观众等文化工业消费者有可能用他们自己的方式解码那些镶嵌在电视等传媒中的"统治话语"。因此，电视信息的消费（或接收）跟电视信息的发送不是同质的，从发送到接收不是一个线性的过程，

---

① Herbert Marcuse, *One Dimensional Man*. London：Sphere, 1968, pp. 26~27.

② 〔英〕约翰·斯道雷：《文化理论与大众文化导论》，常江译，北京大学出版社，2010，第76~77页。

③ Herbert Marcuse, *One Dimensional Man*. London：Sphere, 1968, p. 63.

④ 〔美〕本·阿格：《作为批评理论的文化研究》，张喜华译，河南大学出版社，2010，第184页。

电视观众能够根据自己的社会处境（地位、利益和价值观）做出相应的价值判断。"借用马克思的术语来讲，流通和接收在电视传播中实际上就是生产过程的'环节'，并通过许多歪曲的和结构的'反馈'再次融入生产过程本身。因此，在更广泛的意义上，电视信息的消费或接收本身也是电视生产的一个'环节'，尽管后者是'主导的'。"① 也就是说，解码的意义结构往往与编码的意义结构相左，二者不完全一致。霍尔的编码与解码理论告诉我们，意义并非完全由编码预设，意义在系统中由接收符码所决定。② "解码过程并非不可避免地依据编码过程"，"解读不是从文本中读取意义，而是文本与处于社会中的读者之间的对话"③，这种对话不是简单的同意，也会有协商甚至抵制。最终"意义是社会决定的，也就是说，是由适应社会的读者与文本结合的产物"④。阅读文本是一种社会活动，是一种社会谈判的过程。⑤ 简言之，文化消费者不是被动地接收编码的意义，面对传输的文化符码能够能动地做出反应。霍尔所提出的编码与解码观点挑战了传统上认为消费者是被动的观点，强调人们可以用不同的方式来阅读、接收和诠释文本，文化消费既可以挪用，又可以积极地抛弃，还可以重新赋予某个文化产品新的意义，消费活动也是意义的再生产过程。

法兰克福学派对文化工业的批判，至今仍然影响着文化研究。但是，这并不能影响、阻挡当今许多国家发展文化产业的巨大热情和冲动。如今，许多国家（无论是资本主义国家还是社会主义国家）都把文化直接视为经济增长的一个驱动力，表征为一个国家的软实力。

"实际上，国家话语和市场话语是把文化当作工具，比如把它作为美化民族国家的手段。"⑥ 麦圭根就这样一语道破了当下各个国家正在盛行的经济面向的文化治理"玄机"。麦圭根指出，自20世纪80年代以来，公共文化投资日益且主要是用经济因素来评判。迈尔斯可夫（John Myerscough）的

---

① 〔英〕斯图亚特·霍尔：《编码，解码》，载罗钢、刘象愚主编《文化研究读本》，中国社会科学出版社，2000，第353页。
② 陆扬、王毅：《文化研究导论》，复旦大学出版社，2009，第157页。
③ 〔美〕约翰·菲斯克：《电视文化》，祁阿红、张鲲译，商务印书馆，2005，第93页。
④ 〔美〕约翰·菲斯克：《电视文化》，祁阿红、张鲲译，商务印书馆，2005，第114页。
⑤ 陆扬、王毅：《文化研究导论》，复旦大学出版社，2009，第159页。
⑥ 〔英〕吉姆·麦圭根：《重新思考文化政策》，何道宽译，中国人民大学出版社，2010，第70页。

新凯恩斯主义著作《英国艺术的经济意义》(*The Economic Importance of the Arts in Britain*) 及其城市研究试图证明，艺术投资对刺激经济有立竿见影之效；在分权时代的城市更新过程中，艺术投资尤其能够产生直接的"撞击"作用。类似的研究越来越多，这些研究成果恰好可以用来论证政府投资文化产业的合理性。在某种程度上，人们似乎抛弃了法兰克福学派对文化工业的意识形态和政治性批评，更主要地关注文化对经济发展的积极功能。

1994 年，澳大利亚政府提出"创新国家"(creative nation) 议程，认为"文化能创造财富。……文化可以增值，对创新、市场营销以及设计做出了重要的贡献。它是我们产业的徽章。创造力的水平在很大程度上决定了我们适应新的市场需求的能力。它本身就是一种高价值的出口商品，也是其他商品出口时的重要搭配"①。

1997 年，英国不甘人后正式提出"创意产业"(creative industry) 概念，努力把英国变成一个创意国家。追随其后的加拿大、新西兰、美国、芬兰和东亚的部分国家和地区，也纷纷出台文化的经济发展政策。"经济论述俨然成为文化政策中最重要的部分，各国政府深信文化将带来丰厚的经济成果，相关的政策与产业评估不断出笼，对于创意产业所带来的产值、国民生产总值的贡献、就业机会的增加、市场的扩大率等等，许多国家都传来正面的消息与发展。"② 不但发达国家的文化政策演化为经济政策，在发展中国家也成为思考发展问题的一种新方式。如今，在许多国家或地区，文化都成为发展的一个新修辞。③

然而，事实未必如此，"那种'完全利用'现有技术资源和设备资源来满足大众审美消费的想法，正是构成经济制度的重要组成部分，而这种经济制度却从来不肯利用资源去消除饥饿"④，消除不平等。这种"文化经济"激发出来的消费主义如今正在全球蔓延，并跟全球资本主义意识形态相映

---

① Department of Communications and the Arts (DCA), *Creative Nation: Commonwealth Cultural Policy*. Canberra: Australian Government Publishing Service, 1994.

② 王俐容:《文化政策中的经济论述：从精英文化到文化经济?》,（台北）《文化研究》创刊号（2005 年 9 月）。

③ 〔英〕吉姆·麦圭根:《重新思考文化政策》,何道宽译,中国人民大学出版社,2010,第126~129 页。

④ 〔德〕马克斯·霍克海默、西奥多·阿道尔诺:《启蒙辩证法》,渠敬东、曹卫东译,上海人民出版社,2006,第 126 页。

成趣："全球资本主义的文化–意识形态工程就是说服人们消费，不仅为了满足自己的生物需要和其他稍次的需要消费，而且要满足人为制造的欲望，其目的是获得私利而永久地积累资本，换言之，其目的是确保全球资本主义永世长存。"①

仅仅从产业角度来关注文化工业或文化经济显然"忽略了文化在商品化中起作用的意识形态化、霸权化和物化的力量，尤其忽视了文化商品化具有破坏公众话语真实领域的趋势"②。当文化成为发展的修辞时，更不能忽视它一向所产生的意识形态作用、文化霸权效应以及在社会和文化领域所达成的治理功效。

尽管在理论上我们可以尝试辨别文化治理的不同面孔，但是在现实生活中，文化治理的经济面孔往往与政治、社会面孔交织、重叠在一起，展现多样形态。而且，在不同的历史时期，政治、社会、经济面向的文化治理所起的作用也不一定相同。以王志弘关于台北市文化治理的论述为例，20世纪60年代至70年代中期，台北市文化治理展现的主要是政治面孔；70年代后期至90年代初期，台北市文化治理主要侧重于社会面孔；到了90年代中期以后，台北市扩展了文化治理的范围和意涵，其中以经济面孔最为突出。③ 在我国大陆地区，改革开放之前的文化治理基本上是一副政治面孔，改革开放以后文化治理的面孔才逐渐丰富起来，增添了社会和经济等方面的色彩。

从理论上辨别文化治理的几副面孔，不是简单地区别它们，而是为了更好地认识它们，从而更方便分析具体的文化治理实践。虽然具体的文化治理实践可以展现多样面孔和丰富形态，但实质都是透过文化和以文化为场域进行治理。并且，围绕文化建构的诸理论及话语也无不蕴含着治理的意涵。

---

① Leslie Sklair, *Globalization*：*Capitalism and Its Alternatives*. Oxford University Press，2002，p.62.
② 〔美〕本·阿格：《作为批评理论的文化研究》，张喜华译，河南大学出版社，2010，第79页。
③ 王志弘：《台北市文化治理的性质与转变：1967-2002》，《台湾社会研究》2003年第52期。

第五章　意识形态

意识形态是整个社会科学中难以把握的一个概念。[①] 在哲学和社会科学研究中，意识形态范畴的内涵、本质和社会功能等问题十分复杂，而且在学术领域和政治理论中争议最大。至于对意识形态范畴的实际运用过程，歧义就更多了。意识形态在社会政治生活中具有特殊的重要性，意识形态问题在现实生活中又表现出特殊的复杂性，因此意识形态问题越来越受到重视。

第一节　意识形态的定义

意识形态有一个起源、形成和发展的过程。这一思想的历史发展过程，是人类对客观世界、社会和自身认识不断深化，特别是对人类精神本质和规律认识水平不断提高的过程。科学认识意识形态的历史渊源及其发展变化过程十分必要。

一　意识形态的起源和形成

意识形态（idéologie）是启蒙运动的产物。这个术语最早由法国启蒙思想家特拉西（Antoine Distutt de Tracy）提出。最早把"意识形态"（ideology）引入英语世界的是托马斯·杰斐逊（Thomas Jefferson），这位当过驻法大使的美国人在 1817 年出版了他翻译的特拉西所著的《意识形态原理》第四卷。

Ideology 是希腊语"ιδέα"（idea，形态、观念）与"λóγοs"（logos，话语、理念）的组合，引申为"（关于）观念的科学"。在希腊哲学中，"形

---

① 〔英〕大卫·麦克里兰：《意识形态》，孔兆政、蒋龙翔译，吉林人民出版社，2005，第 1 页。

态"和"观念"并非日常生活中常用的意思，指事物的本质而非外表和想法；"λόγος"的本意是话语，引申为思想、推理、理念、道理。

在东方，从春秋战国涌现的不同学派以及各流派争芳斗艳的百家争鸣、西汉董仲舒提出并被汉武帝采纳和在全国推行的"罢黜百家，独尊儒术"，到魏晋隋唐时期的佛教、道教、儒教三个教派相互影响、相互融合的三教合一，以及宋明理学为代表的、占主导地位的儒家哲学思想体系的复兴，再到清朝初期倡导"经道合一"和康熙后期向"以经代道"儒学思想的转变，都有着浓厚的意识形态色彩。

在西方，无论是古希腊哲学家柏拉图提出的"理念世界"以及"洞穴比喻"，还是英国思想家培根（Francis Bacon）提出的包含"种族幻象""洞穴幻象""市场幻象""剧场幻象"在内的"四种幻象"学说，或是欧洲大陆唯理论的创始人、法国思想家笛卡尔（René Descartes）提出的"普遍怀疑"主张——"要想追求真理，我们必须在一生中尽可能地把所有的事物都来怀疑一次，凡可怀疑的，我们也都应当认为是虚妄的"[1]，或是17世纪英国"光荣革命"时期著名的思想家洛克（John Locke）所批判的"四种错误的尺度"[2]、提出的关于"自然状态""社会契约""三权分立"的社会政治理论，以及18世纪法国哲学的重要代表人物之一孔狄亚克（É. B. de Condillac）从彻底的感觉主义立场出发对"天赋观念说"的激烈批判等，甚至还有法国启蒙思想家卢梭（Jean-Jacques Rousseau）关于自由、平等、天赋人权、主权在民、法治的思想和德国哲学家康德的批判哲学思想、德国国家主义理论奠基者费希特（Johann G. Fichte）的思辨哲学等，都成为意识形态概念的催化剂，使人们对意识形态问题的探索和思考一步步发展，最终推动了"意识形态"概念从猜想、雏形到诞生。[3]

作为法国启蒙主义的代表人物，出身贵族的特拉西本来是一位军人，但他一直支持君主政体改革，不仅是法国学士院副院士，而且是法兰西学院伦理学和政治学部门的院士。他在法国大革命时期开始研究洛克和孔狄亚克的哲学，并在自己周围发展了一个意识形态研究者团体。因为孔狄亚

---

① 〔法〕笛卡尔：《哲学原理》，关文运译，商务印书馆，1958，第1页。
② 〔英〕约翰·洛克：《人类理解论》（下），关文运译，商务印书馆，1981，第712页。
③ 朱继东：《新时期领导干部意识形态能力建设》，人民出版社，2014，第18页。

克不仅把洛克的唯物主义经验论心理学思想发展为感觉主义心理学思想，而且从洛克经验论的立场出发批判了笛卡尔等人的天赋观念论等。所以，作为孔狄亚克的学生，特拉西相信人类可以应用"观念的科学"来改良社会和政治环境。

特拉西拒绝"天赋观念"的思想，主张摆脱宗教或形而上学偏见，对思想的起源进行理性研究。他认为，人们所有的观念都是以身体感觉为基础，意识形态就是作为一切经验科学基础的"第一科学"。如果能够透彻地获得并且系统、深入地剖析这些观念，就可以为一切科学知识提供坚实的基础。通过对观念和感知的谨慎分析，意识形态可以通达人性，从而使社会与政治秩序根据人类的需要与愿望重新加以安排。按照特拉西的初衷，研究观念学的目的是建立一个正义和幸福的社会，"因为对个人思想的考察会揭示出它们在人类的普遍需求与欲望中的共同起源。这些需求将构成法则的框架，而这些法则在自然的基础上调节社会，并促进相关欲望的和谐实现。自然的和社会的是重合的。而这种重合可由思想起源的理性分析，由意识形态解释出来"①。

因此，意识形态一旦产生便具有了认识论和社会学的双重含义。② "这个概念的出现是作为在标志现代科学诞生的社会与政治动荡背景下试图发展启蒙运动理想的一部分。不论意识形态概念自国家研究院时期以来的发展过程有多长，不论它的用法变得多么多种多样，然而它仍然联系着启蒙运动的理想，特别联系着对世界（包括社会—历史领域）理性的认识的理想，以及对人类理性自决的理想。"③

换言之，意识形态在最初的意义上是一个积极的、进步的、肯定性的概念被加以塑造的，而不是后来不少人心中颠倒的、虚假的印象。

在法兰西第一帝国皇帝拿破仑（Napoléon Bonaparte）那里，意识形态第一次被转变成贬义词。拿破仑日益强化个人专制，观念学的创立者对其行为表示不满并进行批评，于是，他们遭到了谴责。拿破仑称他们为"意识形态家""民族道德的破坏者""强词夺理的理性主义者""险恶的形而

① 〔英〕大卫·麦克里兰：《意识形态》，孔兆政、蒋龙翔译，吉林人民出版社，2005，第7~8页。

② 侯惠勤：《马克思主义的意识形态批判与当代中国》，中国社会科学出版社，2010，第13页。

③ 〔英〕约翰·B.汤普森：《意识形态与现代文化》，高铦等译，译林出版社，2005，第35页。

上学家们"等，嘲笑他们的主张只不过是一种脱离政治现实的、抽象的、空洞的学说，不仅赋予"意识形态家"等以污蔑、贬损的含义，而且将其视为秩序、宗教和国家的破坏者，认为这是国家所有的灾难之源。他说："我们美丽的法兰西所遭受的所有不幸，都要归咎于意识形态这种晦涩难解的玄学。"① "意识形态，这种模糊不清的形而上学，巧妙地寻找第一原因，希望在此基础上确立人民立法（legislation of people），而不是从关于人类心灵的知识和历史的教训中获取法则，我们必须把我们可爱的法兰西的一切不幸归罪于它。"② 在拿破仑对意识形态的诸多指责中，最为根本的是将其归结为一种激进的、危险的政治情绪，"'意识形态'这一贬抑用法——表示知识上贫乏、实践上的愚昧，更为特别的是作为一种危险的政治情绪——大有挥之不去的态势"③。在这种情况下，无论是保守派、复辟派还是保皇派，都对特拉西的《意识形态原理》在1829年再版进行了攻击，称再版行为是推翻"古老的政教一体"企图的组成部分。

　　基于拿破仑强大的影响力，对意识形态轻蔑、否定的用法便在19世纪上半叶流行开来，并对后来产生了深远的影响。正如卡尔·曼海姆所说："当拿破仑发现这个哲学团体反对他的帝国野心，从而轻蔑地称这批人为'意识形态专家'时，现代的意识形态概念便诞生了。因此，这个词带上了贬义，像'doctrinaire'（空论家）这个词一样，一直把这样的贬义保留至今。"④ 从此，意识形态由一个被注入了很高的道义价值与使命感的肯定性技术概念逐渐变成具有盲目自信、夸夸其谈、华而不实等贬义性甚至污蔑性含义的否定性概念，Idéologies 这个法语单词不仅在法国甚至在整个欧洲都被赋予了"意识形态家"与"空想家"的双重含义，并影响了包括马克思在内的很多人。

　　在特拉西之后，意识形态的发展主要在德国。以黑格尔、费尔巴哈（Ludwig A. Feuerbach）、鲍威尔（Bruno Bauer）等为代表的一批德国哲学家、思想家对意识形态理论的进一步发展做出了突出贡献，使意识形态成

---

① 转引自〔美〕刘易斯·科塞《理念人》，郭方等译，中央编译出版社，2001，第208页。
② 转引自〔英〕大卫·麦克里兰《意识形态》，孔兆政、蒋龙翔译，吉林人民出版社，2005，第8页。
③ 〔英〕大卫·麦克里兰：《意识形态》，孔兆政、蒋龙翔译，吉林人民出版社，2005，第4页。
④ K. Mannheim, *Ideology and Utopia*. London：Routledge and Kegan Paul, 1955, p.64.

为一个崭新的研究领域，为马克思主义意识形态理论的形成奠定了基础。

黑格尔在意识形态发展史上的地位是极其重要的。他不仅在《哲学史演讲录》中多次借用了意识形态的法语词 idéologie，而且对特拉西等法国意识形态学家思想实质的分析切中要害，"以前的一切意识形态都是精神的抽象物，它们之所以成为那个样子，都是由于精神对自己进行了分析，区别了自己的环节，就停留于这些环节上了"①。黑格尔在《精神现象学》中使用了"die Gestaltungen des Bewusstseins" "die Gestalten des Bewusstseins" 两个德语词来表述意识形态，只不过他用的是一种复数形式，被翻译为"意识诸形态"。此外，他还在《精神现象学》中对与社会历史发展的不同阶段相对应的不同意识形态进行了梳理和分析，引入了"异化" "教化"的概念，并对"异化"了的现实世界进行了说明，对"教化"的虚假性、欺骗性进行了揭露和批判。

费尔巴哈年轻时曾跟随黑格尔学习哲学，从老师那里学习并接受了"异化" "外化" "对象化"等概念，成为"青年黑格尔学派"的重要成员。但他后来发表了《黑格尔哲学的批判》，对老师的唯心论进行了深入分析和批判，同时从思维和存在的关系出发，开辟了一条通向唯物主义世界观的道路。虽然费尔巴哈没有使用过"意识形态"概念，但对基督教展开了批判。其关于宗教异化的批判思想是对 18 世纪法国唯物主义者宗教批判的深化，同黑格尔一样触及了意识形态和异化的内在关系问题，是人们理解意识形态发展的一个重要节点。

鲍威尔也曾跟随黑格尔学习神学，并在其指导下完成了博士学位论文《论康德哲学的原则》，是"青年黑格尔学派"的代表人物和领袖之一。他认为黑格尔的自我意识就是同自然相脱离的绝对实在，并用这种解释来代替黑格尔的"绝对观念"，宣称"自我意识"是一种既依存于人又独立于人的精神力量，是最强大的历史创造力，是历史发展的决定性力量。他借助于对"自我意识"的强调力图对社会、人的世界及其作为"行动中的人的精神"现象进行批判，从而把"具有绝对意义的绝对精神的自我意识改造为具有绝对意义的人的自我意识，把自我意识从逻辑的天空拉近到尘世的

---

① 〔德〕黑格尔：《精神现象学》（下），贺麟、王玖兴译，商务印书馆，1979，第 3 页。

人，把最高的神性赋予了人的自我意识"①。尽管鲍威尔没有明确使用过"意识形态"一词，但他在构建"自我意识"概念的过程中，特别是分析宗教问题时运用了意识形态批判的原则，并进一步将其与人的现实生活世界联系起来，建立了一种"自我意识"哲学。

在德国，浪漫主义运动强调人们将自己的意义注入世界的方式，认为人类根据变化着的环境，集体地或单独地创造着自己的现实生活。黑格尔坚持用辩证的观点看待思想的运动，认为思想都是一定的历史时代的产物，不是永恒的和绝对正确的。历史的理性存在于整个历史发展过程中，而不存在于个人或时代的计划中。因为个人的和时代的计划是"理性的狡计"的手段，其形成的结果往往不同于原先思想所期待的结果。

由此可见，从培根、洛克、孔狄亚克到特拉西，再到黑格尔、费尔巴哈、鲍威尔，意识形态的概念从无到有，并发展成为近代西方哲学中的重要概念。

从首次提出到第一次世界大战，学术界对意识形态的理论研究曾经消沉了一段时间。后来，意识形态问题又开始受到重视。其间，1929年德国社会学家卡尔·曼海姆（Karl Mannheim）出版了《意识形态与乌托邦》一书，对推动意识形态理论研究起了很大作用。曼海姆从社会学角度研究了当代的思想问题（实际上也是政治问题）。他认为当时的一个时代性问题是"对集体的无意识控制"，而意识形态和乌托邦两个范畴可以说明这一问题。"意识形态"概念反映了来自政治冲突的一个发现，即统治集团可以在思维中如此强烈地把利益与形势密切联系在一起，以致它们不能再看清某些事实，这些事实可能削弱它们的支配感。"意识形态"一词内含着这样一种洞悉，即在一定条件下，某些群体的无意识既对本身也对其他方面遮掩了真实的社会状况，从而使集体无意识得到稳定。②

为了进一步理解意识形态，曼海姆区分了意识形态的特殊概念和总体概念。前者是尽力掩饰、扭曲真相，有意无意地为了自己的利益自欺并欺人；后者指的是人们的总体世界观或对一种生活方式的彻底信仰。后来的

---

① 黄楠森、庄福龄：《马克思主义哲学史》第1卷，北京出版社，1991，第67页。
② 〔德〕卡尔·曼海姆：《意识形态与乌托邦》，黎鸣、李书崇译，商务印书馆，2000，第41页。

事实证明，曼海姆对意识形态的研究和重新流行起了重要作用。[1]

在解释意识形态的历史形成问题时，德国社会哲学家哈贝马斯认为，意识形态作为一种新的世界观，"是在批判世界的传统的独断解释中产生，声称具有一种科学的品格。然而它们保留了合法化功能，因而保持着难以分析和公开化的实际权力关系。就是在这种情况下，有限意义上的意识形态首次形成。它以现代科学的外貌出现，从对意识形态的批判中获取正当性，从而取代了权力的传统合法性。意识形态和对意识形态的批评同时产生。在这个意义上，不可能存在前资产阶级的意识形态"[2]。这就是说，哈贝马斯也认为意识形态是启蒙运动的产物，产生于与工业革命相伴随的社会、政治和思想大变革：民主思想的传播、群众的政治运动以及那种"我们创造了世界我们也就能改造它"的观念。[3]

"二战"后，在西方特别是美国，对意识形态的研究再度流行起来。纳粹主义、斯大林主义以及民族解放运动等观念都强化了人们对观念的根源及其力量的关注和研究。但是，对这些国家来说，意识形态具有明显的贬义，在思想上它与非理性相联系，在政治上与极权主义相联系。麦克里兰认为，"意识形态时代"属于 19 世纪工业化的特定时期，在这一时期，随着传统社会的崩溃和思想统一体的解体，相互竞争的群体中也产生了思想上的纷争。后工业社会的出现，标志着"意识形态时代"已经结束。[4] 而随着苏联解体和共产主义运动受挫，福山（Francis Fukuyama）直接向人们宣告："目前的世界形势不只是冷战的结束，也是意识形态进化的终点；西方的自由民主，已是人类政治的最佳选择，也是最后的形式。"[5] 德里达（Jacques Derrida）却认为，福山所描绘的关于当代资本主义世界那幅"乐观主义图画""染有犬儒主义的味道"。[6] 安德鲁·文森特的评论则一针见血："意识形态终结论"的理论家们"未能接受一个至关重要的可选择的可

---

① 宋慧昌：《意识形态问题十讲》，中共中央党校出版社，2020，第 8 页。

② Jürgen Habermas, *Towards a Rational Society*. Heinemann, London, 1970, p.99.

③ 〔英〕大卫·麦克里兰：《意识形态》，孔兆政、蒋龙翔译，吉林人民出版社，2005，第 3 页。

④ 杨谦、李萍主编《意识形态问题研究》，广西人民出版社，2018，第 5 页。

⑤ 〔美〕弗朗西斯·福山：《历史的终结与最后的人》，陈高华译，广西师范大学出版社，2014，扉页。

⑥ 〔法〕德里达：《评福山的〈历史的终结与最后的人〉》，李朝晖编译，《马克思主义与现实》1997 年第 3 期。

能性，即'意识形态的终结'绝非标志着意识形态的终结，它本身的提出就是它得以产生的那个时代和地域的意识形态的重要表达"①。

　　总之，无论是对马克思主义意识形态概念的褒贬之争，还是曼海姆沿着马克思主义的理论轨道赋予意识形态"利益集团的思想体系"的含义，或者是列宁赋予意识形态"社会意识形式"的意义，以及丹尼尔·贝尔（Daniel Bell）在 20 世纪 60 年代初率先提出的"意识形态终结"的论调，对意识形态概念及其本质的争论，吸引了越来越多人的兴趣，并使他们认识到意识形态在推动社会发展中的作用不容忽视。

二　马克思主义意识形态理论的产生与发展

　　马克思主义的产生是意识形态理论史上具有重大意义的变革。马克思、恩格斯、列宁等马克思主义经典作家，对意识形态理论的发展都做出了巨大的历史贡献。

　　《德意志意识形态》是被学界公认的唯物史观形成的标志性著作，马克思、恩格斯在这部著作里第一次对历史唯物主义基本原理作了系统阐述，推动了马克思主义意识形态理论的形成。《德意志意识形态》的写作时间是1845 年 11 月至 1846 年 8 月。马克思、恩格斯开篇便以轻蔑的口吻称那些鼓吹颠倒意识与存在、思想与现实的关系并以纯思想批判代替反对现存制度的实际斗争的德国哲学家为"德意志意识形态家"，同时态度鲜明地指出："德国的批判，直至它最近所作的种种努力，都没有离开过哲学的基地。这个批判虽然没有研究过自己的一般哲学前提，但是它谈到的全部问题终究是在一定的哲学体系即黑格尔体系的基地上产生的。不仅是它的回答，而且连它所提出的问题本身，都包含着神秘主义。对黑格尔的这种依赖关系正好说明了为什么在这些新出现的批判家中甚至没有一个人试图对黑格尔体系进行全面的批判，尽管他们每一个人都断言自己已经超越黑格尔哲学。他们和黑格尔的论战以及他们相互之间的论战，只局限于他们当中的每一个人都抓住黑格尔体系的某一方面，用它来反对整个体系，也反对别人所

　　① 〔澳〕安德鲁·文森特：《现代政治意识形态》，袁久红等译，江苏人民出版社，2008，第17～18 页。

抓住的那些方面。"① 然后，他们进一步指出："思想、观念、意识的生产最初是直接与人们的物质活动，与人们的物质交往，与现实生活的语言交织在一起的。人们的想象、思维、精神交往在这里还是人们物质行动的直接产物。表现在某一民族的政治、法律、道德、宗教、形而上学等的语言中的精神生产也是这样。人们是自己的观念、思想等等的生产者，但这里所说的人们是现实的、从事活动的人们，他们受自己的生产力和与之相适应的交往的一定发展——直到交往的最遥远的形态——所制约。意识在任何时候都只能是被意识到了的存在，而人们的存在就是他们的现实生活过程。如果在全部意识形态中，人们和他们的关系就像在照相机中一样是倒立成像的，那么这种现象也是从人们生活的历史过程中产生的，正如物体在视网膜上的倒影是直接从人们生活的生理过程中产生的一样。"② "我们不是从人们所说的、所设想的、所想象的东西出发，也不是从口头说的、思考出来的、设想出来的、想象出来的人出发，去理解有血有肉的人。我们的出发点是从事实际活动的人，而且从他们的现实生活过程中还可以描绘出这一生活过程在意识形态上的反射和反响的发展。"③ 这些观点指出了当时德国社会的意识形态本质以及意识形态批判的出发点。

很明显，拿破仑对意识形态的蔑视属于情感态度范畴，马克思对它的否定属于认知内涵范畴。换言之，拿破仑对它的蔑视是术语性的，马克思对它的否定是实质性的。拿破仑对它的蔑视引发了人们贬义性的联想，却无损于它的实质；马克思对它的否定也引发了人们的贬义性联想，但同时又赋予它"虚假性"的认知内涵。马克思并非单纯地对意识形态予以命名式贬损，而是指出了其认知上的虚假性和利益上的虚伪性，把问题的焦点从"真假之争"转到了"利益之别"。前者关注的问题是某物或某种观念究竟是真是假，后者关注的问题是某种知识究竟服务于何种利益。④ 因此，虽然马克思恩格斯对"德意志意识形态"持批判态度，但并未否定它的历史价值，而是把它作为一般意识形态来对待，因为在他们看来，意识形态是人类社会发展的一种历史产物，是人的精神生活发展在一定历史阶段的特

---

① 《马克思恩格斯文集》第1卷，人民出版社，2009，第514页。
② 《马克思恩格斯文集》第1卷，人民出版社，2009，第524~525页。
③ 《马克思恩格斯文集》第1卷，人民出版社，2009，第525页。
④ 季广茂：《意识形态》，广西师范大学出版社，2005，第29~30页。

殊表现形式。①

　　在对"德意志意识形态"批判的基础上，马克思、恩格斯提出了"不是意识决定生活，而是生活决定意识"② 这一影响深远的科学真理，进一步论述了社会意识形态与经济基础的关系。"统治阶级的思想在每一时代都是占统治地位的思想。这就是说，一个阶级是社会上占统治地位的物质力量，同时也是社会上占统治地位的精神力量。支配着物质生产资料的阶级，同时也支配着精神生产资料，因此，那些没有精神生产资料的人的思想，一般地是隶属于这个阶级的。占统治地位的思想不过是占统治地位的物质关系在观念上的表现，不过是以思想的形式表现出来的占统治地位的物质关系；因而，这就是那些使某一个阶级成为统治阶级的关系在观念上的表现，因而这也就是这个阶级的统治的思想。"③ 把意识形态定位在支配性的阶级意识的基础上，指出意识形态的含义是在每一时代占统治地位的统治阶级的思想，是现存经济关系在观念上的反映和表现，是构成现存社会制度和社会关系的重要部分，是现存统治关系的组成部分。同时指出，"一定时代的革命思想的存在是以革命阶级的存在为前提的"④，"占统治地位的将是越来越抽象的思想，即越来越具有普遍性形式的思想。因为每一个企图取代旧统治阶级的新阶级，为了达到自己的目的不得不把自己的利益说成是社会全体成员的共同利益，就是说，这在观念上的表达就是：赋予自己的思想以普遍性的形式，把它们描绘成唯一合乎理性的、有普遍意义的思想"⑤。这使人们进一步弄清楚了作为统治阶级思想的意识形态实际上就是"制度化的思想体系"，其作为价值系统发挥作用并使人们认同现存社会制度；同时进一步揭示出意识形态是在物质劳动与精神劳动的分工形成后产生的，任何社会的意识形态产生、发展、消亡等都关系着当时社会的物质生产发展史，关系着当时社会经济制度的变革；只要物质劳动与精神劳动的分工还是自发性甚至强制性的，意识形态对于社会的大部分成员来说就是一种异己力量，直到自愿性分工取代了强制性分工，意识形态的命运才会得到

---

① 宋慧昌：《意识形态问题十讲》，中央党校出版社，2020，第 4 页。
② 《马克思恩格斯文集》第 1 卷，人民出版社，2009，第 525 页。
③ 《马克思恩格斯文集》第 1 卷，人民出版社，2009，第 550~551 页。
④ 《马克思恩格斯文集》第 1 卷，人民出版社，2009，第 551 页。
⑤ 《马克思恩格斯文集》第 1 卷，人民出版社，2009，第 552 页。

根本性改变。而要根本改变意识形态的命运就需要革命阶级的阶级意识，也就是同人类的普遍利益或共同利益相联系的革命意识形态。

马克思、恩格斯创制了 ideologie 这一德语名词，借用当时主要用来表达颠倒了的虚假意识这一约定俗成的特殊含义的"意识形态"概念，概括了以思辨哲学方式出现并使实在神秘化的哲学与观念形态，深刻揭示了资本主义社会现实的颠倒性，从而初步完成了对资本主义社会的科学诊断，为进一步的批判奠定了坚实基础。这里的意识形态是一个包括政治思想、法律思想、哲学、道德等许多具体的意识形式在内的总体性概念，一定的意识形态总是通过一定的语言或术语来叙述自己，并且是社会的产物。

之后，马克思、恩格斯对意识形态理论的研究一直持续且不断深化，从《哲学的贫困》到《共产党宣言》，从创办《新莱茵报》到总结法国革命的经验教训，再从《政治经济学批判》到《资本论》等，在一步步的探索中发展、完善着马克思主义意识形态理论。

特别是在《〈政治经济学批判〉序言》中，马克思指出，"物质生活的生产方式制约着整个社会生活、政治生活和精神生活的过程。不是人们的意识决定人们的存在，相反，是人们的社会存在决定人们的意识"[1]。"随着经济基础的变更，全部庞大的上层建筑也或慢或快地发生变革。在考察这些变革时，必须时刻把下面两者区别开来：一种是生产的经济条件方面所发生的物质的、可以用自然科学的精确性指明的变革，一种是人们借以意识到这个冲突并力求把它克服的那些法律的、政治的、宗教的、艺术的或哲学的，简言之，意识形态的形式"[2]。这一段文字被认为是对马克思意识形态观的经典论述，不仅指出了物质生活的生产方式制约并深刻影响着社会、政治以及精神生活的过程，社会存在决定其意识，而且指出如果生产关系变成生产力的桎梏时便会有社会革命的到来，意识形态也会随着经济基础的变更发生变革。

马克思、恩格斯的意识形态学说是历史唯物主义哲学的一个组成部分。马克思主义的意识形态理论形成之后，有一个不断完善的过程。在马克思主义经典作家的理论著作中，对意识形态内涵的解释也不尽相同。马克思、

---

[1] 《马克思恩格斯文集》第2卷，人民出版社，2009，第591页。
[2] 《马克思恩格斯文集》第2卷，人民出版社，2009，第592页。

恩格斯当年使用这个概念的时候，主要是用来批判资产阶级唯心主义观点，所以，曾经一度把"意识形态"说成是一种"虚假意识"。其实，这并不是马克思、恩格斯关于意识形态内涵和本质的全面阐述。在大部分著作中，他们主要把意识形态作为一种特殊的社会意识形式来研究，这与通常所说的"科学意识"不同，是一个政治哲学范畴或社会哲学范畴。

意识形态这一概念在列宁那里又一次发生了革命性变化，"意识形态"由贬义词变成了具有褒义色彩的名词，成了每个阶级用以武装自己的思想武器，资产阶级具有资产阶级的意识形态，无产阶级具有无产阶级的意识形态。资产阶级的意识形态是卑劣的谎言，无产阶级的意识形态是客观的真理。如果说在马克思那里，意识形态是统治阶级的专利品或专有物的话，那么在列宁和毛泽东等人那里，意识形态可以成为被统治阶级和统治阶级相互斗争的有效工具。①

20世纪以来，各国的马克思主义学者，特别是苏联和中国的学术界，对马克思、恩格斯所创立的意识形态理论，除了进行系统的阐述之外，还用新的实践经验来总结，对意识形态问题进行了不断的探索。其中，哲学界就意识形态内涵、意识形态本质，特别是当代世界政治发展中各种意识形态问题提出了不少新的观点，不断地丰富和发展了马克思主义意识形态理论。

三　意识形态的基本内涵

意识形态是我们生活中的一个重要元素。但是关于意识形态的精确定义，却难以达成共识，学界对意识形态有着许多不同的理解。

第一，意识形态是特定社会集团的思想体系和价值追求目标。意识形态直接或间接反映社会的经济特点，表现一定社会集团的状况、利益与目的，旨在维持或改变现存社会制度的思想观点的体系②，它能够鼓励、推动和动员为获得一定价值和目的而进行社会实践活动。意识形态不仅是社会现实的反映与描述，也是影响社会现实的手段。③无论是马克思主义的解

---

① 季广茂：《意识形态》，广西师范大学出版社，2005，第36页。
② 〔苏〕费·瓦·康斯坦丁诺夫主编《马克思列宁主义哲学原理》，袁任达、伊尔哲译，生活·读书·新知三联书店，1976，第445页。
③ 〔波兰〕M.杜勃罗西尔斯基、姜其煌：《科学·意识形态·世界观》，《国外社会科学》1985年第3期。

释，还是现代西方学术传统，意识形态一词都反映或体现特定社会集团的利益，是一种与"科学意识"不同的东西。① 不过，也有学者认为，只有那些精心雕琢、自成一体和居垄断地位的党派学说才属于意识形态的范畴。

第二，意识形态是一种信念或信仰体系。意识形态是一套连贯且系统的信念，其内涵大体上与信仰体系相同。所谓"信仰体系是由一系列意象组成的，这些意象构成了一个完整的个人世界。它们包罗万象，既有过去、现在的看法，又有对将来可能性的期望，以及'应该具有的'价值取向"②。如果把意识形态看作一种信仰，那么宗教应该可以被认为是一种意识形态。一种意识形态源自这样的信念，即事物能够比现在的状态更好；它实质上是一个改造社会的计划，"一种有关美好社会的文字幻象，一种建构此社会的信仰形式"③。特定意识形态的追随者认为，如果他们的计划得到实施，情况将比现在好得多。意识形态实际上是一套思想和信仰系统，人们据此观察世界并采取行动。它是人们认识世界的方便工具，同时也是行动的方便准则，是使人们团结起来的认同基础。④ 因此，意识形态与政治科学不同，它不是努力以平和的、理性的态度来解释政治系统，而是承诺要改变政治系统。意识形态的此种理论特征，恰恰反映了它鲜明的政治特点。

第三，意识形态是一种显著实践性的社会哲学或政治哲学。《简明不列颠百科全书》认为，意识形态是"社会哲学或政治哲学的一种形式。其中实践的因素与理论的因素具有同等重要的地位；它是一种观念体系，旨在解释世界并改造世界"⑤。广义的意识形态可以表示任何一种注重实践的理论，或者根据某种观念系统从事政治的企图。狭义的意识形态有以下五个特点：（1）它包括一种关于人类经验和外部世界的解释性的综合理论；（2）它以概括、抽象的措辞提出一种社会政治组织的纲领；（3）它认定实现这个纲领需要斗争；（4）它不仅要说服，而且要吸收忠实的信徒，同时要求人

---

① 肖前主编《马克思主义哲学原理》（上），中国人民大学出版社，1994，第369页。
② 〔美〕布鲁斯·拉西特、哈维·斯塔尔等：《世界政治》，王玉珍等译，华夏出版社，2001，第241页。
③ 〔美〕迈克尔·罗斯金等：《政治科学》，林震、王锋等译，华夏出版社，2001，第104页。
④ 宋慧昌：《意识形态问题十讲》，中共中央党校出版社，2020，第11~12页。
⑤ 《简明不列颠百科全书》第9卷，中国大百科全书出版社，1986，第101页。

们承担义务；（5）它面向广大群众，但往往对知识分子授予特殊的领导任务。据此五个特点，就可以知道意识形态体系是多种多样的，如法国哲学家孔德的实证主义、马克思恩格斯的共产主义和其他各种社会主义、国家主义。①

意识形态作为思想和信念的准哲学体系，可以为世人确定意义。意识形态与科学观念、公理、原理不同，一旦某种理论具有了意识形态性质，就会获得一种字尾带"主义"的抽象意义，如浪漫主义、理性主义等。② 意识形态是具有符号意义的价值和观点的表达形式，它以表现、解释和评价现实世界的方法来形成、动员、指导、组织和证明一定的行为模式或方式，并否定其他一些行为模式或方式。③ 在这个意义上，还有人给意识形态下了更为简洁的定义：意识形态或多或少指的是提供行为指导的一套连贯的思想。④

尽管意识形态都是建立在一套哲学信仰基础上的，但哲学有别于意识形态。第一，哲学通常是深奥的。它试图穿透人类存在的表层，探究生命本身的底蕴。而意识形态是简单的、浅薄的，通常以非常简单的语言来解释这个世界，且无意于处理人类面对的众多而反复的可能变因。在意识形态中，"对""错"通常是截然分明的，人们只需要相信它，并且依照它的指示去行动。第二，尽管哲学可能是整个社会行动所依赖的一套原则，但也可能是单一个体所信服的主张，无须诉诸群众。相反，意识形态则以人群而非个体作为诉求的对象。⑤ 第三，哲学倾向于引发自省，要求持续不断地沉思和审视关于个体在宇宙中的坐标和方位以及人类的处境等深奥问题。尽管哲学有时也会提出改良社会的方针，但核心旨趣在于理解。意识形态则解释世界（尽管很简单），并要求人们采取明确的行动来改善他们的生活，改变世界。

---

① 《简明不列颠百科全书》第9卷，中国大百科全书出版社，1986，第101~102页。
② 〔加〕克里斯托弗·霍金森：《领导哲学》，刘林平等译，云南人民出版社，1987，第9页。
③ 〔英〕戴维·米勒、韦农·波格丹诺编《布莱克维尔政治学百科全书》，中国政法大学出版社，1992，第345页。
④ 〔美〕杰弗里·庞顿、彼得·吉尔：《政治学导论》，张定淮等译，社会科学文献出版社，2003，第31页。
⑤ 〔美〕利昂·P.巴拉达特：《意识形态：起源和影响》，张慧芝、张露璐译，世界图书出版公司，2010，第11页。

第四，意识形态与乌托邦式的理想密切相关。意识形态和乌托邦是曼海姆理论体系的两个核心概念。他认为，"一定的秩序的代表，会把从他们观点来看在原则上永远不能实现的概念叫作乌托邦，并认定为绝对的乌托邦"①。乌托邦内在地蕴含着对现有秩序不合理、非正义成分的否定和扬弃以及对普遍正义的孕生和追求。在现有秩序的意识形态视野中，乌托邦思想被视为有损其秩序根基的误导性空想。但事实上，乌托邦却是一种避免现有秩序的永久合理化、挑战现有秩序的绝对合理性的社会批判力量。乌托邦的积极功能是探索可能的东西，批判现存的东西，促进人类自我更新和完善。② 意识形态是现代政治斗争中激励和动员一定的群体、反驳论敌的一种理论武器，而这种理论武器具有乌托邦性质的内容。另外，对一些人来说，意识形态只不过对其理想的追求，信奉意识形态意味着信奉某种自认为是美好的理想，如绝对平等、人人富裕、消灭暴力、消灭战争、世界政府等。几乎所有的意识形态都有自己美好的理想，如果这种性质十分突出，那么这种意识形态就变成了一种乌托邦③。

第五，意识形态是一种批判性的社会观念。大多数意识形态是社会批判的产物。社会批判通过辩论和说服的办法向现有信念挑战，并试图改变它们。奴隶制、世袭君主制、官僚集权制、法西斯制度以及许多过时的社会政治制度，都因为新的意识形态的挑战而遭到了人们的唾弃。而新的社会政治制度，如社会主义、民主制、参与制、市场制等，由于新的意识形态的鼓吹、宣传而受到人们的青睐。在批判的认识过程中，由于意识形态不同，人们对同一个事实的解释可能截然不同。对具有不同意识形态信仰的人来说，同一个外部世界的意义是不一样的，如神秘主义者闭眼不看外部世界，科学主义者却对外部世界兴致勃勃。同样是政府干预市场，新自由主义者认为是合理的、正当的，古典自由主义者则认为是不可容忍的。

综合上述对意识形态不同定义的理解，并结合马克思主义的立场和方法，我们认为意识形态是指一定社会集团的思想体系。具体而言，意识形

---

① 〔德〕卡尔·曼海姆：《意识形态与乌托邦》，黎鸣、李书崇译，商务印书馆，2000，第201页。
② 刘宏松：《卡尔·曼海姆的乌托邦思想解读》，《德国研究》2006年第1期。
③ 宋慧昌：《意识形态问题十讲》，中共中央党校出版社，2020，第14页。

态作为社会思想上层建筑，是一定社会或社会集团基于自身根本利益对现存社会关系自觉反映而形成的思想体系，这种思想体系由一定的政治、法律、哲学、道德、艺术、宗教等社会学说、观念、信仰等构成，并成为一定社会阶级或集团的政治纲领、行动准则、价值取向、社会理想的依据。[①]

第二节　意识形态的本质特征

意识形态作为社会意识体系的有机组成部分，有着一般社会意识的共同特征；同时，作为社会哲学或政治哲学的基本要素，又有着自身的特殊之处。

一　意识形态是反映社会存在的"社会意识"

社会意识是历史唯物主义的一个基本概念。作为社会存在的反映，马克思把"社会存在决定社会意识"作为自己批判思维的原则，纠正了长期以来思维与存在颠倒的谬误。"我从自身所做出的东西，是我从自身为社会做出的，并且意识到我自己是社会存在物。"[②] 人是社会存在物，意识从大脑中产生出来，源于社会实践。因此，社会意识是对社会客观存在的反映。

意识形态通过社会利益的棱镜反映社会关系。这种反映是以某种特定的社会政治利益为基础的需要、愿望、目标等观念形式所反映的现实政治利益。作为意识形态的基础，同时也是一种社会存在形式，社会政治利益不是个别人的利益，而是社会或社会集团的整体利益、根本利益；不是简单的、直接的某种物质、文化需要，而是通过一定政治、经济关系所表现出的根本社会要求。社会集团、阶级的实际意识形态水平，反映了它对自身根本政治利益的认识程度，也会较为明确地反映出它究竟有没有把自己的根本政治利益与其他社会集团的根本政治利益区别开来的那种理论思维能力。[③]

---

① 宋慧昌：《意识形态问题十讲》，中共中央党校出版社，2020，第 15~16 页。
② 《马克思恩格斯文集》第 1 卷，人民出版社，2009，第 188 页。
③ 宋慧昌：《论意识形态的本质》，《学术月刊》1988 年第 11 期。

二 意识形态是观念的上层建筑

在唯物史观中，意识形态作为观念体系是对社会存在的反映，是观念的上层建筑，同时产生于社会物质实践的过程之中。"意识在任何时候都只能是被意识到了的存在"①，生产实践为意识形态的产生和发展提供了物质基础。生产关系与物质生产阶段相适应，共同组成社会经济结构。法律的、政治的上层建筑还有社会意识形式，正是建立在这种现实基础上的。上层建筑包含观念层面和物质层面，意识形态多是作为"观念的上层建筑"存在于经济基础之上并受其制约，同物质生产联系密切。

不同的社会物质生产和生存状况会产生形式不同的上层建筑，观念的上层建筑会以思想、观念情感及价值取向的方式表现出来，"整个阶级在其物质条件和相应的社会关系的基础上创造和构成这一切"②。作为基础的物质条件——经济基础，会产生意识形态，包含政治、宗教、法律、哲学、艺术等与之相适应的制度。而意识形态以各种社会意识形式表现出来，对社会生产生活具有实践指导作用，属于上层建筑的范畴。③

三 意识形态的现实基础是政治权力

意识形态总是与一定的政治权力密切关联。大多数意识形态以一定的政治权力为现实基础，受到某种政治权力的支持和保护。现代社会意识形态都是为一定的政治权力服务并得到其支持的政治思想体系。例如，在民族主义国家中，民族主义意识形态与民族国家的政治权力相互依存，民族主义是民族国家意识形态存在和发展的思想理论基础。社会主义民主政治理论，则奠定了社会主义国家政权体系的理论基础。意识形态是一种政治化和权力化的思想理论体系，那些没有任何权力作为支柱的意识形态，很难有立足之地。但是，在现实政治生活中，意识形态与政治权力各自都有单独存在的价值和发展规律，不能把二者混同，也不能靠政治权力的强制性力量来实现意识形态的社会功能。④

---

① 《马克思恩格斯全集》第 3 卷，人民出版社，1960，第 29 页。
② 《马克思恩格斯文集》第 2 卷，人民出版社，2009，第 498 页。
③ 胡春荣：《马克思恩格斯意识形态本质论》，硕士学位论文，河南大学，2020，第 47 页。
④ 宋慧昌：《意识形态问题十讲》，中共中央党校出版社，2020，第 22 页。

四 意识形态是社会的自我意识

意识形态是一种理论形态的自我意识。其突出特点是，并非自发产生，而是由一定社会和社会集团的思想家、理论家基于对社会、所属社会集团根本利益的认识，自觉创立的观点和学说体系，是他们对社会关系的理论概括。作为社会自我意识的理论形态，意识形态表述的内容是经过理论加工的自我意识，它标志着社会或社会集团在政治上成熟的程度。意识形态的形成主体，是社会、社会集团等社会性主体，是社会群体。意识形态作为观念的上层建筑，是思想的社会关系，它不能归结为个体之间的关系，而是社会主体对一定社会关系的自我意识。归根结底，意识形态是社会或社会集团的集体创造，是社会群体自我意识的形式。①

五 意识形态本质的二重性

意识形态具有与科学理论不同的复杂特点，集中表现为意识形态本质的二重性。其一是实践性和理论性并存。这是意识形态区别于其他社会意识形式的本质特征和优点，能够把人们的实践活动与理论活动有机结合起来，克服理论脱离实际的教条主义。其二是个性与共性有机统一。意识形态是一定社会、阶级、集团中那些具有理论思维能力的思想家、理论家自觉创造的，使意识形态理论体系反映出一定的个性特征。任何意识形态，都必然是整个社会集团、阶级及思想家的个体意识与集体意识相结合的产物，充分体现出个性与共性的有机统一。其三是特殊性与普遍性的统一。意识形态既是部分社会集团或阶级的意识形态，同时也在一定程度上反映出人类文明发展的普遍性和客观性规律。其四是虚假性与真理性并存。意识形态作为一种高级思维形式，在特殊情况下，或表现出"理性的狡猾"或"理性的机巧"②，以歪曲甚至不真实的形式来反映自身的特殊利益，从而导致意识形态表现出虚假的思想因素。这是马克思、恩格斯把意识形态视为"虚假意识"的一个主要原因。意识形态在一定程度上反映的是人类社会的客观规律，因而也具有一定的真理性。

① 宋慧昌：《论意识形态的本质》，《学术月刊》1988年第11期。
② 〔德〕黑格尔：《小逻辑》，贺麟译，商务印书馆，1960，第396页。

第三节 意识形态的政治社会功能

一 社会共同体政治合法性的依据功能

实践证明，任何一种政治共同体，为了达到政治目标，必须使其政治行为取得广泛的社会认同，得到普遍的政治支持，获得政治合法性。意识形态能够为政治集团采取特定的政治行动提供政治合理性的理由。政治行动具有合法性、合理性，就可以争取社会的认同和支持。意识形态是反对敌对政治势力的有力思想武器。对某种统治形式的自愿服从和对其政治合法性的信仰，实质上也是对其意识形态的认同和信仰。如近代以来，资产阶级思想家、政治家们竭力用人道主义、自由主义等意识形态理论，反对封建专制主义，论证资本主义制度的合法性。马克思主义意识形态也要有力论证社会主义制度的优越性，使社会主义国家权力及其运行具有权威性。①

二 意识形态的社会批判功能

意识形态可以为某种社会形态或社会集团提供政治合法性依据，而对另外的社会形态或社会集团则可能是批判性的。一是对宗教的批判。马克思和恩格斯以辩证唯物主义为批判的武器，揭示宗教是一种颠倒的意识形态，是人的本质在幻想中的实现。他们不仅从哲学角度批判了宗教，还从政治角度进一步揭示了宗教成为统治阶级维护自身统治地位的工具。二是对现实政治的批判。"哲学的迫切任务"就是从具体形式方面论述意识形态的任务，使"对天国的批判变成对尘世的批判，对宗教的批判变成对法的批判，对神学的批判变成对政治的批判"②。批判是一种手段，通过对旧制度的批判来激起人们的革命热情。三是对旧哲学的批判。辩证唯物主义是马克思在批判地继承了人类文化的优秀成果，特别是批判地吸收了黑格尔辩证法的"合理内核"和费尔巴哈唯物主义的"基本内核"的基础上创立

---

① 宋慧昌：《意识形态问题十讲》，中共中央党校出版社，2020，第22页。
② 《马克思恩格斯选集》第1卷，人民出版社，2012，第2页。

的。此外，马克思和恩格斯还深刻批判了以布鲁诺·鲍威尔为代表的"青年黑格尔派"的主观唯心主义，以及杜林的唯心主义和形而上学观点。四是对资产阶级国民经济学的批判。马克思不仅仅批判了资本主义社会劳动的异化等现象，更批判了资本主义私有制，揭露了资本主义剥削的秘密，"揭示了在现代社会内，在现存资本主义生产方式下，资本家对工人的剥削是怎样进行的"①，为科学社会主义奠定了重要基石。五是对各种错误思潮的批判。19 世纪 40 年代，马克思恩格斯批判了魏特琳的空想共产主义、蒲鲁东小资产阶级改良社会主义等错误思潮。在第一国际时期，马克思恩格斯对工联主义、蒲鲁东主义、拉萨尔主义、巴枯宁主义等进行了批判和斗争，清除了这些错误思潮的影响。马克思主义正是在同各种错误思潮的斗争中彰显了自身的科学性和真理性。②

三　意识形态的政治凝聚功能

意识形态的凝聚功能是指意识形态对不同认知模式、思想观念、价值取向、行为方式等具有的社会整合作用。习近平总书记在党的十九大报告中强调，要"建设具有强大凝聚力和引领力的社会主义意识形态，使全体人民在理想信念、价值理念、道德观念上紧紧团结在一起"③。葛兰西指出，一个政党要争取意识形态的领导权，就是使自己成为一个社会历史集团，成为一种社会统一体。这样，政党为保持整个社会集团的思想政治的统一，必须使意识形态能够起一种"团结统一的水泥作用"④。这里的"水泥作用"，是指那些保持一定社会阶级和政治集团的团结和稳定作用所显示出的思想凝聚的力量。在政党的政治活动中，意识形态就是促进团结统一的"社会水泥"。⑤

只有当意识形态的内容体系具有强大解释力时，才能够最大限度地将

① 《马克思恩格斯选集》第 3 卷，人民出版社，2012，第 724 页。
② 申文杰：《马克思恩格斯意识形态政治功能理论及其现实价值探究》，《马克思主义研究》2022 年第 2 期。
③ 习近平：《决胜全面建成小康社会 夺取新时代中国特色社会主义伟大胜利——在中国共产党第十九次全国代表大会上的报告》，人民出版社，2017，第 41 页。
④ 转引自〔希腊〕尼科斯·波朗查斯《政治权力与社会阶级》，叶林等译，中国社会科学出版社，1982，第 213 页。
⑤ 宋慧昌：《意识形态问题十讲》，中共中央党校出版社，2020，第 33 页。

有着不同思想观念、价值取向和行为模式的人团结起来，激励和号召他们为特定的理想目标而努力奋斗，从而对社会存在产生巨大促进作用，推动意识形态凝聚功能的充分实现。反之，则会对社会存在产生消极影响，并从基础层面弱化和消解主流意识形态的凝聚力。①

四　意识形态的政治动员功能

成功的意识形态能够激发一定社会集团大多数成员的政治信心和行动热情，促使他们采取集体行动。例如，法国大革命时期思想家提出的自由、平等、博爱之类的反封建专制主义口号，俄国十月革命时期布尔什维克提出的"一切政权归苏维埃"的口号，新民主主义革命时期中国共产党提出的"推翻三座大山"的口号等，对革命所起的积极作用，就是意识形态发挥政治动员功能的典型例子。意识形态通过强调长远利益和崇高价值目标，使大多数成员能够为了长远利益而自愿牺牲暂时利益，为了整体利益而自愿牺牲个人利益。在现实的政治斗争中，要达到一定的政治目标，总是要付出代价的。在极端情况下，需要政治集团成员牺牲自己的一切个人利益，如果没有这样的意识形态教育和培养，就很难形成为了阶级和集团的长远利益而奋斗的牺牲精神。

五　意识形态的政治行为规范功能

意识形态反映某阶级或集团与其成员根本利益之间的一致性，成功的意识形态能够起到协调个人与所属政治集团之间关系的作用，能对个人或较小集团的政治行为起到规范作用。实践证明，意识形态的协调和规范作用，能够约束"搭便车"行为，有利于克服集团性政治行动的障碍，从而降低集体行为的政治成本。意识形态是政治集团参与政治的行为准则，它要求政治集团采取一致行动，要求人们组织起来、行动起来，如民族主义意识形态要求人们合力行动共同抵抗外来侵略。意识形态还可能是一种强有力的政治控制工具。譬如，当社会忧患交加时，当社会四分五裂时，当经济形势恶化时，当外敌入侵时，当面临一些迫切需要解决的难题时，人们都愿意听到一些如何扭转局势、摆脱困境的意识形态宣传和保证。

---

① 王芳：《主流意识形态凝聚功能实现机制探赜》，《毛泽东思想研究》2020 年第 1 期。

六　意识形态对社会心理的定向和升华功能

社会心理与思想、意识形态等都是一定社会共同体所固有的精神基础。尽管都是社会意识形式，但社会心理与意识形态不同，它不是稳定的、系统的观念构成物。跟意识形态相比，社会心理具有复杂性和不稳定性，而且常常成为多向的自发性精神力量。意识形态可以对各种社会心理的自发因素进行自觉的调节和引导。在当代中国的改革开放过程中，常常遇到的问题是逆向社会心理的障碍。为此，就需要运用马克思主义意识形态，以教育、引导的方式，改变社会心理不正确的作用方向，使公众的社会心理状况与改革开放的方向保持一致。社会心理是一种低层次的、幼稚的、自发的社会意识，其发挥的作用有限，有必要使其"升华"，把人们的思想从社会心理水平提高到意识形态水平上去。通过意识形态建设引导群众的社会心理方向，塑造和培育健康的社会心态和积极的社会情绪，进而实现意识形态建设与社会心理建设的同向发力。

第四节　意识形态与文化信仰

作为人类文明的有机组成部分，意识形态是一种广义的文化。作为观念形态的文化同样具有意识形态的性质。在研究意识形态本质、功能等问题的时候，必然要涉及文化问题；在深入研究文化的本质、功能等问题的时候，也要涉及意识形态问题。无论是意识形态还是文化的社会功能发挥，都要通过传播、灌输、教育等途径，厘清意识形态与文化的相互关系。

一　意识形态与政治文化

政治文化是文化的子系统，意识形态是政治文化的子系统。政治意识是意识形态中最具决定性意义的因素。在此意义上，意识形态也可以称为政治意识形态，而政治意识形态是政治文化的核心内容。

政治文化概念的形成和传播经历了很长一段时期，早在18世纪的著作中就已经出现。列宁在1920年就使用过此概念，他认为革命的教育不能脱离政治，而是要通过政治教育，使群众与旧习惯、旧风气、旧思想决裂，"政治文化、政治教育的目的是培养真正的共产主义者，使他们有本领战胜谎言和偏见，能够帮助劳动群众战胜旧秩序，建设一个没有资本家、没有剥削者、没有地主的国家"①。列宁所使用的"政治文化"概念，与政治教育具有相同的意义。政治学界普遍认为，现代政治学意义上的政治文化概念最早是由美国政治学家加布里埃尔·A. 阿尔蒙德1956年在其《比较政治学：体系、过程和政策》一书中提出来的。他认为，政治文化是一个民族在特定时期流行的一套政治态度、信仰和感情。②

政治文化是现代社会政治化的产物，包括一定社会中某个政治共同体成员思想中比较稳定的、系统的政治信念、政治目标、政治行为规范等政治意识内容。意识形态是政治文化中的观念性内容，具有强烈的政治倾向性。对任何一种政治秩序而言，意识形态是其必不可少的政治权力的组成部分，它时而正面影响政治文化，时而又扭曲政治文化的真实面目。③

接受某种意识形态的社会共同体成员，一般来说都具有鲜明而坚定的政治态度，会自觉地排斥异己的政治主张。这是社会成员对自身所依存的社会政治制度的主观定向反映，具有强大的精神力量，目的是维护或推翻某种政治制度。

作为政治文化的意识形态，能够使社会共同体成员表现出对事业的信任感和忠诚。政治文化的意识形态特点集中反映在对国家的认同上，而对国家的认同、信任、忠诚，会使国家具有意识形态力量。与政治文化认同意识相联系的意识形态，能够使共同体成员形成以集体信念为基础的强烈的政治参与意识。由于政治文化的意识形态灌输，共同体成员的政治参与实质上反映出人们对共同的政治目标、政治意图等的集体追求意识。

二　意识形态与传统文化

文化作为人类文明发展过程中的精神积累，是人类智慧的结晶。一般的文化都具有历史的、相对稳定的性质特点。文化本身是人类历史传统的一部分，文化的力量就是传统的力量。文化的传播、发展、灌输等，是进

---

① 《列宁选集》第4卷，人民出版社，1995，第306页。

② 〔美〕加布里埃尔·A. 阿尔蒙德、小 G. 宾厄姆·鲍威尔：《比较政治学：体系、过程和政策》，曹沛霖等译，东方出版社，2007，第26页。

③ 郑维东、李晓男：《政治文化的两种维度：政治心理与意识形态》，《中国青年政治学院学报》2004年第1期。

行传统教育的基本形式之一。文化的教育功能与意识形态的教育功能是相通的、相互联系的，而意识形态与传统文化的结合，对社会政治教育有着特别重要的作用。

所谓传统文化是由两部分组成的，即"传统"和"文化"，也即具有传统性质的文化。传统是个时间概念或历史概念，表示那些过去时代传承下来的道德、思想、制度等有价值的元素，这些是构成传统文化的基本要素。传统的实质内容是传统文化，传统文化还是一个肯定性概念，它以各种不同形式，积累了大量的积极文化成果。各个民族的传统文化，是人类文明发展的宝贵财富，传统文化中有价值的因素对现代社会的政治教育有着积极作用。

在现实社会中，传统文化常常具有比较复杂的性质和特殊的社会功能。它与特定的社会制度、政治秩序等互相依存，在社会生活中表现为传统的政治力量，成为社会政治发展中一种稳定的社会精神因素。但是，传统文化的意识形态特点使其具有保守的性质，阻碍了社会变革与政治发展。在现代社会发展中，对传统政治文化的意识形态功能和性质，需具体分析，要抑制传统文化的消极作用，同时创造条件发挥其积极作用。

不同地域、国家、民族、社会的传统文化具有不同的历史特点。对不同传统文化进行比较，能够在它们的异质性及相互关系中产生深刻认识。西方社会一般是基督教文化占据主导地位，基督教具有大多数宗教所具有的消极社会作用，同时也具备反对封建专制主义政治的特点。西方文化在民主政治和现代科学的发展上，曾经起过肯定性的历史作用。中国的传统文化以儒家思想为基础，主要是对儒家的政治、道德、制度等思想体系的传承，它是传统中国政治制度合法性的文化根据。当然，对于以儒家思想为核心的传统文化中的消极因素，也应予以抛弃。

三　意识形态与信仰

如前所述，意识形态是与信仰有关的社会意识。在关于什么是信仰的问题上，美国学者布鲁斯·拉西特、哈维·斯塔尔认为，"信仰体系是由一系列意象组成的，这些意象构成了一个完整的个人世界。它们包罗万象，既有过去、现在的看法，又有对未来可能性的期望，以及'应该具有的'

价值取向"①。他们把意识形态与信仰的因素联系起来,有助于人们更好地理解意识形态概念。

信仰是人的自我超越,"所谓人的自我超越性,是指人对自身现实存在之超越的一种永恒的努力和冲动"②。"信仰正是一种超越有限追求无限、超越匮乏追求完满、超越偶然追求必然、超越现实追求理想的活动。在某种意义上可以说,信仰的本质和人的自我超越性是直接同一的。人正是借助于信仰活动而实现自我超越,信仰也据此成为人之区别于动物的特有的和最高的精神标志。"③ 信仰是人的思想道德的灵魂,从信仰的价值与形式角度来看,信仰是人们对某种理论学说或实物景观对象的尊崇与极端信服,具有情感上的强烈追求与价值取向,并作为其最终的价值目标。从信仰产生的根源来说,信仰源于实践又高于实践,是对现实生活的超越性表达。

意识形态不能直接地作用于社会政治生活,而是被主体内化为政治信仰和价值准则以后才能实际地发挥社会政治功能。④ 一旦意识形态内化为信仰,信仰所具有的强烈持续的热情就会转化为对意识形态及其反映的现实利益或政治权力的支持,意识形态便摆脱了外在的束缚感与压迫感并转化为对幸福生活的内在向往。因而,由共同信仰组成的共同体成为社会中最为牢固的群体。

意识形态内化为信仰的过程是动态递进、不断演变的。意识形态作为上层建筑作用于受众也伴随着这一动态过程而逐步展开。作为意识形态信仰的主体即社会成员从形成独立个体之初就受到意识形态的影响。此时,意识形态以一种外在的理念约束个体,表现出自发的、他律性特征。随着个体对意识形态的逐步"同意"和"接受",乃至"认同"和"信仰",意识形态对于受众也从自发转向自觉,从他律转向自律,最后实现自发与自觉相结合、他律与自律相统一的提升与转变。

也有学者认为信仰是人的思想道德的灵魂,是一种最高的精神追求,是人们通过实践产生的认识、感情、意识的产物,它蕴藏于人的心灵深处,

---

① 〔美〕布鲁斯·拉西特、哈维·斯塔尔:《世界政治》,王玉珍译,华夏出版社,2001,第241页。
② 荆学民:《现代信仰学导引》,中国传媒大学出版社,2012,第21~23页。
③ 荆学民:《现代信仰学导引》,中国传媒大学出版社,2012,第21~23页。
④ 郑永和:《作为政治信仰的意识形态》,《河南社会科学》2010年第4期。

并表现为人的价值观、人生观、世界观。信仰既有现实性又具有理想性，是以生活实践为现实基础的人生理想形式；信仰源于现实生活，又高于现实生活，是现实生活的超越性表达。

西方学术界有种观点认为，信仰是"在无充分的理智认识是足以保证一个命题为真实的情况下，就对它予以接受或同意的一种心理状态。信仰显然是一种由内省产生的现象，它或者是一种智力的判断，或者一如18世纪苏格兰不可知论者休谟所主张的，是有别于怀疑感觉的一种特殊感觉。信仰因其肯定的程度不同而有所差别，如推测、意见或坚信。只有在对信仰者来说一个命题显然是真的时，信仰才能变成知识"[1]。

在现代文明社会，人的信仰本质上是对自己认定是高尚、善良之类的理想状态的真挚追求。对这种理想性质的精神追求，是人们的一种权利。进一步来说，人们的信仰是没有私心杂念的信念。只有那些内心深处有真挚信仰的人，才能勇于认清客观事物的本来面目，而这恰恰是追求真理的思想品格。从这个意义上而言，没有信仰的人，实际上是没有灵魂的，而没有灵魂的人，则是靠不住的。

---

[1] 《简明不列颠百科全书》第8卷，中国大百科全书出版社，1986，第659页。

第六章　政治话语

人类一切活动都建立在话语交流的基础上，没有话语交流，人类的各种活动就不可能产生并展开。作为话语中极为特殊的形式，政治话语及其交流在不同国家、不同民族、不同群体和不同个体之间建立了一个思想沟通、利益联通的渠道，为各种社会活动的展开提供了保障。本章将对政治话语进行概括性介绍。

第一节　政治话语的内涵与特征

一　政治话语的内涵

政治话语是话语的一种表现形式。政治本身具有复杂性，不容易理解，而"政治话语"更难以理解。即便是以政治学为专业的人士，也未必能讲清楚政治话语的内涵。

为了理解政治话语，有必要先看看"话语"的内涵。巴赫金（Mikhail Bakhtin）是话语研究的集大成者。在巴赫金看来，"话语中的形式与内容是一贯的。一旦我们明白了口语话语（verbal discourse）是一种社会现象，那么就会发现话语存在于社会的方方面面，从语音图像（sound image）乃至最抽象的意义，一切社会因素都与其紧密相关"①。"话语不仅是一种语言使用的技术和形式，而且是人对如何使用语言的思考与理解。作为语言动物，人类社会是借助话语而组成了自己对世界的看法以及对价值的追求，这不

---

① Mikhail Bakhtin, *The Dialogic Imagination*: *Four Essays*. Austin: University of Texas Press, 1981, p. 259.

同于动物世界的'语言系统'。"① 巴赫金关于话语的两段文字至少表达了三层含义：第一，话语是普遍存在的一种社会现象，与其他一切社会现象都存在直接或间接的联系，一切社会现象都可以在一定程度上通过借助对话语的认知而得到认识和理解；第二，话语不等同于语言，语言是抽象的，话语是对语言的具体运用，并在运用语言的过程中包含着人们对语言的思考和理解；第三，话语承载着人们对主客观世界的看法和理解，是人们思想的外在表达和价值的外在呈现。由此，我们可以对政治话语有一个初步的认识，并能借助于以上三层含义来对政治话语进行一般意义的理解。不过，这种理解虽然不会有明显的错误，却不能直观地呈现政治话语的特殊含义。换言之，如果要继续追问政治话语究竟是什么时，就需要进行更深入的研究了。学术界虽然对政治话语有大量研究，但至今也没有达成对其内涵的统一界定。

总体来看，学术界对政治话语的界定有两种，一种是狭义上的，一种是广义上的。就狭义的政治话语来说，主要是将其限定在政治主体和政治领域。在这些研究者看来，政治主体和政治领域是理解政治话语的第一道关口。换言之，只有特定的政治主体发出的或者在特定的政治活动中产生的话语才是政治话语，如果不存在政治主体，或者不在政治领域，所发生的话语就不能称为政治话语，也就不能作为政治话语来理解。从狭义上理解政治话语在既有研究中是比较常见的，在这里可以列举三种代表性观点，譬如，梵·迪克（T. A. Van Dijk）认为，只有在政府、议会和政党政策制定等活动中的话语才可被称为政治话语。② 唐青叶、张同兵、张胜利等人认为，政治话语是各种政治活动中政治性表达与交流的话语，如政治演讲、访谈、社论、外交评论、政府新闻发布会、政府各部门颁布的政策法规或文件等。③ 陈红认为，政治话语是政治参与者为达到政治目的所使用的与政

---

① 亓光：《理解政治话语的基本逻辑——基于话语的政治哲学之维》，《山西大学学报》（哲学社会科学版）2018 年第 3 期。

② T. A. Van Dijk, "Critical discourse analysis," in D. Schiffrin, D. Tannen & H. E. Hamilton (eds.), *The Handbook of Discourse Analysis*, Oxford: Blackwell, 2003, pp. 149–171.

③ 参见唐青叶《话语政治的分析框架及其意义》，《阿拉伯世界研究》2013 年第 3 期；张同兵《论当前我国改革中的政治话语创新及原因》，《辽宁行政学院学报》2014 年第 8 期；张胜利《政治话语文风转变视角下中国特色学术话语的构建》，《毛泽东邓小平理论研究》2018 年第 7 期。

治相关的话语集合，并把交际主体、客体和内容等三个要素作为政治话语的判断标准。①

就广义上的政治话语来说，一切话语都可以被看成政治话语。这种理解没有为政治话语设定任何门槛，换言之，既不问话语的发出主体，也不问话语的产生领域，只要是由人类产生和发出的，都应该被当成政治话语，从而也都应该被作为政治话语来认识和理解。从广义上理解政治话语在学术界也有一定的市场，对此，我们同样可以列举三种具有代表性的观点，比如，巴赫金曾经指出："在话语里实现着浸透了社会交际的所有方面的无数意识形态的联系。……话语能够记录下社会变化的一切转折的最微妙和短暂的阶段。"② 巴赫金虽然没有直接将一切话语看成政治话语，但他关于话语与意识形态内在联系的论述却间接地揭示了话语就是政治的，即话语本质上属于政治话语。美国学者福克斯（Charles J. Fox）和米勒（Hugh T. Miller）则在《后现代公共行政：话语指向》一书中直接指出："话语天然地是政治的。"③ 这意味着话语一旦产生便与政治密不可分，政治是话语的固有属性，话语是政治的天然载体。威尔逊（J. Wilson）也认为，所有话语都可以是具有政治性的话语，并且对话语的分析也都具有政治性。④

无论是狭义上的界定，还是广义上的界定，都具有一定的合理性，但也存在明显的不足，即都缺乏对政治话语完整而清晰的理解。就前者来说，虽然将政治话语明确限定在政治主体和政治领域，但将政治主体局限于政府或政治家、政客，将政治领域局限于政府或政治家、政客的活动，忽视或者排除了与政治密不可分的广大民众及其活动，进一步来说，广大民众在日常生活中发出的话语也很难说不是政治话语，至少不应该被完全排除。由此可见，狭义上对政治话语的界定和理解，与人们日常的经验事实是不相符的，其造成的后果就是人们并不能借助理论层面的政治话语概念和内涵来研究身边的政治话语现象；就后者来说，虽然看到了话语背后隐藏的

---

① 陈红：《俄罗斯主流媒体政治话语中政治隐喻的批评隐喻分析（2000-2016）》，《东北亚外语研究》2018年第3期。

② 〔苏联〕巴赫金：《巴赫金全集》第2卷，晓河译，河北教育出版社，1998，第359~360页。

③ 〔美〕查尔斯·J. 福克斯、休·T. 米勒：《后现代公共行政：话语指向》，楚艳红、曹沁颖、吴巧林译，中国人民大学出版社，2002，第10页。

④ J. Wilson, "Political Discourse," in D. Schiffrin, D. Tannen & H. E. Hamilton (eds.), *The Handbook of Discourse Analysis*. Oxford: Blackwell, 2001, pp.398-415.

与政治密不可分的内在联系，但在一定程度上扩大了政治话语的外延与边界，将一些不是政治话语的话语涵括于政治话语之内，本质上模糊了政治话语的"政治性"，也淡化了作为一个揭示特定现象的特定概念的真实性和有效性。进言之，如果所有的话语都可以被称为政治话语来认识和理解，那么在"话语"前面增加"政治"的限定词有何意义？这样的做法无疑会让人们失去对政治话语研究的兴趣、信心和动力。

基于此，我们不宜采用以上两种关于政治话语的界定，必须寻找其他的界定。在搜集到的关于政治话语的丰富研究成果中，有两段对政治话语特征的阐释引起了我们的注意和重视。一段是，"当言说者将语言运用于政治实践时，它不仅是一个纯粹的个体言语行为，更是政治权力、政治资源、政治价值、政治文明等在言语上的表达"[1]。另一段是，"政治话语指向意识形态，是对服务于政治权力关系的意义和目的的直接表达，它以价值判断为基础，反映了人们对以国家政权为核心的政治制度、政治行为、政治观念的要求、态度和立场"[2]。这两段阐释对于我们界定政治话语的内涵很有帮助。从中不难得出三点基本认识：第一，政治话语必须是运用于政治实践的；第二，政治话语不必然是由政府、政治家或政客发出的，换言之，政治话语也可以由普通主体发出；第三，政治话语具有明确的价值倾向性，而不是价值中立的。

根据前文的分析，并结合上述关于政治话语的两段阐释，我们可以这样来界定：政治话语是指各种主体（包括但不限于政府及政治家或政客、社会组织、社会个体等）以一定的价值判断为基础，对历史上或现实中服务于特定政治权力关系的意义、目的和行为等的言语表达和话语交流。在此对政治话语内涵所作的界定，或许不是最佳的，也不可避免地存在缺陷，但能够让人们对政治话语有直观而清晰的认识。

二 政治话语的特征

通过对政治话语内涵的界定，我们已经对政治话语有了比较直观和清

---

[1] 荆学民、李海涛：《论中国特色政治传播中的政治话语》，《青海社会科学》2014年第1期。
[2] 施惠玲、杜欣：《政治传播内容中政治信息与政治话语的区分及其意义》，《南京社会科学》2016年第3期。

晰的理解。为了增进对政治话语的认识，有必要对其特征进行梳理。政治话语除了具有普遍性和工具性、社会性和主观性以及政治性之外，还具有以下特征。

第一，媒介性与实体性相统一。一切政治活动都是以政治话语的产生为前提的。政治活动实质上是政治话语的展开。不同主体之间通过政治话语进行信息的传递和交流，人们借助于政治话语了解和掌握相关方面的情况。从这一点来看，政治话语无疑是传递和表达政治信息的"媒介"，政治话语发挥着传递相关信息的功能。不过，从深层次来看，政治话语不仅是一种"媒介"，即一种政治修辞和表达手段，也是实实在在地传播内容，即告诉人们特定的信息，使其知道特定的内容。政治话语是社会政治生活中公共领域形成的表征，关涉公共利益的形成、社会共同体追求的政治目标和价值，维持政治参与者的"共同体意识"，"建立了人民努力透视未来的共同的思考框架。……涉及控制未来发展的问题"①。也就是说，政治话语能够让人们得到公共领域和公共利益形成的信息、社会共同体追求的政治目标和价值的信息，能够让人们凝聚成一个具有共同利益追求和价值取向的共同体，让人们共同思考和建设未来社会等，这些都是政治话语实体性的表现。总之，所有的政治话语都具有中介性和实体性相统一的特征。

第二，价值性与科学性相统一。人们总是会基于特定利益产生特定的价值取向，这种价值取向会转化到人们的政治话语表达与交流当中。即使人们有意对自己的价值取向进行隐瞒和遮掩，也改变不了政治话语具有价值取向的客观事实。因此，人们在进行政治话语的表达与交流时，必然地具有价值性，或者是直接的，或者是间接的。一言以蔽之，不存在没有价值性的政治话语，只要是政治话语，就不可避免地具有价值性。当然，由于政治话语总是在人们理性力量的驱动下产生的，以特定的事实为基础，换言之，政治话语不会偏离人们的理性认知，不会脱离客观事实。因此，政治话语也具有与价值性相对应的客观性与科学性。而且，从政治话语的内在逻辑和存在规律来看，政治话语也离不开科学性，正如有研究者所说，

① 〔美〕鲁恂·W. 派伊：《政治发展面面观》，任晓、王元译，天津人民出版社，2009，第176～177页。

"光讲价值性不讲知识性，政治话语会缺乏科学性、学理性"①。换言之，想要让政治话语有生命力，能够长久地发挥作用，就必须让政治话语具有科学性。总之，所有的政治话语都具有价值性和科学性相统一的特征。

第三，现实性与理想性相统一。政治话语不是人们凭空想象的，它源于客观的社会现实，是人们基于对客观的社会现实的认知和判断产生的。进一步来说，"政治话语同时必须反映社会要求，不与社会民众利益和愿望挂钩的政治话语不可能成为有效的政治话语"②。因此，政治话语具有现实性。当然，政治话语也不仅仅是对社会现实的简单映射和直接呈现，它也会在一定意义上超越社会现实，呈现出对社会现实的多重表达和多元透视，具体来说，它或者表达了对未来更美好的社会的寄托与希望，或者表达了对现实社会的不满与批判，不管是对未来的寄托与希望，还是对现实的不满与批判，都包含着对超越现实社会的理想追求。从这一点来看，政治话语无疑具有理想性。总之，所有的政治话语都具有现实性与理想性相统一的特征。

第四，特殊性与普遍性相统一。"社会是以相互联系的'构成性的自我'而组成的一个有机整体，但是，整个社会并非'不可分割的铁板一块'或'整齐划一'的整体。"③ 在不同的国家或地区，人们因观念和利益不同必然会分化成不同的群体，不同的群体会产生不同的政治话语，即使是不同的个体也会因观念和利益的不同而产生不同的政治话语，即不同群体或个体的政治话语总是会表现出鲜明的地方性或特殊性。然而，由于人们生活在同一个世界，处于不同国家或地区的人们的观念和利益仍然有相通甚至相同的地方，这就使人们的政治话语也具有普遍性，即不同国家或地区的人也会产生相同的政治话语，也会理解相互之间的政治话语。总之，所有的政治话语都具有特殊性与普遍性相统一的特征。

第二节　政治话语的生产

政治话语不是从来就有的，而是随着人类社会的政治现象和政治活动

---

① 秦宣：《正确处理政治话语与学术话语的关系》，《中国青年社会科学》2019 年第 3 期。
② 权宗田：《政治话语的意识形态逻辑》，《武汉理工大学学报》（社会科学版）2016 年第 5 期。
③ 张晒：《沃尔泽多元主义分配正义论研究》，中国社会科学出版社，2017，第 87 页。

的产生而被生产出来的。在政治现象和政治活动产生之前,是不存在政治话语的①。当然,这并不意味着有政治现象和政治活动就一定会产生相应的政治话语——在很多情况下,虽然有政治现象和政治活动,但并没有产生相应的政治话语,也不意味着政治话语完全是由政治现象和政治活动引导而产生的;在很多情况下,政治话语会先于特定的政治现象和政治活动而产生,而特定的政治现象和政治活动却被政治话语所催生和引导。一言以蔽之,政治话语的产生或生产既受到政治现象和政治活动的深刻影响,同时也有自在的规律和逻辑。

福柯曾经指出:"话语是被建构的,这种建构与真理、知识及权力密不可分。"② 按照福柯的说法,话语不是客观存在的,而是在真理、知识、权力等因素或力量的驱动下人为地建构或生产出来的。作为话语的一种存在形式,政治话语同样如此。而且,相较于一般的话语,政治话语的建构或生产与真理、知识和权力的关系尤其是与权力的关系更为密切。虽然不能说掌握着真理、知识和权力的主体必然会生产政治话语,但是,能够生产政治话语的主体通常都是掌握着真理、知识和权力的主体。掌握着更多的真理、知识和权力的主体,尤其是掌握着更多的权力的主体,通常能够生产出更多的政治话语。相反,那些在真理、知识和权力等占有上处于弱势地位的主体就难以生产出政治话语。而相对较难或不能生产出政治话语,也会反过来导致人们更难或不能对真理、知识、权力等力量进行占有,进而造成这一部分人在生产政治话语上陷入一个难解的死结。

随着人类社会的政治现象和政治活动的不断变化,以及对政治现象和政治活动认识和研究的不断加深,人类的政治话语也变得越来越丰富、越来越复杂。一方面,由于人类社会的政治现象和政治活动在不断变化,过去的政治话语已经不能适应发生变化的政治现象和政治活动,人们会生产出与新的现象和活动相对应和匹配的政治话语;另一方面,由于对政治现象和政治活动的认识和研究不断加深,人们在过去的认识和研究基础上生产出来的政治话语已经失去了对政治现象和政治活动的解释力与影响力,

---

① 从广义上讲,政治话语属于政治现象和政治活动的一种,但此处是从狭义上将政治话语与政治现象和政治活动区分开来,作为与政治现象和政治活动不同的一种社会存在形式。

② 〔法〕米歇尔·福柯:《福柯说权力与话语》,陈怡含编译,华中科技大学出版社,2017,第33页。

于是，人们会在新的认识和研究基础上生产出新的政治话语。人类社会的政治现象和政治活动一直处于不断的变化中，而人类对政治现象和政治活动的认识和研究也在不断地更新，因此，未来可以预见，人类社会会生产出越来越丰富、越来越复杂的政治话语。

当然，人类社会会生产出越来越丰富、越来越复杂的政治话语，并不意味着在同一个国家范围内随着时间的变化会生产出越来越丰富和复杂的政治话语。换言之，在同一个国家范围内，随着时间的变化，政治话语既有可能变多变复杂，也有可能变少变简单，而不会恒定地变多变复杂。对于这个问题，我们可以从以下两个方面进行解释。

一方面，一个国家范围内政治话语的生产与一个国家或社会所处的状态存在较大的关系。过去的历史经验表明，一个国家或社会处于革命或改革时期，更容易生产出较多较复杂的政治话语，一个国家或社会处于平稳时期，则会生产出相对较少较简单的政治话语。另一方面，一个国家范围内政治话语生产与政治话语生产主体的性格和气质尤其是与掌握着权力的政治领导人的执政风格存在较大的关系。政治话语生产主体不是固定不变的，尤其是掌握着权力的政治领导人的任期是有限制的而不是无限期的，那么，受制于政治话语生产主体的性格和气质尤其是取决于掌握着权力的政治领导人的执政风格的政治话语生产也不会固定不变，即在前后相连的两个历史阶段，有可能前者生产的政治话语多且复杂，后者生产的政治话语少且简单，或者前者生产的政治话语少且简单，后者生产的政治话语多且复杂。

第三节　政治话语的类型

在现实生活中，政治话语从不同的角度可以划分为不同的类型。对政治话语类型的划分，可以进一步增强对政治话语内涵的理解和把握。

第一，按照政治话语的生产主体，可以分为精英政治话语和大众政治话语。

精英政治话语。精英是一个社会中相对占有更多的资源、财富、知识和权力的群体，属于社会的中坚力量。精英生产的政治话语可以称为精英政治话语。在一个社会中，精英虽然在规模上处于相对少数，但由于掌握着更多的资源、财富、知识和权力，通常会生产出更多更有影响力的政治话语。如此又会反过来促进自身更多地占有资源、财富、知识和权力。

大众政治话语。大众是一个社会中相对较少地占有资源、财富、知识和权力的群体。虽然大众并不掌握社会权力，但多多少少也掌握着社会的资源、财富、知识。在如此情况下，大众也会生产出政治话语。大众生产的政治话语可以称为大众政治话语。相对于精英政治话语而言，大众政治话语存在和传播的范围比较小，因而对社会发展的影响也比较小。

第二，按照政治话语的呈现形式，可以分为显性政治话语和隐性政治话语。

显性政治话语。在人们生产的各种话语中，有些话语很容易与社会话语、经济话语、文化话语等相区分。换言之，人们从形式上就能够将这类与社会话语、经济话语、文化话语等相区分的话语判定为政治话语。这类很容易被人们判定为政治话语的话语可以称为显性政治话语。进一步来说，显性政治话语的内涵是直观的，不需要专业人士进行分析和解读，具备正常的认知能力的人都能够识别或判定。在现实中，由于显性政治话语具有高识别性，因此，一旦显性政治话语进入社会，就会产生直接的影响。

隐性政治话语。虽然政治话语具有鲜明的政治性，但并不意味着所有的政治话语都能够与社会话语、经济话语、文化话语等相区分。"政治话语是由一种或多种社会语言构成的，只有真正跃入相应的语境之中的人们才能充分理解政治话语。"[1] 进一步来说，有些话语从表面上看不像政治话语，但放到一定的语境中就能够判定为政治话语，这些可以称为隐性政治话语。对隐性政治话语的识别除了需要特定的语境之外，还需要人们具有较高的认知能力，从而将潜伏在社会中的政治话语予以揭示。由于隐性政治话语具有较低的识别性，因此，相较于显性政治话语，隐性政治话语对社会的影响往往是间接的。

第三，按照政治话语的时代印记，可以分为传统政治话语和现代政治话语。

传统政治话语。所有的社会都有传统，传统社会有着特定的政治现象

---

[1] 亓光：《理解政治话语的基本逻辑——基于话语的政治哲学之维》，《山西大学学报》（哲学社会科学版）2018 年第 3 期。

和政治活动，传统社会的人们对其生活的社会中的政治现象和政治活动会形成特定的认识，进而生产出与传统社会相对应或相匹配的政治话语。这样的一类政治话语可以称为传统政治话语。传统政治话语会在一个社会中长久地存在，需要结合传统政治现象和政治活动的语境来理解，而不能从现代政治现象和政治活动的语境来理解。当然，这并不意味着传统政治话语没有现代内涵和价值。换言之，传统政治话语仍然可以在现代语境中生发出描述和解释现代政治现象和活动的内涵与价值。这就是我们通常所讲的传统政治话语的现代性转化。

现代政治话语。尽管传统社会的政治现象和政治活动在现代社会也存在，但现代社会会产生与传统社会不一样的政治现象和活动，而且，现代社会的人对政治现象和政治活动，都会形成不同于传统社会的认识，进而会生产出与现代社会相对应或相匹配的政治话语。这样的一类政治话语可以称为现代政治话语。一般来说，在一个现代化比较发达的国家，现代政治话语会居多数，并占据主导性地位，而传统政治话语占少数，起辅助性作用。现代政治话语与传统政治话语不是隔绝的，现代政治话语既可以直接源于传统政治话语，也可以在传统政治话语的基础上进行转化而成为现代政治话语。经过若干年后，现代政治话语也会转变为传统政治话语。

第四，按照政治话语的自在力度，可以分为强势政治话语和弱势政治话语。

强势政治话语。由于政治话语与真理、知识尤其是与权力密不可分，因此，政治话语天然地具有力量优势。一般来说，政治话语的力量优势与人们掌握的真理、知识和权力的多少呈正相关关系。当人们掌握足够的真理、知识尤其权力时，就会生产出具有更多的力量优势从而对社会构成强制性和约束力的政治话语。这样的一类政治话语可以称为强势政治话语。一般来说，强势政治话语在相对较短的时间内能对社会产生实质性影响。不过，强势政治话语并不会始终处于强势状态，而会随着时间的流逝或某次事变而发生衰变。当强势政治话语发生衰变时，其对社会的影响也会跟着式微。

弱势政治话语。当人们掌握相对较少的真理、知识和权力时，人们就会生产出具有较少的力量优势，对社会产生较弱作用的政治话语。这样的一类政治话语可以被称为弱势政治话语。相对于强势政治话语，弱势政治话语在短期内不会对社会产生影响作用，而需要经历一段较长的时间才能对社会产生实质性影响。由于弱势政治话语对社会施加的压力小，引起的社会反感相对也较小，因此，弱势政治话语存在的时间有时会比强势政治话语存在的时间更长，产生的影响也会更持久。弱势政治话语对社会产生的影响往往是潜移默化的，潜移默化的持久影响经过积累后会产生巨大的影响作用，这个时候它又转化为这个社会的强势政治话语。

此外，还有其他维度的划分。例如，根据对现有体制和权力合法性是否进行辩护或批判，可以将政治话语划分为主流政治话语和批判政治话语。批判性话语与主流性话语相对，它着眼于话语与权力之间的关系，以揭示话语背后的权力不平等机制。这里的"批判"一词更多的是指将事物之间隐性的相互关系揭示出来。[1] 在此基础上形成批判性话语分析，分析的主要原则是：（1）批评性话语分析所关注的是社会问题；（2）权力关系可以在话语中体现出来；（3）话语可以建构社会和文化；（4）话语承载着某种意识形态；（5）话语与历史密切关联，话语不可能独立于历史而存在；（6）语篇（text）与社会的关联是间接的，其间存在一定的媒介；（7）话语分析是解释性的，不同的读者可能有不同的理解；（8）话语是一种社会行为。[2]

第四节　政治话语的功能

在谈到政治话语的功能时，荷兰语言学家范迪克曾经认为，政治话语是政治家为了达到某种目的而实施的政治行为，是具有针对性的权力表达方式，具有明显的政治功能。[3] 范迪克一语指明了政治话语强烈的政治功能性，但并没有总结出政治话语究竟具有哪些具体的政治功能。客观地说，政治话语的政治功能是多方面的。通过对现实中政治话语发挥功能的实践观察，以及结合研究者们对政治话语功能的研究，在此将政治话语的政治功能概括为四种类型，即动员功能、整合功能、辩护功能、斗争功能。

---

① N. Fairclough, *Critical Discourse Analysis*. London：Longman，1995.

② N. Fairclough & R. Wodak, "Critical Discourse Analysis," in T. A. Van Dijk（ed.），*Discourse Studies：A Multidisciplinary Introduction*. London：Sage，1997，pp. 271-280.

③ T. A. Van Dijk, "Critical Discourse Analysis," in D. Schiffrin, D. Tannen & H. E. Hamilton（eds.），*Handbook of Discourse Analysis*. Malden，Mass：Blackwell Press，2001，p. 18.

　　第一，动员功能。在没有外力的作用下，如缺乏利益诱导和强力迫使，大众的情感和认知通常会处于一种消极懈怠的状态，即表现出一种精神上的"路径依赖"和行为上的"搭便车"，不太会积极主动地关注周遭的人和事。然而，社会的运行离不开大众的关注、参与和推进促使处于消极懈怠状态的大众关注、参与和推进社会运行的首要途径便是动员。政治话语是一种有效的动员方式，或者说，政治话语具有很强的动员功能或作用。"政治话语不但体现了政治与语言之间的密切关系，还体现了人们如何在认知层面构建一定的话语空间来表达思想，传播政治意识形态，最终达到说服他人的目的。"①

　　具体来说，政治话语的动员功能表现在两个方面：一方面，政治话语能够增进大众的政治认知，改变大众对政治现象和活动的看法，提升大众的政治活动能力，从而促使大众转变自己的消极态度，积极地参与社会活动并推进社会的运行；另一方面，政治话语能够较快地唤醒情绪低迷和精神状态欠佳的大众，激发其政治情感，提升其共情能力，从而促使大众转变自己的情感惰性状态，积极地参与社会活动和推进社会运行。

　　在日常生活中，我们时刻面临着政治话语的动员。尤其是当一个共同体处于紧急状态时，政治话语的动员就更为频繁，而且，紧急状态时政治话语的动员功能比非紧急状态时更为突出，因为人们的情绪和情感在紧急状态时更容易被调动起来。比如，我们常常可以看到，在灾难或战争发生时，一个国家或地区领导人发表简短的讲话，就能够将整个民族动员起来。当然，政治话语的动员功能并不是无限的。动员功能的强弱和持久性与大众心理及其对政治话语的感觉密切相关。当大众对政治话语的敏感性降低时，或者当政治话语超过大众的心理承接能力时，政治话语的动员功能就会降低。因此，政治话语并不是越多越好，而是要适合社会的需要和大众的心理。一旦政治话语过多以至于超过了大众的心理承接能力时，政治话语不仅不能发挥出应有的动员功能，还会引起大众的反感和抵触，使大众折回到政治话语动员前的状态。总之，在运用政治话语进行动员时，应该适可而止。

----

① T. A. Van Dijk, "What is Political Discourse Analysis？" *Belgian Journal of Linguistics*, 1997 (1): 11-52.

第二，整合功能。社会不可能是铁板一块和整齐划一的。在任何一个社会中，人们的思想观念总是多元的、利益诉求总是分化的。多元的思想观念和分化的利益诉求会切割和肢解社会，不仅会毁掉社会发展所必需的合力，甚至还会让社会走向四分五裂、分崩离析的危险境地。面对多元的思想观念和分化的利益诉求对社会造成的不利影响，整合是必要的。在诸多类型的整合当中，政治话语整合是相对容易实现的，也是比较有效的。"话语整合可以将传统组织整合、利益整合与文化整合通过话语的形式进行有效展示和表达。"[①] 政治话语的整合功能可以从两个方面来实现：一方面，政治话语具有协商性，能够消解大众在思想观念和利益诉求上的误会与分歧，使大家认识到作为共同体的成员，相互之间既有不同的思想观念和利益诉求，也有共同的思想观念和利益诉求，从而增进社会大众的共同体意识；另一方面，政治话语具有权威性，能够削减乃至制止共同体中过于强大的离心力，将多元的思想观念和分化的利益诉求强制性地凝聚在一起，从而增进共同体成员在思想观念和利益诉求上的向心力和凝聚力。

政治话语的整合也是常见的。我们所面对的一切政治话语，本质上都包含着整合的韵味。一般来说，思想观念越是多元、利益诉求越是分化的社会，越需要政治话语的整合。当下世界，不管是国家与国家之间，还是国家内部不同的人群之间，思想观念的多元性和利益诉求的分化程度都超过了历史上的任何时期，所以，当今世界更需要政治话语的整合。当然，由于整合的基础涉及共同体成员的利益，因此，相对于政治话语的动员功能，政治话语的整合功能要更为复杂。当共同体中的成员不能从共同体中获得实实在在的利益时，或者实际利益受损时，政治话语的整合功能就会大打折扣。进一步来说，当社会中的思想观念过于多元、利益分化过于严重时，政治话语是难以发挥出整合功能的。总而言之，政治话语整合虽然能够融合传统组织整合、利益整合与文化整合，但不能取代它们，只能起到补充和支撑作用。

第三，辩护功能。世界上不存在一种完美无缺的统治及统治者，也不存在一种能够让所有人接受和认同的统治及统治者。为了使并不完美的统治变得形式上完美一点，为了让更多的人接受和认同统治，就有必要对统

---

① 刘兴旺：《习近平"纪念讲话"与当代中国政治话语表达》，《科学社会主义》2017 年第 2 期。

治及统治者进行辩护，即对于任何统治及统治者来说，辩护都是不可或缺的，是维持统治有序和有效运转的必要条件。"领袖们弘扬一种意识形态的一个原因是显而易见的：赋予他们的领导以合法性，即把他们的政治影响力转换成权威。与用强制手段相比，用权威手段进行统治要经济得多。"① "政治话语是一种支持或反对特定行为方式并赋予决策合理性的论证形式。"② 也就是说，以意识形态为代表的政治话语，能够替统治者及其决策发挥有效的合法性辩护功能。进言之，针对统治及统治者存在的不足，政治话语既能够通过寻求合理或合适的理由对不足进行辩解和澄清，从而缓和大众对统治及统治者的不满，也能够通过制造乌托邦图景对不足进行包装和美化，从而消除大众对统治及统治者的质疑。总而言之，对于天然地存在不足的统治及统治者来说，政治话语的辩护功能是十分重要的。

从历史经验来看，政治话语的辩护功能为维持统治者的统治发挥了巨大的作用，但凡政治话语的辩护功能发挥得比较好的地方，政治统治也相对比较稳定；反之，则不然。当然，政治话语的辩护功能有时候也会失效。政治话语的辩护功能与大众的认知是密切相关的。大众的认知不是固定不变的，而是会随着自身阅历的增长和社会的变化而发生改变，即大众的认知能力会随着时间的变化而提升。当认知能力得到提升的大众发现统治者给出的统治不足的原因并不是真实原因时，或者发现现实中的统治及统治者与被包装和美化的统治及统治者存在较大差距时，政治话语的辩护功能就会受到挑战，甚至根本发挥不出辩护功能。在这样的情况下，即使生产出再多的政治话语，也不能完成为存在不足的统治及统治者辩护的使命。这就意味着，统治者在运用政治话语为统治和决策辩护时，也要从根本上提升自己的治理绩效和统治质量；如果不能提升，仅仅依赖政治话语进行辩护是没有用的。

第四，斗争功能。世界充满了矛盾，斗争无处不在。斗争既是矛盾的表现，也是化解矛盾的重要手段。面临各种各样的矛盾，"躺平"是没有用的，必要的斗争不可避免。在错综复杂的现实环境尤其是国际环境中，"政

---

① 〔美〕达尔：《现代政治分析》，王沪宁、陈峰译，上海译文出版社，1987，第78页。
② N. Fairclough and I. Fairclough, *Political Discourse Analysis: A Method for Advanced Students.* New York: Routledge, 2012, p. 12.

治话语构成了一个国家外交和处理国际关系的舆论工具"①。政治话语的斗争功能，可以帮助国家在复杂的国际环境中赢得主动权，能够带来实实在在的好处。

在当今国家外交和处理国际关系中，政治话语斗争是运用十分频繁的软斗争。所谓软斗争，就是政治话语斗争不需要直接付诸行动，尤其不需要付出暴力行动，而是一种言语上的对话与交锋。相对于传统的军事斗争、政治斗争、经济斗争等，一方面，政治话语斗争更为灵活，对环境没有过高的要求，在一般环境下就可以展开，并能收到预期效果；另一方面，政治话语斗争便于操作和控制，在矛盾缓和或不能实现缓和的情况下，可以暂停或中断。

随着世界范围内国家与国家之间、族群与族群之间的分歧和矛盾越来越多，政治话语斗争将会成为国际舞台上的主要斗争手段之一，并发挥着越来越重要的作用。在军事斗争、政治斗争、经济斗争难以展开或者不能实现预期目标的情况下，政治话语斗争就成为一种替代性方案。当然，尽管政治话语斗争是一种软斗争，灵活且便于操作和控制，但是，开展政治话语斗争仍然需要把握好度。政治话语并不是越激烈越好，在一些情况下，激烈的政治话语不仅不能收到斗争的积极效果，还会将整个局面引向更加糟糕的境地。把握好政治话语斗争的度，需要处理好两个方面的问题。其一，要把握好政治话语的语境。语境决定政治话语的表达和内容，什么样的语境就应该表达与之匹配的政治话语。其二，在进行政治话语生产时要有语言的艺术性。政治话语该直白时就应该直白，该含蓄时就应该含蓄，但不能一味地直白或含蓄。

---

① 唐青叶：《话语政治的分析框架及其意义》，《阿拉伯世界研究》2013 年第 3 期。

第七章　文化空间

第一节　空间与空间理论

空间是物质固有的存在形式。古希腊柏拉图在《蒂迈欧篇》论及宇宙生成论的"绝对空间"，机械唯物主义先驱德谟克利特"原子论"的相对空间，亚里士多德《物理学》中"时空关系论"和有限的相对空间等，都表达了一定的空间思想。① 这些代表性的空间观各有侧重，表达了人类对空间本质、空间与物体的包容关系、物体与物体之间参照关系的不同取向的哲学探索。在古希腊，亚里士多德的"处所空间观"占据支配地位，宇宙并非背景，而是"一个所有东西中最大的那个东西的处所"，是局域化的空间概念。② 古希腊时期因人类认知能力的限制，空间观较为贫乏、含混和片面，更多地展示了"虚空观"或"处所时空观"；同时，希腊哲学家们承认空间是物质性存在，倾向于纯粹的自然、物质范畴。③

古代中国先民在长期的生活积累中，亦凭借"前后""左右""上下""东西南北中""天圆地方""远近"等方位、形状和距离的感知，从空间经验中抽象出空间概念。最早的记载出自《管子·宙合》，即"宙"谓之时间，"合"谓之空间。春秋时期的《文子·自然》和战国时期的《尸子》中均记载有"上下四方曰宇"，"宇"在这里指代空间。后来中国传统的空间观演变为"四方上下曰六合"，呈现出单向度到六个向度的空间定位，把

---

① 〔英〕伯特兰·罗素：《西方哲学简史》，文利译，安徽人民出版社，2012，第 63、86 页。
② 吴国盛：《希腊空间概念》，中国人民大学出版社，2010，第 8 页。
③ 任政：《空间生产的正义逻辑——一种正义重构与空间生产批判的视域》，博士学位论文，苏州大学，2014。

空间的三维性表现出来。① 有学者还从"道""心""物"三种立场剖析古代时空观,"道"和"物"对应时空的客观性与独特性,但对时空之"理"的钻研却离不开"心"的主观能动性。先秦至两汉时期,"宇宙"作为哲学术语,普遍性地表述空间和时间。《老子》《庄子》《墨经》《淮南子》《晋书·天文志》等典籍都涉及时空观。之后,扬雄、张衡、柳宗元、王夫之、方以智等历代知名学者从不同角度对时空的无限性和有限性、相对性和绝对性、广延性和间断性做过不同的阐述。② 中国古代的空间观多把"宇宙"即时间和空间并行讨论,主张空间属性和空间形式的客观实在性,其中也不乏主观主义的空间观。

近代以来,空间观有了进一步发展。譬如,笛卡尔"主体—身体"主客二分的空间观,牛顿的机械唯物主义"绝对空间",德国莱布尼茨的"空间是物物之间的并存关系"、康德的主观唯心主义"先验空间"、黑格尔的客观唯心主义"绝对精神空间论"以及爱因斯坦更加科学化的"相对论空间"等。继牛顿之后,人类关于空间的认识论产生了空间哲学和空间科学两种进路。③ 不论是自然主义还是主观主义针对空间理论的探讨,"空间"无论是一种客观背景化的"虚空"(void)还是几何化的"处所"(place)抑或是绝对孤立的"实体"还是主观外化的"载体",都反映出某种先验性的、经验性的、实在性的、混沌性的"绝对空间",对空间本质的诠释带有一定程度的形而上学和机械教条式思维。④

在社会学领域,对空间的探讨可谓不胜枚举。马克思从唯物史观和唯物辩证法的视域启动了哲学的实践转向,批判性地论证了"一切社会生活本质上都是实践"。⑤ 人类历史即是实践的历史,在实践尤其是生产实践中人类产生了复杂的社会关系。资本主义社会诞生以来,资本成为社会关系

---

① 刘文英:《中国古代的时空观念》,南开大学出版社,2000,第 20~69 页。
② 李海、张仁士:《中国古代对空间的认识》,《理论探索》1995 年第 3 期。
③ 王晓磊:《论西方哲学空间概念的双重演进逻辑——从亚里士多德到海德格尔》,《北京理工大学学报》(社会科学版)2010 年第 2 期。
④ 王琳瑛:《乡村文化空间形塑及其发展政策义涵——以西北 C 村为例》,博士学位论文,中国农业大学,2019,第 16 页。
⑤ 《马克思恩格斯选集》第 1 卷,人民出版社,1995,第 54 页。

的主宰。资本的最大特性就是用时间消弭空间。① 空间被预设为一种自然境域。② 马克思在《德意志意识形态》《共产党宣言》《资本论》等著作中都零星谈及，但苏贾（E. W. Soja）指出，"马克思将空间视为物理情境，空间是生产场所的总合及不同市场的领域，是被实践及日趋自由的资本运作所征服的天然距离的冲突来源"③。涂尔干（Émile Durkheim）把空间明晰化为理论问题并进行了阐发。在《宗教生活的基本形式》中，他认为时间和空间都是社会构造物，空间具备社会性并且蕴含社会意义，空间并不仅仅是物理参数而是充盈着社会情感价值，社会差异性的空间可以透射出主导性的社会组织模式。④ 不过在苏贾看来，涂尔干没能延伸窥探并生成系统化的空间理论。韦伯（Max Weber）对空间亦进行过探讨，他认为，依循组织内部的分工而区隔出不同科室是科层纪律应用的基本特质，科室物理空间的拆分使科层组织内部被隔离，形成了科层制的一个独特表征；公私关系的分离表现在工作人员的家庭场所与办公地点的物理空间分离，保证了科层制的非人格化运转。韦伯将空间因素视为研究的辅助性背景，空间被化约为客观存在的物质环境。相比之下，齐美尔（Georg Simmel）专门探寻了空间议题，并洞察到空间的同存性。他认为空间是社会互动的形式，被人与人之间的心灵互动填满后才会涵括生机和意义。⑤ 空间有五个基本品质，即唯一性或排他性、分割性、固定化、接近或远离、运动。⑥ 齐美尔通过"心灵与互动"的方式切入空间划分理论，创建社会本体论的空间一隅。⑦ 齐美尔对空间的研究主要体现在其 1903 年发表的《大城市和精神生活》一文中。该文分析了都市空间对社会生活的影响，即都市空间的独特性一定程度上塑造了人们的精神品质、生活形态与交往方式。由于大都市中有着丰富多样而又变化无常的各种各样复杂的人际交往，人们不得不养成一种冷

---

① 《马克思恩格斯全集》第 23 卷，人民出版社，1972，第 294~295 页。
② 何雪松：《社会理论的空间转向》，《社会》2006 年第 2 期。
③ E. W. Soja, *Postmodern Geographies: The Reassertion of Space in Critical Social Theory*. London: Verso, 1989, p. 126.
④ 〔法〕爱弥尔·涂尔干：《宗教生活的基本形式》，渠东、汲喆译，上海人民出版社，2006，第 9~16 页。
⑤ 林晓珊：《空间生产的逻辑》，《理论现代化》2008 年第 2 期。
⑥ 〔德〕盖奥尔格·西美尔：《社会学——关于社会化形式的研究》，林荣远译，华夏出版社，2002，第 459~466 页。
⑦ 郑震：《空间：一个社会学的概念》，《社会学研究》2010 年第 5 期。

淡和迟钝的态度。如果不养成这样一种态度，人们将无法应对城市空间中人口高密度所导致的紧张体验。尽管齐美尔没有明确指出"城市空间"，也没有明确地从"城市空间"角度来分析城市生活和城市交往，但通过其对尘世生活、货币经济、理性主义、"冷漠傲慢"等内容的分析可知，齐美尔的论述实质上潜在蕴含着空间社会学视角。可以说，"空间"是齐美尔开展城市研究的重要视角和理论前提。①

"二战"后，在西方普遍的都市化、急剧扩张的城市化、工业生产的规模化背景下，空间的生产、空间性组织等社会问题浮现而出，需要更具解释力的理论支持。时至 20 世纪 70 年代，在列斐伏尔（Henri Lefebvre）、福柯、布迪厄、苏贾、哈维（David Harvey）、吉登斯（Anthony Giddens）等著名社会学家的推动下，社会理论研究范式发生空间转向。这些具有世界影响力的思想家洞识出经典空间理论的局限性，打破了自然与非自然、真实与非真实、主观与非主观的二元思维模式，将空间定位为一种社会建构，社会关系涵括于空间建构之中。

新马克思主义者列斐伏尔从社会实践角度对"空间"展开分析。他强调，尽管"主体"也非"客体"，而毋宁说是一种社会现实，也就是说，空间是一套关系与形式……它必须要说明表征性空间，也要说明空间表象，但当务之急是研究它们之间的相互关系及其与社会实践的关系。② 空间的三重性是列斐伏尔的理论核心，即空间实践（spatical practice）、空间的表征（representations of space）以及表征的空间（representationnal space）系三元一体，与之相对应的特征是感知的（the perceived）、构想的（the conceived）和亲历的（the lived）。③ 在列斐伏尔看来，社会空间与社会行为结合在一起，与那些或生或死、或遭遇或行动的主体结合在一起。④ 空间跟社会主体、社会实践的紧密联系，不仅仅表现为空间是社会的"容器"和镜子，空间本身就是社会的一部分，是意识形态力量、经济力量和政治力量的产物。⑤ 人文地理学家哈维承袭了列斐伏尔的理论要点，将由列斐伏尔

---

① 刘少杰主编《西方空间社会学理论评析》，中国人民大学出版社，2020，第 52~52 页。
② 〔法〕亨利·列斐伏尔：《空间的生产》，刘怀玉等译，商务印书馆，2021，第 169 页。
③ 〔法〕亨利·列斐伏尔：《空间的生产》，刘怀玉等译，商务印书馆，2021，第 59~60 页。
④ Henri Lefebvre, *The Production of Spcace*. Oxford：Wiley-Blackwell, 1991, p. 30.
⑤ 刘少杰主编《西方空间社会学理论评析》，中国人民大学出版社，2020，第 52 页。

开创的时空研究事业推向了新的高峰。按照他自己的说法，他的全部工作都围绕历史唯物主义升级为"历史地理唯物主义"，集中探讨了"空间的地理学问题与发生在地理学空间中的社会过程的社会性问题之间的循环的张力"。① 哈维的立足点是宏观层面资本的力量，基于时间延迟、空间扩张和地理重组三个资本空间化的过程揭示空间生产对于资本主义的特殊意义。他认为，资本主义卷入了一个长期大量投资于政府空间的难以置信的阶段。② 哈维通过发展列斐伏尔的空间生产理论，在"资本积累—空间修复—空间非正义"的理论脉络中系统阐述了资本主义所面临的空间正义危机，拓展了多元化的资本批判之路。

法国思想家福柯 1976 年曾预言 20 世纪是空间时代。他将边沁的"全景式监狱"隐喻为现代社会，这种"圆形监狱"是体制化空间的圆形，透视出可视与不可视的纪律权力关系。在福柯看来，"权力无处不在"，"权力空间化"，空间是权力运作的场所、媒介及公共生活形式的基础，更是权力的手段、策略和实现机制。③ 布迪厄对空间理论的贡献，在于从实践和符号视域厘清了地理空间与社会空间的关联、空间与阶级的复杂关系，提出了场域的空间概念，认为场域和社会空间具有认识论的基础意义。他认为，要想真正认识个体、群体、社会结构以及外在因素对个体的影响，首要的是认识和分析研究对象所处的场域。④ 与列斐伏尔、哈维、布迪厄相比，吉登斯并不是一位以空间研究著称的学者，但他对空间研究领域做出了巨大的理论贡献，时间和空间的理论视角贯穿于吉登斯理论体系的始终，时空观是其整个思想理论体系的核心内容之一。在他看来，无论是日常生活的时空秩序，还是更广阔范围的社会系统的时空秩序，在内在上是一致的，是相互影响的关系。⑤ 德国当代哲学家哈贝马斯理论视角中的公共领域也即公共空间，通过它搭建了对话交流的公共交往理性和审议民主可能实现的平台。20 世纪 90 年代以来，互联网和移动通信等新媒体技术的发展与运用，

---

① 转引自刘少杰主编《西方空间社会学理论评析》，中国人民大学出版社，2020，第 295 页。
② 〔美〕戴维·哈维：《后现代的状况——对文化变迁之缘起的探究》，阎嘉译，商务印书馆，2003，第 329 页。
③ 〔法〕米歇尔·福柯：《权力的眼睛：福柯访谈录》（修订译本），严锋译，上海人民出版社，2021，第 24 页。
④ 刘少杰主编《西方空间社会学理论评析》，中国人民大学出版社，2020，第 174 页。
⑤ 刘少杰主编《西方空间社会学理论评析》，中国人民大学出版社，2020，第 220 页。

激发了交往方式、社会空间、时间和权力结构领域的一系列变革。面对这种新形势，从信息主义角度出发，卡斯特（Manuel Castells）阐述了具有新颖内容和广阔视野的网络时空理论，为当代西方马克思主义空间理论研究树立了新的旗帜，产生了广泛的影响。卡斯特在他的《信息时代三部曲：经济、社会与文化》中论述了信息主义的时空理论。其认为，信息是一种趋势，是运作变化的趋势：基于信息技术的使用，像计算机网络一样进行（全球）组织，以及集中信息（符号）处理。结果信息资本主义的主导操作是在信息技术的帮助下，像网络一样的（全球）组织并基于信息（符号）处理。[①]

第二节　文化空间的概念

空间维度业已成为人文社会社会科学研究领域的显学，备受关注。多学科间的跨界与交叉派生出新的研究旨趣，出现了空间研究的"文化转向"和文化研究的"空间转向"两种趋势。一方面，在多元文化的倡导和人本主义思潮的推动下，文化与既有的各种学科发生了粘连，建筑设计、城市规划、地理学等空间学科同经济学、社会学、政治学、文化研究、文学研究等人文学科，与日俱增地交叉渗透，出现了"文化转向"的趋势，从文化角度对相关问题进行深入的分析和研究已成为各学科共同关注的焦点和方法论基础。另一方面，在"文化转向"的同时，各种人文社会科学研究亦经历了引人注目的"空间转向"，它被认为是 20 世纪后半叶知识和政治发展中举足轻重的实践之一。在后现代思潮的影响下，学者们开始关注各种空间议题，把以前给予时间、历史和社会的礼遇，纷纷转移到空间上来，与空间相关的议题大量进入人文社会科学研究领域，开始同建筑设计、城市规划、地理学等空间学科交叉渗透。20 世纪 90 年代以来出现的这场跨学科的文化转向和空间转型，可以称得上是一次重大的学术转型。学者们对"文化"和"空间"前所未有的重视，给文化研究注入了思想与阐释的新范

---

① 〔美〕曼纽尔·卡斯特主编《网络社会：跨文化的视角》，周凯译，社会科学文献出版社，2009，第 460~472 页。

式和新视野，有助于人们思考现实生活的复杂性和多变性。①

　　文化空间的谱系史，大约萌芽于海德格尔（Martin Heidegger）的演讲佳篇《筑·居·思》和《人，诗意地栖居》。② 在对场所与空间关系的哲学审思中，他深刻阐释了"人在其中的意义"，并将这种空间的终极解释归于"文化空间"，指称为人的诗意栖居。③ 海德格尔主张人与自然和谐统一的生态自然观，人不是"存在者"的宰制者而是"存在者"的守护者。美国人类学家克莱德·克拉克洪（Clyde Kluckhohn）和艾尔弗雷德·克鲁伯（Alfred Kroeber）曾将文化空间诠释为一种溯渊与历史的生活结构体系，包括语言、习惯、传统、制度，是有推动作用的思想、信仰和价值。④ 列斐伏尔在《空间的生产》中列举了众多的空间种类，诸如绝对空间、抽象空间、共享空间、具体空间等，其中也包括"文化空间"一词，这大概是语义学上"文化空间"概念的首次出现。⑤ 布迪厄在 20 世纪 70 年代聚焦城市空间消费文化的依附现象，他的"文化再生产"理论对社会和文化的动态关系有较强的解释力，文化能够通过连续的"再生产"维持自身平衡，文化的再生产活动可以延续，成为推动社会实践的策动力。⑥ 城市空间的消费文化即是经由这种人类实践活动的一般化特征重复着文化的"生产"与"再生产"。詹明信曾言判：文化趋变为"日益受到空间和空间逻辑支配的文化"。⑦ 至此，文化空间逐步成为文化研究的重要议题。

　　文化空间或称为文化场所，勃兴于 20 世纪 90 年代。联合国教科文组织在保护非物质文化遗产时发明并首先使用这一术语，起初是在人类学棱镜下的概念释义，特指非物质文化遗产的一种重要表现形式、类别、样态和

---

① 姜楠：《空间研究的"文化转向"与文化研究的"空间转向"》，《社会科学家》2008 年第 8 期。
② 《海德格尔选集》，孙周兴译，上海三联书店，1996，第 1188~1204、463~480 页。
③ 向云驹：《再论"文化空间"——关于非物质文化遗产若干哲学问题之二》，《民间文化论坛》2009 年第 5 期。
④ 王琳瑛：《乡村文化空间形塑及其发展政策义涵——以西北 C 村为例》，博士学位论文，中国农业大学，2019，第 33 页。
⑤ 陈虹：《试谈文化空间的概念与内涵》，《文物世界》2006 年第 1 期。
⑥ R. Brown, "Culture Reproduction and Social Reproduction," in *Knowledge, Education, and Cultural Changes.* London：Tavistock, 1971, pp. 56-59.
⑦ 〔美〕弗雷德里克·詹明信：《晚期资本主义的文化逻辑》，陈清侨等译，生活·读书·新知三联书店，2013，第 224 页。

形态。联合国教科文组织在 2001 年世界遗产中启动了《人类口头和非物质遗产代表作名录》补充项目，旨在传承和保护以人为本的不同地区民族的活态文化传统，以及由这些文化传统显现出的独特的文化空间。教科文组织宣布的"代表作"形式，一是定期发生的文化表现形式，如音乐或戏剧表演、宗教仪式或各类节庆仪式；二是文化空间，譬如从事纪念和宗教活动的场所和节日。其中提到了文化空间的概念和地位。

联合国教科文组织把文化空间（cultural spaces）定义为一个集中了民间或传统文化活动的地点，但也被确定为一般以某一周期（周期、季节、日程表等）或是某一事件为特点的一段时间。这段时间和这一地点的存在取决于传统方式进行的文化活动本身的存在。① 联合国教科文组织驻北京办事处文化官员爱德蒙·木卡拉（Edmond Moukala）曾对文化空间做了进一步解释："文化空间指的是某个民间传统文化活动集中的地区，或某种特定的文化事件所选的时间。在这里必须清醒认识到文化空间和某个地点的区别。从文化遗产的角度看，地点是指可以找到人类智慧创造出来的物质存留，像有纪念物或遗址之类的地方。文化空间是一个人类学的概念，它指的是传统的或民间的文化表达方式有规律性地进行的地方或一系列地方。"②

事实上，文化不仅限于时间的积淀，而且拓延为空间的存在。文化空间是社会空间的一种类型，是"自然的空间""精神的空间""实践的空间"三元同构的社会空间形式。因此，文化空间不应局限于人类非物质文化遗产的狭义范畴，并不仅仅是时间镌刻的历史记忆，而是过去、现在和将来的连续统。学界对"文化空间"的定义并不一致，除了人类学视野中非物质文化遗产的特定表现类别，还有学者从文化哲学、文化地理学、民俗和文化旅游学、社会治理和公共文化服务等角度进行了考察。

从文化哲学的视野考量，文化空间是人类世界的一种基本存在方式，是有别于物理空间和自然空间的意义空间。文化空间作为人的活动的广延性体现，规定着人生存和发展的阈限。就群体或社会的文化环境而言，一

---

① 换言之，这种空间可确定为民间或传统文化活动的集中地域，但也可确定为具有周期性或事件性的特定时间；这种具有时间和实体的空间之所以能存在，是因为它是文化表现活动的传统表现场所。

② 乌丙安：《民俗文化空间：非物质文化遗产保护的重中之重》，中国非物质文化遗产网，https：//www.ihchina.cn/project_details/8275。

个社会文化空间的大小，文化空间内人们权利分配与制衡是否合理，直接决定了这个社会中人的思维方式、行为方式、价值取向，进而决定此文化中人的自由程度。从某种意义上说，文化空间决定了人和文化的命运。文化空间包括器物层面、心理精神层面和制度层面等多个维度。一定文化空间的变化，必然影响人和文化的存在状态，随之而来的很可能是人们风俗习惯、价值取向、生活理念等的改变。许多文化空间是在历史中积存下来的，凝结着人们生活的智慧和力量，其中包括很多复杂、精致、实用的空间。它们快速地、大面积地、大规模地消失，不仅是对古人文化创造的不尊重，同时也伤害了生活在那里的居民的感情，更严重的是造成了人们对文化空间记忆的消失，使共同体失去了本体和文化积淀。①

有学者认为，文化空间是一个重要的文化地理学概念。② 它是被赋予社会文化意义的空间形式，是人及其文化赖以生存和发展的场所，是符号意义的空间再现，是将文化与空间有机融合的地理途径。③ 广义的文化空间是一种多元复合空间，包括社会文化、经济文化、生态文化及其空间场所等多个层面。文化空间的地理属性，使其成为旅游开发的空间场所和基础资源。④ 相应地，从民俗与文化旅游学角度进行考察，文化空间由民俗魅力、民俗环境及民俗气氛三要素构成，兼具时空性、活态性、展示性及开放性，由于旅游活动的介入，由原来居民的生产生活空间演变为当地居民与旅游服务人员的生活与工作空间，以及旅游互动的开展空间。因此，旅游地文化空间反映的是旅游地活态文化的生存与发展状态，而不仅仅是"物理性地域空间"和"旅游空间结构"。⑤

总之，文化空间附着于一定的地理单元之上，并非完全抽象的空间概念，有着相对清晰的地域边界，拥有实在的物理属性；是基于一定地理空

---

① 苗伟：《文化时间与文化空间》，《思想阵线》2010年第1期。
② 黄泰、保继刚、Geoffrey Wall：《基于文化空间解读的城市水上旅游组织策划模式研究——苏州环城河水上旅游案例分析》，《规划师》2008年第8期。
③ 蔡建明、林静：《中国新愿景下的文化与空间有机融合的地理途径与机遇》，《地理研究》2016年第11期。
④ 黄泰、保继刚、Geoffrey Wall：《基于文化空间解读的城市水上旅游组织策划模式研究——苏州环城河水上旅游案例分析》，《规划师》2008年第8期。
⑤ 李星明、朱媛媛、胡娟、时朋飞、LIU Juanita C.：《旅游地文化空间及其演化机理》，《经济地理》2015年第5期。

间场域的社会文化意义的动态呈现过程，富有迥异的文化属性；人是置身其中的行动者，社会关系借由人的社会实践反复进行生产与再生产，文化空间随即被社会关系所生产，继而又生产社会关系，表呈活态的实践属性。文化空间涵摄文化的时间性、空间性及实践性，与人类的生命尺度相关联；动态展演人类本身的发展、自身文化的延传，透射出关乎发展中文化的多样性、丰盈性、传递性、有机性、复杂性等人文意义。①

第三节　文化空间的属性

（一）文化空间的地域属性

任何事物都必须存在于一定的时间和空间中，人类文化也是如此。文化是人类不断改造自然、适应自然的过程中，逐步创造和积累的一系列物质和精神产品。文化空间也建立在一定的区域场所和空间范围之上，首先是一种空间类型，它决不能凭空产生，必须有相应的物质基础。土地、河流、砂岩、林草、空气等自然要素，庙宇建筑、广场街区乃至各种舞台等人工建筑物，都是构造文化空间必备的物理成分。如果离开了人的创造活动，任何空间就只能是一个纯粹的自然场所，不能成为人类世界的空间维度。只有与人的生产生活联系在一起的空间，才是可触可感的文化空间，才是具有地方感的地域空间。真实的文化与一定的地方息息相关，不论这个地方是大是小，地方之上则是创造文化空间的民族、国家、社会等人类集合体。正因为地方之上聚族而居的人类，文化空间才有了烟火味与人情味等富有文化情怀的特征。因此，文化空间对人来说才真正有意义。作为一种地方性存在，文化空间是实实在在的经验实体，虽然不能在范围或体量上具体划定，但总体上还是应该具有一定的边界范围。"从文化人类学的角度来看，'文化空间'应该有一个相对清晰的地域界定。"② 生态旅游区、民俗文化村、传统村落、历史街区等文化空间一般比较容易划定范围。对

---

① 王琳瑛：《乡村文化空间形塑及其发展政策义涵——以西北 C 村为例》，博士学位论文，中国农业大学，2019，第 26 页。
② 向云驹：《再论"文化空间"：关于非物质文化遗产若干哲学问题之二》，《民间文化论坛》2009 年第 5 期。

于歌场、庙会、转山等边界范围相对模糊的文化空间而言，就只能以文化主体操弄相关文化表征的实践及影响来圈定边界范围。

（二）文化空间的文化属性

文化空间是由根植于一个文化传统的标志性核心文化统领的综合性文化丛，具有鲜明的文化属性。文化空间的文化属性是自然空间经过人化的结果，是人积极应对自然、适应并改造自然的一系列观念、技术与精神的智慧产出。"只有空间化的文化才是具体的文化，没有地点和场所的文化，是一种抽象的文化。这种空间具体性和人的归属有直接的关系，人在其中生活形成自我统一性。这种自我统一性必须具有空间性。文化与空间的关联导致文化和人的一定生存方式的一致性，形成了文化认同，文化身份认同。"① 人与动物可以共享一定的自然空间，但人与动物最大的区别是，人具有独特的创造能力，可以根据人的自我需要，按照人的标准空间化地创造并传承各种文化，其中有直接促进生产力的生产性技能，有规约自我社会的文化习俗和制度，有塑造精神、熏陶情操、寄托感情的哲学、宗教与艺术。正是由于这些文化的创造和传承，生活在文化空间里的人才有了文化身份归属，成为一个真正意义上的人。文化空间的文化及其表现，无论是城市发展积淀为符号的历史街区文化空间，还是以生产经营及消费为核心的技艺文化空间，抑或是以宗教信仰为诉求的庙会文化空间，都有旗帜鲜明的标志性民俗符号。这些民俗符号以物质或非物质的形式占据着显要位置，而人以这些符号为中心进行一系列空间化的文化实践，实现社会化的空间实践。在此可以看到，文化空间并非处处存在，不是有人的地方就是文化空间，否则极有可能陷入"泛文化空间论"的陷阱。文化空间里的文化应该是拥有一定文化史的文化积淀场域，且对该文化空间有直接关系的人具有举足轻重的作用。因而，文化空间即使不是一座文化富矿，也是一个文化富集地。

（三）文化空间的社会属性

文化空间是人的承载物，是人的身体化的容器，是群居社会的社会化

---

① 强乃社：《文化的空间维度》，《华中科技大学学报》（社会科学版）2011年第3期。

生产与再生产的过程及后果，文化空间具有鲜明的社会属性。"它是一种人化空间，是社会组织、社会演化、社会转型、社会交往、社会生活的产物，是人类有目的的劳动应用。"①人是一种群居性高等动物，自古至今靠集体的力量生存和发展，仅靠个人力量无法生存，更谈不上发展。无论是在原始社会还是现代社会，无论是传统的谋生方式还是现代生产方式，都依赖于人与人之间的协作。空间无论大小，对人而言皆具有社会性，人自出生之日起，即使还没有实现社会化，也必须与其他人一起共享空间。因此，文化空间是一个集体的，而非个体的空间。人与动物的根本区别在于文化，文化现象是人类社会的独有特征。人类必须经过很长时间并占据相应的地理空间，才能形成文化空间。人只有以集体为单位组织一系列文化表现来激活和贮存文化记忆，才能实现文化认同与社会凝聚，人类社会才能因此获得生存和延续。文化空间周期性的文化表现，是对社会及其成员的核心文化招引。无论是祈吉禳灾的信仰诉求、娱神娱人的文艺展演，还是商贸往来的获利诉求，文化空间都充满了具有蓬勃生机与活力的社会互动。与此同时，在文化空间的相关活动中，所有机构、神职人员、文艺分子以及广大观众都有分工并各司其职，以保证精彩纷呈的公共性文化展演等活动顺利举行。文化空间还有助于淡化个体观念，增强集体观念，促进社会共同体意识的构建。

第四节　文化空间与政治权力

文化空间是一种日常生活世界的空间实践与文化表征，代表着社会基本物质的向度与社会关系的存在，重塑着社会内部权力结构与运行机制。文化空间还是社会行动与关系网络的前提、媒介、产出和再现。文化空间运行着话语与意识形态柔性权力逻辑，展现着文化政治的隐形权力机制。

（一）文化空间与文明冲突

在一定的民族国家的疆域范围内，有限的空间资源如果不能满足市场

① 〔美〕苏贾：《后现代地理学——重申批判社会理论中的空间》，王文斌译，商务印书馆，2007，第405页。

经济条件下资本无限增殖的冲动与需求，必然会突破固有空间的局限、不断拓展出新的空间和资源，进而生产出与农业文明大不相同的工业文明和文化空间，表征传统的文化空间因此成为工业时代或现代社会人类传统文明的遗迹。由于现代化的生产方式，在国家范围内催生出了农村与城市的差异，在全球范围内出现了中心与边缘的区分。物质空间的差异不断生产与再生产出各种不同的社会关系与生活方式。社会关系与生活方式的不同，自然而然会形成具有差异性的文明形态或文化空间。于是，在民族国家，出现乡村文化空间与城市文化空间的内容差异；在全球范围内，形成所谓的西方与非西方等文化空间的分野。在某种程度上，这种文化空间的差异化、等级性与矛盾性与塞缪尔·亨廷顿所言的"文明的冲突"有契合之处。

（二）文化空间与经济支配权

在文化空间发展战略中，蕴含着理性力量的规划建构和理性官僚技术的权力组织结构，运行着捍卫经济支配权的文化霸权，充斥着空间的占据、征服、管理与整合的行动。文化空间变成工具性的生产策略，代替了纯粹的物质生产进而成为经济社会可持续性的基础。文化空间的消费具有生产性，服务于整个文化空间运行的实践环网，实现资本在统治与剥削关系中的自我扩张。生产性的主体消费作为文化空间运行的重要环节就凸显出来，文化空间的消费为经济地位和金钱占有所支配，产生"文化资本"占有的不公，乃至一个阶级主宰另一个阶级的文化霸权。固有的不公正的社会关系结构通过文化空间的生产并在工具性的文化空间中得到维持和延续。文化空间成为阶级再生产和统治的工具，展现了统治与服从的权力关系，容纳着支配性的经济社会关系。① 文化空间是一种工业时代被广泛使用的政治工具或媒介，"也就是说，它是某种权力（比如，一个政府）的工具，是某个统治阶级（资产阶级）的工具，或者一个有时候能够代表整个社会，有时候又有它自己的目标的群体的工具，比如技术官僚"②。

（三）文化空间与符号政治

文化政治学发生着符号政治学的意义争夺。文化空间的生产是生产者

① 李山：《文化空间治理：作为文化政治的行动策略》，《学习与实践》2014年第12期。
② 〔法〕亨利·勒菲弗：《空间与政治》（第二版），李春译，上海人民出版社，2008，第30页。

始终在特定文化空间内的再生产过程。在此过程中，生产者时刻面临着"真实的"解码与重新地编码：生产者不断在特定文化模式与特定社会角色的基础上，按照自我理解与主观诠释对已经存在的文化产品或文化空间进行意义的解码，形成生产者所谓"真实的"文化内涵的占有与文化产品再生产所需要的编码材料或信码的储备。生产者会对已存在的信码进行过滤与筛选，抹去某些不合宜的真实，再添加自己的价值、理解、想象、欲望以及偏好等，并用自己的方式进行文化空间的重新编码，实现文化空间及其意义的再生产。文化空间以可检视与可阅读的形式预设了生产者的话语体系和意识形态构想，隐现着权力关系的纹理与权力流动的脉络。城市设计规划、社区建设方案、博物馆、雕塑、标志性与纪念性建筑、图书馆乃至语言的机构无不渗透和彰显着特定社会主导性文化的霸权、规划设计者的意志与文本叙事者的价值。文化空间的消费不是消费者被动消费文化产品的过程，而是消费者主观主体性的再解码与意义再建构的过程。由于文化空间的生产者与消费者在文化身份与符码意义等诸多方面的差异性，在文化空间的消费过程中，不断上演着生产者与消费者之间对文化产品意义的误解、曲解与丢失，发生着文化作品话语体系及其意义的再建构过程中的支配、抵抗与斗争。在符号政治学意义上，文化空间成为政治权力斗争的新疆域，成为意识形态争夺与文化权力运行的新场域。

（四）文化空间与身份政治

文化空间蕴含着差异政治学的身份认同话语。爱德华·萨义德曾指出，在某一特定区域生活的一群人总会在地理区域内，特别是在文化上设定自己特定的共同边界，似乎在某种程度上试图以否定性方式确立"我是谁，我属于谁"的身份认同。由于文化身份"反映了共同的历史经验和共有的文化符码，为我们提供了变幻的历史经验之下稳定不变和具有连续性的意义框架"[①]，文化身份认同自然成为人们身份认同的内在根基。文化身份认同总是在文化空间的可能性社会实践、社会关系及在此基础上的现有符号和观念中不断地生产、重塑与再造，最终在每个人的脑海中形成一个在文

---

① 〔英〕斯图亚特·霍尔：《文化身份与族裔散居》，载罗钢、刘象愚主编《文化研究读本》，中国社会科学出版社，2000，第211页。

化上维系身体认同的"想象的共同体"。文化空间成为输送着文化身份差异性区分与界定社会关系中所产生与强化身份认同力量的场域、载体或媒介，产生着共同体的想象，维系着特定群体的团结、存在与发展。隶属不同文化范畴的人们，运用文化身份的分类，经由文化空间的区隔，实现自我与他者的区分，从而产生出所谓中心与边缘的差异性对立的政治过程。例如，随着全球化的快速推进，对于流动性极强的居民而言，乡土性文化和移居地文化都成为陌生意象，已经不再是存在的"切实"，而是建构的"想象"，他们生活在切实与想象间游移的文化空间之中。正如拉什迪（Salman Rushdie）所言，"肉体的疏离意味着我们永远无法找回失去的东西，'家'不只是真实的村庄和城市，还永远存在我们的想象中"①。文化空间存在文化身份的表征、想象与再现的辩证发展，文化身份则经历着混杂、交叠与碰撞，继而不断重整、再造与重建，展现出相异的认同力量间的冲突、抗争与融合的政治过程。②

（五）文化空间与社会治理

从社会治理角度看，文化空间是广义上的某种文化在相当范围内的集中体现。③ 在文化空间中，不断地形成空间的政治社会化与政治社会的空间化的交织性文化网络，展现文化政治的运行逻辑，进行文化权力的尖锐斗争。因此，文化空间不可避免地成为文化政治学的重要范畴，而"文化空间治理"可以成为政治行动的重要策略，成为文化治理的重要组成部分，成为国家乃至社会整合与建构的重要工具和文化政治的空间向度。④ 对国家公共文化服务来说，文化空间是文化建设的一个基本向度和基本场域，同时也是文化建设的归宿和出发点。可以说，公共文化服务体系建设是文化空间生产实践的一种现实经验表达，⑤ 理应将"文化空间"置于超越非物质

---

① Salman Rushdie, *Imaginary Homelands in Essays and Criticism 1981 - 1991*. London：Aranta Books，1991, p. 9.

② 李山：《文化空间治理：作为文化政治的行动策略》，《学习与实践》2014 年第 12 期。

③ 孟航：《文化实践与当代中国三个维度下的文化空间》，《福建论坛》（人文社会科学版）2014 年第 8 期。

④ 李山：《文化空间治理：作为文化政治的行动策略》，《学习与实践》2014 年第 12 期。

⑤ 方坤：《重塑文化空间：公共文化服务建设的空间转向》，《云南行政学院学报》2015 年第 6 期。

文化遗产的宏大框架中进行再观照。[①]

（六）文化空间与意识形态

文化空间不是简单的空间存在形式，而是一种意义的象征。道观、寺院、庙宇等文化空间，不仅是一些古建筑，还向人们传达着文化理念、价值取向、审美旨趣。大街小巷的肯德基、麦当劳、星巴克，不仅仅是简单的连锁店，更向人们输出了生活方式、价值观；天安门广场、人民大会堂，也不仅是人民集会的场所，还象征着人民当家做主的地位和尊严。文化空间作为人的一种对象性存在，在文化向人而化的非对象化过程中，扮演着极其重要的角色。文化空间的断裂、消失，同样可能造成一种文化的消亡。就此而言，保护中国优秀传统文化，实现中华文化的伟大复兴，就有必要在文化空间方面下功夫、定措施，把文物古迹保存下来，因为这些作为客体形式的文化遗存，直接与民族文化的生存根基相连。同时，在社会主义现代化建设过程中，要创造表征时代特色、反映中国气派而又符合世界潮流的文化空间样式，决不能盲目地追求现代化的高楼大厦，因为任何创造只有立足于文化创造的根基之上，才能成为人们欣然接受的存在的一部分。[②]

---

① 伍乐平、张晓萍：《国内外"文化空间"研究的多维视角》，《西南民族大学学报》（人文社科版）2016 年第 3 期。
② 苗伟：《文化时间与文化空间》，《思想阵线》2010 年第 1 期。

第八章　政治仪式

作为一种重要而普遍的实践活动，政治仪式是一道引人瞩目的政治景观，它"在任何社会中都是十分重要的，（正是）通过象征性的传播方式，政治权力关系（才）得以广泛表达和调整"①。尽管政治仪式十分普遍而重要，但"某种政治仪式理论还尚未凸现出来"②。而且，"学者们对政治仪式研究的重要性关注不足"，即便在政治学领域中，也"为学科主流所忽视"③。在本章中，将通过对学术界关于政治仪式研究的梳理和总结，对政治仪式作一个总体性介绍。

第一节　政治仪式的内涵和特征

一　政治仪式的内涵

自人类学创建之初，"仪式"便是其重要研究内容。一些重量级的人类学家或社会学家都对仪式进行了深入研究，并从各自不同的关注点和角度来界定仪式的内涵。在此，我们选取其中一些具有代表性的观点。譬如，韦克斯勒（Howard J. Wechsler）认为，仪式是"一种象征性的陈述形式"④。大卫·科泽（David I. Kertzer）指出，仪式是"一种体现社会规范的、重复性的象征行为"⑤。不同于从形式特征来界定仪式，尼克·库尔德里（Nick Couldry）和特纳（Victor Tumer）从核心内容来界定仪式。尼克·

---

① David Kertzer, *Ritual, Politics and Power*. New Haven: Yale University Press, 1988, p. 178.
② 〔美〕兰德尔·柯林斯：《冲突社会学中的迪尔凯姆传统》，载杰弗里·亚历山大编《迪尔凯姆社会学》，戴聪腾译，辽宁教育出版社，2001，第164页。
③ David Kertzer, *Ritual, Politics and Power*. New Haven: Yale University Press, 1988, Preface.
④ H. J. Wechsler, *Offering of Jade and Silk*. New Haven: Yale University Press, 1985, p. 2.
⑤ 〔美〕大卫·科泽：《仪式、政治与权力》，王海洲译，江苏人民出版社，2015，第11页。

库尔德里认为，"仪式是一种对有的放矢的模式化行为的自发表演，用以符号性地生成或参与庄严的生活"①。特纳指出，"仪式就是人们不运用任何技术程序，而求助于神秘物质或神秘力量的信仰的规定性正式行为"②。涂尔干（Emile Durkheim）和贝尔（Daniel Bell）则从仪式的功能意义对仪式内涵进行了阐明，涂尔干说："仪式就是要唤醒某些观念和情感，把现在归为过去，把个体归为群体。"③ 贝尔认为，仪式是文化呈现的一种方式，文化通过仪式"以想象的表现方法诠释世界的意义"④。

在政治范畴中，尽管仪式产生得很早，但直到 20 世纪早期才进入普遍的学术视野。应该说，此前研究者们对于仪式及相关问题的研究，为后来的进一步研究提供了重要的参照和基础，不少研究者也是直接参照此前对仪式的界定来理解政治仪式的内涵。譬如，兰德尔·柯林斯（Randall Collins）认为，政治仪式"是把群体聚集起来，集中群体注意力，增强群体感情，表现群体特点的象征物"⑤。郝宇青认为，"政治仪式是指一种体现政治生活领域规范的、重复性的象征行为"⑥。曾楠、张云皓进一步指出，政治仪式"是在特定时空，以特定操演凸显特定主题展开的象征性活动"⑦，"是规范化、程序化的具有记忆生产与再生产、观念生产与再生产、权力生产与再生产功能的象征性活动"⑧。客观地说，直接从仪式的内涵导出对政治仪式的界定，能够在一定意义上反映政治仪式的内涵，也没有明显错误，但没有凸显政治仪式区别于其他类型仪式的显著特征，也就不能清晰完整地呈现政治仪式的特有内涵。

---

① 〔英〕尼克·库尔德里：《媒介仪式——一种批判的视角》，崔玺译，中国人民大学出版社，2016，第 28 页。
② Victor Tumer, *The Forest of Symbols*: *Aspects of Ndembu Ritual*. Ithaca: Cornell University Press, 1970, p.19.
③ 〔法〕爱弥尔·涂尔干：《宗教生活的基本形式》，渠敬东、汲喆译，商务印书馆，2011，第 521 页。
④ 〔美〕丹尼尔·贝尔：《资本主义的文化矛盾》，赵一凡、蒲隆、任晓晋译，生活·读书·新知三联书店，1989，第 30 页。
⑤ 马敏：《政治象征》，中央编译出版社，2012，第 114 页。
⑥ 郝宇青：《当下中国政治仪式的去神圣化及其应对策略》，《探索与争鸣》2018 年第 2 期。
⑦ 曾楠：《政治仪式建构国家认同的理论诠释与实践图景——以改革开放 40 周年纪念活动为例》，《探索》2019 年第 3 期。
⑧ 曾楠、张云皓：《政治仪式：国家认同建构的象征维度——以庆祝中华人民共和国成立 70 周年大会为考察对象》，《云南民族大学学报》（哲学社会科学版）2020 年第 6 期。

政治仪式区别于其他仪式类型的显著特征，在于"政治"。进而言之，"政治"不仅是政治仪式与其他类型仪式相区分的一个限定词，也是理解政治仪式内涵的重要切入点和突破口。基于此，国外研究者们开始从"政治"角度切入并结合仪式的内涵来界定政治仪式。其中，最有名的是大卫·科泽对政治仪式的界定，他说："作为一种处理权力关系的象征系统，政治仪式被视作存放权威性资源的仓库和生产权威性资源的工厂，其中的各种政治力量通过象征资源的存放、生产、调控和分配等各种方式参与争夺。正因为如此，在政治生活中，政治仪式除了存放和生产象征这种权威性资源外，其本身既是权力争夺的目标，也是用于权力争夺的利器。"[1] 我们可以从三个层次来理解科泽对政治仪式的界定：第一层次，政治仪式是处理权力关系的一种象征系统，也可以作为观察权力关系运作的一种视角；第二层次，在政治仪式的生产和运行中，出现了各种政治力量相互角逐和争夺的景象；第三层次，政治仪式本质上是各种政治力量争夺权力的工具和利器。

受大卫·科泽等人的影响，国内一些研究者也注意到政治仪式的政治本质，进而将对政治的理解引入对政治仪式的理解和界定中。王海洲是这方面具有代表性的学者之一，他做了大量研究，认为政治仪式是一种以处理政治生活中权力关系为主要职责的象征系统，围绕象征展开的争夺、塑造、呈现和生成是政治仪式的基本行动策略，[2] 其宗旨在于"以政治文化塑造和呈现价值系统，宣传政治理念和意识形态，推动政治动员和政治参与，以及提供社会成员的行为准则并培养信仰和忠诚"[3]。除王海洲外，其他一些研究者也对政治仪式做了类似定义。例如，廖小东认为，政治仪式是以一定的信仰为基础、带有明显的权力属性，具有一定的强制规范性的展现、传递或强化某种政治意义的仪式。[4] 任剑涛认为："政治仪式是指政治生活的一种方式，主要依靠心理、情感、认知的象征性活动实现权力认同、政治团结与权威建构。"[5] 杨雪冬认为："政治仪式的建构绝不是某一种力量单

---

① David Kertzer, *Ritual, Politics and Power*. New Haven: Yale University Press, 1988, p. 79.

② 王海洲：《后现代视域中的政治仪式——一项基于戏剧隐喻的考察》，《南京大学学报》（哲学·人文科学·社会科学版）2010 年第 2 期。

③ 王海洲：《政治仪式的权力策略基于象征理论与实践的政治学分析》，《浙江社会科学》2009 年第 7 期。

④ 廖小东：《政治仪式与权力秩序》，博士学位论文，复旦大学，2008，第 4 页。

⑤ 任剑涛：《仪式政治的古今之变》，《探索与争鸣》2018 年第 2 期。

独决定、强硬施加的……而必然是多种力量互动、多种资源融合的结果。"①
宋斌、黄伟力认为："政治仪式是由政治组织或政治人物发起，为达到一定
政治目的或表达某种政治意愿和理念而进行的象征性活动，是社会政治生
活的重要组成部分。"②

国内外学者从"政治"角度切入对政治仪式的诸多界定，虽然嵌入了
仪式的内涵与特征，也凸显了政治仪式的政治属性，但要么过于复杂，要
么抓不到关键。基于此，我们在吸收既有成果的基础上，对政治仪式重新
进行了界定：政治仪式是指政治权力主体为唤醒人们的政治情感和塑造人
们的政治观念进而影响和促进权力关系，借助特定社会的神圣物质或神秘
力量所发起或展开的具有象征意义的行为系统。

二 政治仪式的特征

作为一种典型的政治行为或活动，相对其他的人类行为或活动而言，
政治仪式具有十分鲜明的特征。政治仪式的特征主要包括象征性、确定性、
神圣性、强制性。明确政治仪式特征，有助于增强人们对它的认识和理解。

第一，象征性。"从来没有无缘无故的仪式，仪式都是为了某种特殊的
意义而举行。"③ 在（政治）仪式中展现或实现某种特殊意义是通过象征来
完成的。因此，一切政治仪式都在"使用象征，使现实世界和想象直接合
二为一"④。换言之，所有的政治仪式都具有象征性。政治仪式的象征性意
味着一切政治仪式都是具象和抽象的统一，呈现为具象的实体，折叠为抽
象的虚体。进言之，具象是政治仪式的直观呈现，而抽象是隐藏在政治仪
式背后的本身并不直观展现的有效信息和相关主体的真实用意，有效信息
和真实用意是一种"社会建构的产物"，"用来概述和凝练经验、情感和信
仰"⑤。在政治仪式的运作中，人们看到的是具象，是实实在在的事物。如
果仅仅停留于具象，人们就无法完全理解政治仪式。由于政治仪式背后的

① 杨雪冬：《重构政治仪式 增强政治认同》，《探索与争鸣》2018 年第 2 期。
② 宋斌、黄伟力：《延安时期中国共产党的政治仪式与信仰塑造》，《上海交通大学学报》（哲学社会科学版）2021 年第 3 期。
③ 叶娟丽：《从仪式到仪式政治》，《探索与争鸣》2018 年第 2 期。
④ David Kertzer, *Ritual, Politics, and Power*. New Haven：Yale University Press, 1988, p.86.
⑤ Charles Elder & Roger Cobb, *The Political Uses of Symbols*. New York：Longman, 1983, pp.28-29.

有效信息和真实用意是特定主体人为地赋予政治仪式的，是建立在人们的心理认知基础上的，是由人们共同的想象驱动的。因此，政治仪式既会让人们一致地理解和把握政治仪式背后的有效信息和真实用意，也会给人们提供一种能够产生不同理解和把握的想象空间。

第二，稳定性。政治仪式的建构及运行有着稳固的社会心理基础。因此，政治仪式一旦被确定后，就会存在相当长的一段时间。除非政权发生更迭或发生较为激烈的政治变革，政治仪式一般不会很快地退出历史舞台。越是稳定的政治仪式，越是能够在社会大众心里产生持久的共鸣，从而对大众的政治认知和政治情感产生持久影响。而且，对于一个统治集团来说，政治仪式变化频繁本身也不是好的征兆。所以，建构政治仪式的主体不会按照自己的喜好随意更新政治仪式，更不允许其他主体随意地篡改特定历史时期的政治仪式，而是会努力维持政治仪式的稳定和纯粹。只有当特定的政治仪式完成了既定的历史使命，或者当特定的政治仪式不能适应新的社会发展环境时，政治主体才会进行新的政治仪式的建构。

第三，神圣性。政治仪式包含着具有特殊意义的圣物和神力，能够唤醒和强化人们内心的情感并转化为一个共同体的整体性信仰。所谓整体性信仰，就是共同体成员在面对政治仪式时，会表现出对政治仪式的无条件认同和信奉。人们不会质疑政治仪式，至少不会公开地亵渎，而是会将其作为生活乃至生命中一个十分重要的组成部分，始终放在很高的位置，并用实际行动去维护和捍卫。当发现有人亵渎政治仪式时，人们会与其进行坚决的斗争，即使付出代价也心甘情愿。总之，政治仪式通过在共同体中确立一种整体性信仰而成为"一种阻碍批判性思维的方式"[1]，使人们在面对政治仪式时更多地保持感性而非理性，这不仅体现了政治仪式的神圣性，也在很大程度上保证了政治仪式的神圣性。

第四，强制性。政治"仪式并非权力的面具，它本身就是一种权力"[2]。所谓权力，是指一方相对于另一方拥有某些方面的优势进而对另一方拥有

---

① 〔美〕大卫·科泽：《仪式、政治与权力》，王海洲译，江苏人民出版社，2015，第98页。

② D. Cannadine, "Introduction," in D. Canandine & Simon Price (eds.), *Rituals of Royalty: Power and Ceremonial in Traditional Societies.* Cambridge：Cambridge University Press, 1987, p. 19. 转引自〔美〕克利福德·格尔茨《文化的解释》，韩莉译，译林出版社，1999，第195页。

的支配力、控制力、影响力。政治仪式对人们拥有的支配力、控制力、影响力是隐形的。但正因为是隐形的，政治仪式对人们拥有的支配力、控制力、影响力才是非常强大的。进言之，面对政治仪式，不管是个人还是群体，都无法抗拒。政治仪式的运行相当于给人们不停地发送隐形指令，它指挥着人们能够做什么和不能够做什么、应该做什么和不应该做什么。人们只能按照政治仪式传递的指令行动，至少不能明显地违背政治仪式的意图。如果违背政治仪式的旨意而行动，就会受到政治仪式所驱动的共同体的惩罚。总之，面对作为权力的政治仪式，人们不可能拥有独立的观念和独自的行动。

第二节 政治仪式的类型

在日常生活当中，人们可以见到纷繁复杂的政治仪式。这些政治仪式既有共性又有差异性。

第一，根据政治仪式的属性，可以将之划分为宗教性政治仪式和世俗性政治仪式。

宗教性政治仪式。宗教具有神秘力量，这为政治仪式提供了天然的场所。因此，现实的政治统治集团或与宗教联姻，或直接化身为宗教代言人，建构和运行政治仪式。在宗教性政治仪式中，特定的政治主体总是把自己的政治安排说成是上天的要求，从而赋予其神圣性和合法性，如中国古代皇帝圣旨中的"奉天承运"、西方古代的图腾祭祀活动等。

世俗性政治仪式。世俗性政治仪式不再依托于宗教神秘力量来为自己赋能，而是转向实体。世俗性政治仪式主要是统治集团通过情绪调动、情感激发和精神凝聚，在共同体和个体之间建立理性的心灵沟通，从而达到维系统治和维护社会安定团结的目的，如当选者举办就职典礼、清明黄陵祭祖活动等。

第二，根据政治仪式的内容，可以将其划分为主题性政治仪式、礼仪性政治仪式、纪念性政治仪式、通过性政治仪式。

主题性政治仪式。主题性政治仪式是指就某一特定主题开展的政治仪式。譬如，主题党日活动、党员过"政治生日"等。主题性政治仪式一般比较灵活，没有特别高的要求，只要有需求即可举行。也就是说，普通的政治主体也可以在有需求时举行主题性政治仪式，对举行的时间、地点、人员要求不高。

礼仪性政治仪式。礼仪是一种用来确定人与人或人与事物之间关系的行为方式。那么，礼仪性政治仪式是指为向某个主体（国家、民族、政党、国家领导人等）表达敬畏与尊尚之意而举行的政治仪式。比如，升国旗仪式、国际交往中为到访的领导人举行的欢迎仪式等。礼仪性政治仪式的要求较高，进一步来说，并不是所有的人与人或人与事物之间关系的确定都可以举行礼仪性政治仪式，只有那些相对崇高的人与人或人与事物之间关系的确定才可以举行礼仪性政治仪式。

纪念性政治仪式。纪念性政治仪式是专门为纪念某个历史事件或历史人物开展的政治仪式。比如，纪念世界反法西斯战争胜利纪念日、孔子诞辰纪念活动等。纪念性政治仪式指向的是过去，唤醒的是现在，展望的是未来。在纪念性政治仪式中，通过对历史事件或历史人物的纪念而获得服务于现实的资源和力量。由于纪念性政治仪式中的历史事件和历史人物在不同时代会有不同的理解和评价，即被选择性利用，因此，同一的纪念性政治仪式在不同背景下也会有不同的意义。

通过性政治仪式。通过性政治仪式是对特定主体的任职、结业等进行公开认证并予以通过的政治仪式。通过性政治仪式是较为常见的一种政治仪式，如新当选的政治领导人或新任官员宣誓就职典礼、党校学生的毕业典礼等。在通过性政治仪式中，"每一个社会职位都至少有一些神圣之处。但是这种'神圣'的成分是任职者在通过仪式上获得的，在仪式上，他们的地位得到了改变"[1]。

第三节　政治仪式的变迁

"自以权力为核心的政治社会形态存续之日起，政治仪式便从未缺席。"[2] 据《史记·封禅书》记载："禹收九牧之金，铸九鼎。皆尝亨鬺上

---

[1] 〔英〕维克多·特纳：《仪式过程：结构与反结构》，黄剑波、柳博赟译，中国人民大学出版社，2006，第97页。

[2] 曾楠、张云皓：《政治仪式：国家认同建构的象征维度——以庆祝中华人民共和国成立70周年大会为考察对象》，《云南民族大学学报》（哲学社会科学版）2020年第6期。

帝鬼神。遭圣则兴，鼎迁于夏商。周德衰，宋之社亡，鼎乃沦没，伏而不见。"① 可见，政治仪式的产生和发展有着悠久的历史。从宏观上讲，整个人类的政治社会发展历史可以简化为三个阶段，即国家产生初期、专制统治时期、民主政治时代。因此，我们将从这三个历史阶段来简要论述政治仪式的变迁。

一 国家产生初期的政治仪式

国家不是从来就有的，是人类社会发展到一定阶段后产生的。在国家产生初期，尽管生产力水平有所提高，对自然界的认知能力有所增强，但人类对于自然界的很多现象仍然无法给出合理的解释，而认为是一种神秘的力量暗中施法的结果。而且，许多民族都将自己的生存空间视为上天的恩赐，将生产和生活与神进行联结。在这样的背景下，政治统治者也离不开对神秘力量的信仰和依赖，代表人民与神秘力量进行超乎想象的联系，以求得天恩保障风调雨顺、国泰民安。此时，政治与宗教之间展现出极强的关联，政治仪式与宗教行为是一体的——宗教仪式是政治仪式，政治仪式也是宗教仪式。比如，在古希腊，为了给小规模政治体的延续提供精神命脉以及给家庭生活秩序与政治权力依托提供神性力量，普遍实行的是一种家庭宗教的家火制度;② 在中国的夏商周时期，为了彰显现实权力独一无二的权威性，同时维持并强化统治者的统治地位，在官僚系统中设有巫、史、祝、卜，并将祭天与祭祖连贯起来。③ 总之，国家产生初期政治仪式所体现的是人的基本需求，是"与人类生存的基本问题联系在一起"④ 的。

二 专制统治时期的政治仪式

在人类进入政治社会以后，专制统治时期存续的时间是最长的。在专制统治时期，政治仪式可谓绵延不绝。和国家产生初期相比，虽然此一时

---

① 司马迁:《史记》卷28《封禅书第六》，中华书局，2014，第1638页。
② 〔法〕库朗热:《古代城邦——古希腊罗马祭祀、权利和政制研究》，谭立铸译，华东师范大学出版社，2006，第15~27页。
③ 〔以〕尤锐:《展望永恒的帝国——战国时代的中国政治思想》，孙英刚译，上海古籍出版社，2013，第21~35页。
④ 李路曲:《政治仪式功能的变迁》，《新视野》2012年第6期。

期的政治仪式也有宗教的身影，即存在宗教性政治仪式，但已经远远地超过了宗教的范畴，宗教在其中所占的比重以及发挥的作用大大降低。而且，统治者举行的少量的宗教性政治仪式也不单是为了与天沟通进而求得天恩以保障风调雨顺、国泰民安，而主要是为了论证"君权神授"的合法性与正当性。进一步来说，除了存在少量的宗教性政治仪式之外，专制统治时期更多的是一些用以炫耀王权、威慑社会的政治礼仪。比如，在"明分使群"的中国古代政治生活中，"制礼义以分之"，制礼以明确政治层级制度，制义（仪）以成就礼制。"国家大事，君主之主要责任，不外乎制'物'以定'轨'。"① 此时，政治仪式成为强化政治统治的重要手段和巩固王权的有效工具。正如路易十四提及其加冕仪式时所说的，这使王权"更令人敬畏、更不可侵犯、更加神圣了"②。

三　民主政治时代的政治仪式

人类长期的专制统治终结于人民之手。近代以来，"主权在民"从一种宣传和动员的口号变为社会现实。人民掌握着国家的权力，并直接或间接选举出政治领导人来代表其行使权力和治理国家。在民主政治时代，统治者是由民众直接或间接选举产生的，在行使权力的过程中全程接受民众监督和问责，政治统治具有根本的合法性和正当性，因此，统治者不再将主要精力放在建构和运行特定的政治仪式以论证自己掌握和行使的权力具有合法性和正当性上，而是努力建构和运行能够传递民主、平等、公平、正义等现代价值的政治仪式。同时，在民主政治时代的政治仪式建构和运行，越来越重视民众的参与和体悟，在很多情况下，民众代替统治者成为政治仪式的主角。当然，在民主政治时代，尽管统治者不用担心权力来源的正当性与合法性，但由于统治者在代表人民行使权力的过程中不能做到尽善尽美，也会在一定场合履行和举办一些能够反映、彰显或放大自己的政治承诺和治理绩效的政治仪式，通过构建绩效合法性以争取民众更多的理解和支持。

---

① 杜正胜：《古代社会与国家》，（台北）允晨文化出版公司，1992，第735页。
② 〔英〕彼得·伯克：《制造路易十四》，郝名玮译，商务印书馆，2007，第48页。

第四节　政治仪式的结构

作为一种系统装置，政治仪式是由多种要素构成的复合结构。就政治仪式的结构要素而言，不同学者有不同的看法，在此不妨列举几个代表性观点。特纳认为，政治仪式主要由物体、行动、关系、事件、体态和空间单位等要素构成。① 王海洲提出"时间、空间、人员、器物"等是政治仪式的基本内置。② 吴乔提出，"知识、权力、空间与信仰"是（政治）仪式的基本要素。③ 在此，我们综合以上几种界说，从时间、空间、人员、器物、环境等五个元素来阐述政治仪式的结构。

第一，时间。时间既述说着个体的经历，也记录着"整个人类的实存"④。那么，时间不仅是一种物理意义的刻度，也是社会意义的收纳箱。保罗·皮尔逊所讲的"有系统地把特定时刻（包括当下）定位在长时间段内完成的事件和过程的时间秩序之中"⑤ 就是最好的诠释，即特定时刻展现着时间秩序中特定事件的特殊意义，或者说，特定时刻让特定事件在时间秩序中具有特殊意义。因此，政治仪式与时间密切相关，甚至受到时间的严格限制。对政治仪式来说，有些时间是提前设置好的。在没有政治仪式之前，决定政治仪式的时间就产生了。这样的时间是不能随意变换的，而只能严格按照既定的时间来建构和运行政治仪式；有些时间需要精心挑选，因为时间不仅关系着政治仪式运行的自然条件，还关系着政治仪式背后的深意。进一步来说，在天气不具有社会意义而只是作为一种自然条件的情况下，晴天的时间当然成为首选。在天气本身被赋予特殊社会意义的情况下，晴天或雨天雪天的时间就只能根据需要选择。不管是前者还是后者，

---

① 〔英〕维克多·特纳：《象征之林：恩登布人仪式散论》，赵玉燕等译，商务印书馆，2006，第20页。
② 王海洲：《政治仪式：权力生产和再生产的政治文化分析》，江苏人民出版社，2016，第110页。
③ 吴乔：《仪式的要素与仪式研究》，《世界民族》2013年第3期。
④ 〔法〕爱弥尔·涂尔干：《宗教生活的基本形式》，渠敬东、汲喆译，商务印书馆，2011，第11~12页。
⑤ 〔美〕保罗·皮尔逊：《时间中的政治：历史、制度与社会分析》，黎汉基、黄佩璇译，江苏人民出版社，2014，第2页。

都意味着时间对政治仪式来说是极其重要的，它是政治仪式第一位的构成要素。

第二，空间。"空间从来就不是空洞的：它往往蕴涵着某种意义。"① "空间是政治性的、意识形态性的。"② 在建筑、规划和宽泛的生产意义上皆是如此。政治仪式依托空间而存在，没有空间便没有政治仪式。不存在没有空间的政治仪式，只存在有政治仪式的空间。一切空间当中都能看到政治仪式的踪影，政治仪式本质上形塑了整个空间的存在与分布。"正是在这个场地，时间差别被抹平，'真正的''真实的'同一个现实，每年都被揭示出来。"③ 特定的政治主体对政治仪式的构思和运行，成就了现实中的空间。"在世界历史上，几乎每个时期的统治者都一心想建造一座象征权力中心的建筑物。"④ 没有任何政治主体愿意放弃对空间的争夺，对空间的哪怕是极不显眼的改造，也是建构和运行政治仪式的机会。从某种意义上讲，空间与政治仪式是合一的。空间随着政治仪式的变化而变化，政治仪式也会随着空间的变化而变化，二者相辅相成。

第三，人员。政治仪式犹如一场戏，戏中自然少不了演员和观众。没有演员和观众，戏就无法展开。只有演员没有观众也不行。就演员来说，不同的演员在同一个政治仪式中扮演着不同的角色，但集体服务于同一个目标。就观众来说，不同的观众在同一个政治仪式中所扮演的角色是一样的，全部服务于同一个目标。政治仪式对人员会有一定限制，不同的政治仪式对人员身份和数量的要求是不一样的。对于某些政治仪式来说，并不是所有人都能参加，而只有那些被政治仪式的组织者选定的人员才有资格参加。一般来说，参加政治仪式的人员身份越高、规模越大，政治仪式的意义就越重大，反之，则不然。随着社会的发展和进步，普通大众参与政治仪式的机会越来越多。政治仪式往往会占用人们的时间，但不能给人们带来实实在在的利益，因此，在现代社会，尽管普通大众参与政治仪式的机会越来越多，但并不是所有人都愿意作为演员或观众来参加政治仪式。

---

① 包亚明：《现代性与空间的生产》，上海教育出版社，2003，第83页。
② 〔法〕亨利·勒菲弗：《空间与政治》（第二版），李春译，上海人民出版社，2008，第124页。
③ 〔美〕保罗·康纳顿：《社会如何记忆》，纳日碧力戈译，上海人民出版社，2000，第49页。
④ 〔美〕乔治·米歇尔：《再现的时光：有关文化遗址和古迹的历史观》，载张穗华《石头、文化和时间》，中国对外翻译出版公司，2003，第16页。

第四，器物。政治仪式中的很多信息和意义都是通过器物传递给外界的。器物是政治仪式中必不可少的元素。与人不同，器物具有非常强的可塑性。不管政治仪式的组织者想表达什么，器物都可以完成这一使命。换言之，政治仪式中的组织者可以借助器物向外界传递其需要的信息和意义。例如，用红色旗帜代表革命、用绿色植物代表生命力、用利剑代表战斗力等。政治仪式中的器物所具有的这种神秘力量，来自政治仪式本身以及参加者对政治仪式的想象。正因为器物具有某种神秘力量，所以，政治仪式中的器物能够像人一样获得尊荣，即受到人们的公开敬仰和朝拜。[1] 人们不能质疑或亵渎器物，否则就是在质疑和亵渎政治仪式背后的意义，自然会受到惩罚。

第五，环境。政治仪式的建构和运行也离不开环境。环境不限于文化环境、政治环境和事件环境，[2] 还包括社会环境、经济环境。在谈到政治仪式与环境的关系时，人们通常会把环境置于政治仪式之外，即视环境与政治仪式是两个存在间隔的东西，认为"政治仪式居于其（环境）中"[3]。但事实上并非如此。从本质上讲，环境与政治仪式不是截然分立的，而是一体的，即环境内嵌于政治仪式当中，政治仪式包含和成就环境。具体来说，有什么样的环境，就会有什么样的政治仪式与之匹配。当环境发生变化时，政治仪式也会跟着发生变化，环境的任何状态及细微变化都会反映到政治仪式上，即在任何政治仪式当中，都会看到环境的影子。而从任何环境出发，也可以推测或构思出与环境相适应的待出场的政治仪式。总之，如同时间、空间、人员、器物一样，环境也是政治仪式的构成要素，只不过，作为政治仪式的构成要素，环境是间接性的。

第五节　政治仪式的功能

政治仪式是社会生活中一道普遍的政治景观，它在政治运行与政治生

---

[1] 〔法〕爱弥尔·涂尔干：《宗教生活的基本形式》，渠敬东、汲喆译，商务印书馆，2011，第 190 页。

[2] 王海洲：《政治仪式外部环境的分层解析：文化、政制与事件》，《湖南师范大学社会科学学报》2012 年第 6 期。

[3] 王海洲：《政治仪式外部环境的分层解析：文化、政制与事件》，《湖南师范大学社会科学学报》2012 年第 6 期。

活中发挥着重要的功能，产生了不容小觑的影响力。"政治仪式对于所有社会来说都很重要，因为任何地方的政治机关关系的呈现和变更，都需要借助象征性的表达方式。"① 政治仪式的功能是多方面的，并随着社会的发展而发生变迁。② 不管政治仪式的功能如何繁多、如何变化，在不同的时代、不同的社会中，政治仪式都具有以下四个方面的功能。

第一，消除社会大众的迷茫感和空虚感。现实与理想之间总会存在一定差距。长期生活在与理想存在差距的现实社会中，尤其是当发现现实与理想之间的差距还是由国家与政府等外因造成的而非由人的自身因素造成时，难免会陷入对现实的悲观和失望当中，以至于内心会被迷茫感和空虚感占领。政治仪式所拥有的某种稳固和永恒的意义，能够为尝试驯化时间和界定现实的人提供安慰剂。③ 换言之，政治仪式能够减少乃至消除社会大众的迷茫感和空虚感。具体来说，一方面，政治仪式能够冲淡和化解现实政治统治的不足，从而减少人们的质疑和不满，增强人们对现实政治统治的信心和同情式理解；另一方面，政治仪式能够创造一种超脱于现实社会的美好乌托邦，使处于悲观情绪中的人们重燃对未来的希望，增强继续生活的信心和勇气。总而言之，正是在作为仪典的政治仪式中，人们重新锻造了自己的精神本性。④ 不管是对现实，还是对未来，人们普遍表现出高涨的情绪和奋进的精神。

第二，维系共同体内部成员之间的团结。共同体内部成员的团结对于维持共同体的稳定是十分重要的。共同体成员之间的团结建立在人们拥有共通的思想、情感和利益的基础之上。⑤ 因为通常来说，"只有当人们拥有共通的思想、兴趣、情感、记忆以及希望的时候，他们才由衷感到同属于一个群体"⑥。因此，为了让共同体成员保持团结，"有必要按时定期地强化

---

① 〔美〕大卫·科泽：《仪式、政治与权力》，王海洲译，江苏人民出版社，2015，第 207 页。
② 李路曲：《政治仪式功能的变迁》，《新视野》2012 年第 6 期。
③ 〔美〕大卫·科泽：《仪式、政治与权力》，王海洲译，江苏人民出版社，2015，第 13 页。
④ 〔法〕爱弥尔·涂尔干：《宗教生活的基本形式》，渠敬东、汲喆译，商务印书馆，2011，第 423～425 页。
⑤ 张晒：《当代中国爱国主义的发生机理——基于广义国家视角的考察》，《湖北社会科学》2022 年第 9 期。
⑥ 〔美〕帕特里克·格里：《历史、记忆与书写》，罗新译，北京大学出版社，2018，第 21 页。

和确认集体情感和集体意识"①。而在强化和确认集体情感和集体意识的诸多方式中，政治仪式是重要且有效的途径之一。进一步来说，政治仪式"以一种特殊的象征性风格表现了社群成员之间的相互依赖，这种观念系统可以使人们明白自己作为其成员的社会以及他们和社会之间模糊却又亲密的关系"②。作为群体的象征性活动，政治仪式能够加强个体同他所属的社会之间的纽带，③ 使个体认识到自己属于某个群体，形成群体的认知与意识，重塑个体对群体的认同。

第三，构建政治一致性和增进国家认同。国家不是从来就有的，国家产生以后也会面临着被其中的成员在心理上予以消解的风险，甚至会遭遇被成员否定和抛弃的结局。"只有当人们认为自己同属一国时，国家才会存在。"④ 这表明，对于现代的任何国家来说，塑造和强化内部成员的国家认同都是不可忽视的必要工作。而在塑造和强化国家认同的诸多途径中，政治仪式具有特殊的不可代替的作用。甚至有研究者认为，"没有仪式和象征，就没有民族（国家）"⑤。一言以蔽之，国家认同的建构和塑造依赖于（政治）仪式，⑥ 一方面，"国家是不可见的，它只有在各种象征仪式、仪典中才能被民众真实感知"⑦。"它必须被人格化方可见到，必须被象征化才能被热爱，必须被想象才能被接受。"⑧ 政治仪式能够实现人们与国家的亲密接触，让人们切身感受到国家的真实存在，从而增进人们对国家的归属感和认同感。另一方面，"集体记忆是族群存在与发展的历史证据，也是国家

① 〔法〕爱弥尔·涂尔干：《宗教生活的基本形式》，渠敬东、汲喆译，商务印书馆，2011，第 589 页。

② 李路曲：《政治仪式功能的变迁》，《新视野》2012 年第 6 期。

③ Donald V. Kurtz, "Strategies of Legitimation and the Aztec State," in Frank MaGlynn & Arthur Tuden（eds）, *Anthropological Approches to Political Behavior*. Pittsburgh：University of Pittsburgh Press, 1991, p.149.

④ 〔美〕塞缪尔·亨廷顿：《我们是谁：美国国家特性面临的挑战》，程克雄译，新华出版社，2005，第 90 页。

⑤ 〔美〕戴安娜·克兰主编《文化社会学》，王小章、郑震译，南京大学出版社，2006，第 28 页。

⑥ 张晒：《政治符号建构与国家认同强化研究——以中共十八大以来的实践为分析对象》，《湖北行政学院学报》2018 年第 2 期。

⑦ 杨宏伟：《国家仪式：传播社会主义核心价值观的有效载体》，《思想理论教育导刊》2015 年第 5 期。

⑧ 马敏：《政治象征》，中央编译出版社，2012，第 113 页。

认同的重要来源。"① 政治仪式能够唤醒人们对国家的集体记忆，使人们能够"共同拥有"国家。总而言之，在政治仪式当中，个体基于外因的诱导，既能够感受到国家的真实存在，又能够与自己的同类产生对国家的集体记忆和共同情感，从而构建政治一致性和增进国家认同。

第四，巩固政权及其政治统治的合法性。"任何政治统治都企图唤起并维持对它的'合法性'信仰。"② 换言之，任何统治者要维持政权稳定以及政治统治，都需要唤起人们对政权以及政治统治的自觉认同和服从，即需要构建起有效而持久的政治合法性。从历史和现实经验来看，没有持久的政治合法性，政权及其政治统治是不可能维持下去的，即使勉强维持，也需要付出较大的代价。政治仪式是建构政治合法性的有效途径。"仪式中充满了重要的有组织的需求，它能在遮掩现实权力关系的同时提供合法性。"③政治仪式以其特有的隐蔽方式和象征功能，让广大民众既感受不到自己被权力所统治，又能在接受权力统治过程中自觉地认同和服从，而这是其他建构政治合法性的途径不曾具备的优势。因此，"统治者们数千年来一直努力通过设计和使用仪式，激发民众的情感以支持他们的权威，唤起大众的热情以支持他们的政策"④。就政治仪式是构建政治合法性的有效途径来说，主要表现在两个方面：一方面，政治仪式"能够轻松自如地将历史与现在贯穿在一起，在政治记忆与合法性之间建立起直接的对应关系"⑤，通过强化政治记忆来巩固政治合法性；另一方面，政治仪式能够展现现实政治制度与统治的绩效，让民众感受到特定的政治制度与统治切实给自己带来了利益，从而强化民众的认同与支持，进而增强政治合法性。⑥ 从某种意义上讲，政治仪式也是政治合法性的一种反映，或者说，政治仪式本身代表着政治合法性。正如有研究者所说，"测试合法性的主要方式是看那个国家已

---

① 曾楠：《政治仪式的记忆再生产向度：国家认同的生成考察》，《青海社会科学》2020年第3期。

② 〔德〕马克斯·韦伯：《经济与社会》（下），林荣远译，商务印书馆，1998，第279页。

③ David Kertzer, *Ritual, Politics and Power*. New Haven: Yale University Press, 1988, pp. 152-153.

④ 〔美〕大卫·科泽：《仪式、政治与权力》，王海洲译，江苏人民出版社，2015，第18页。

⑤ 王海洲：《政治仪式中的权力宣展与合法性建构——中国社会变革与政治发展中的国庆大阅兵（1949-2009）》，《学海》2010年第4期。

⑥ 〔美〕杰弗里·亚历山大编《迪尔凯姆社会学》，戴聪腾译，辽宁教育出版社，2001，第159页。

经培养起一种共同的长期延续的政治文化的范围，主要指全国性的仪式及假日"[1]。这即是说，如果一个国家形成了全国性的仪式及假日，那这个国家的政治统治无疑树立起较强的政治合法性。当然，政治仪式代表政治合法性，并不是说政治仪式越多政治合法性就越强。

---

[1] 〔美〕利普塞特：《政治人：政治的社会基础》，刘钢敏等译，商务印书馆，1993，第56页。

第九章 文化认同

第一节 文化认同的定义

  文化是特定群体共同服膺的一种生活方式,可以反映该群体内部所具备的普遍性和共通性,以及对外所具备的特殊性与差异性,如族群文化、嘻哈文化、组织文化、地方文化等。文化作为一种生活方式,是指行动者的认知、态度、信念乃至言行举止,都受到特定文化的影响。文化成为行动者如何看待、响应和行动的媒介,看似个体的决定,其实是特定集体文化下的产物。[①]

  文化认同(cultural identity)是一个人对自身属于某个社会群体的认同感。文化具有形塑行动者认同的作用,属于特定社群的行动者,一般会成为该社群文化的认同者,并将处于相同文化下的行动者视为"我群"。行动者会对社群和社群文化萌生连带感,并倾向于维系、复制甚至强化特定文化。因此,文化认同是长期社会化的过程,牵涉行动者自我概念与自我认知的形成,属于身份认同的一部分。这种认同感的对象往往与国籍、民族、宗教、社会阶层、世代、定居地或任何具有其独特文化的社会群体有关。文化认同不但是个人的特征,也是具有相同的文化认同或教养的人所组成群体的特征。[②]

  文化认同即是认同某个具有独特文化的群体及其理解文化的方式,包括小团体(初级团体、次级团体),如对家庭或同侪团体的文化认同,也包

---

① 叶欣宜:《文化》,载陈志柔、林国明编《社会学与台湾社会》,(台北)巨流图书公司,2021,第25页。

② Moha Ennaji, *Multilingualism*, *Cultural Identity*, *and Education in Morocco*. Springer Science & Business Media, 2005, pp. 19-23.

括正式组织，如对企业、族群、国家的文化认同。人们生活中接触的文化五花八门，具有复杂性与多元性，个人文化认同的形成可能包含不同文化身份标签的总和，这些文化标签来自出生地、性别、种族、历史、民族、语言、性取向、宗教信仰、族群、美学甚至食物等，这些因素交互影响人们对于文化的理解，也塑造了个人的身份认同。

正因为这些文化认同的范围广泛、类型多元，各种文化认同之间可能具有相似性或重叠性，也可能有更多的异质性与冲突性，造成了个人认同的焦虑，但也可能是创造力与创新的来源，如保罗·詹姆斯（Paul James）所言："即使对身份的分类已以殖民化、国家组成或普遍的现代化进程将其清晰编撰归纳为不同的类型，也常常有着很多的紧张和矛盾。有时候那些矛盾是具破坏性的，但他们也可以是具创造力及正面的。"[1]

寻求文化认同就是建立自我的过程，是寻找"我是谁?"的历程，认同并不是固定与本质化，而是随着社会化而逐渐形成。例如，语言学习的过程就是一种认同建构的过程，当今英语已经成为国际通用语言，许多国家已经采取双语教学，然而，接触英文就是学习西方文化的起点，全球化与在地化之间的拉扯就是在两种语言的学习与转化中开始的。

全球化带来更多异文化的接触与碰撞，文化认同也日益多元复杂，传统根基论者（existentialism）认为文化认同是自然而然产生的，是在一个群体长期共同生活所形成的凝聚集体意识、基本价值与精神基础的认同。但全球化带来各种信息、经济、人口、文化等的快速流动，逐渐动摇和稀释了人们固有的集体文化认同。例如，新兴媒体的崛起对于文化认同产生了巨大影响，人们可以突破地理上的限制，通过网络学习到不同国家地区的特殊文化，特别是"元宇宙"的发展，使人们接触到不同文化的魅力。接触吸收越多异质性文化，一方面可以促进人们对多元文化的理解，克服狭隘的文化中心主义想法；另一方面，也可能导致自身认同的混乱，尤其是变迁急速的城市，存在许多不同族群的地方，越不容易形成一致性的文化认同。

---

① Paul James, "Despite the Terrors of Typologies: The Importance of Understanding Categories of Difference and Identity," *Interventions: International Journal of Postcolonial Studies*, 2015, 17 (2): 174-195.

第二节　文化中心论与文化相对论

建立群体成员的文化认同是社会秩序稳定的来源。然而，"认同"这个概念本身包含了"我是谁"、"我不是谁"、我群与他群之间的区分，因此不同群体之间的文化差异便成为维系认同的主要力量。当面对不同的文化挑战时，往往会有两种相对立场，一种是"文化中心论"（ethnocentrism），即以自身文化为标准来衡量其他文化优劣的心态倾向。文化认同经过长期的社会化，具有了某种程度的固定性，可以增加社会团体的认同感与稳定，但过度强烈的文化认同可能导致对其他异文化的敌意或贬抑。形成文化认同的过程包含了对我群文化的肯定与确认，会坚信固守自己的文化价值，越是强调我群文化优越性的群体，越容易用批判或偏见的眼光来看待异文化，可能比较排斥甚至压制其他文化存在的价值。

采取这种立场的人经常将我群的生活方式、行为、价值、规范和信仰视为唯一合理、文明或正当的形式，并以此为标准去衡量他群的生活方式。这种凡事以自己为中心的思考，很容易造成偏见或独断的评判。文化中心论者导致在不同种族、阶级、族群、性别和宗教团体之间出现偏见与歧视。历史上，这个立场经常是造成各种群体冲突的来源。例如，许多社会仍然具有种族中心思想，虽然这种想法有产生歧视、助长种族冲突和敌对的危险，但是因为种族中心论具有号召人心、促进内部团结和对抗"外敌"的作用。因此，在强调国家主义和爱国主义的社会中，种族中心主义经常成为挥之不去的阴影。

另一种是"文化相对论"（cultural relativism），强调任何事物唯有通过它和所处文化背景（cultural context）的关系，才能充分地理解与判断。文化相对论认为文化生成受到时间与空间的影响，任何群体的文化内容与有效性也会有时空限制。例如，现世的价值或伦理、规范或道德，未必适用于所有社会、被所有成员接受。就像过去的"忠君"思想不适用于现在的民主共和体制一样，要求女性"三从四德"也不适用于现在倡导两性平等的社会文化，古印加帝国和古埃及允许近亲结婚，借以维持血统的纯正，也不符合现代优生学认为近亲血缘可能产生致病隐性基因的观点。除了因为时间变迁产生的改变之外，每一个社会的地理环境、物质条件、文化传统和历史背景，都可能造成各地区不同的文化样态。例如，东方家庭教育强调的"孝顺服从"和西方家庭教育强调的"自主性"有所冲突；又如一妻多夫制在许多国家受到谴责和禁止，但为男女性比例差距甚大的印度托达族（Toda）所接受。

各宗教在文化上也有截然不同的禁忌。这说明，并不是所有民族都具有相同的价值或规范。某些地方被视为神圣不可侵犯的信条，在外来者眼中，可能变成奇风异俗，或是"野蛮"与"不文明"的象征。这种相对性的存在，就是文化相对论产生的缘由，文化相对论承认文化的异质性与多样性，但不认为这些差异会带来高低、优劣文化位阶的评价。这种立场认为，我们应当以社会的生存环境来考虑文化的好坏，而不是以假定适合所有社会的标准来评价个别文化；同时倾向于以肯定的态度来看待文化的差异，包容不同文化的存在，主张每种文化的生存权。

第三节　文化认同作为一种政治工具

以文化相对论和社会生成的视角来看，文化、政治、经济和社会之间并不是普遍、单一、固定不变的关系。随着权力和既得利益的分配不均，文化场域（field）也成为各方角力之所在。掌权者和既得利益者必须透过文化获得治理的正当性，弱者也不一定会全盘接受，文化不是静态、单一的社会存在，文化的多变性与异质性，让各方行动者都有更多的弹性去选择或抵抗文化认同。文化并不是以静态、单一的方式参与社会，它可能成为权力支配的工具，也可能成为判断权力正当与不正当的重要依据，文化认同可能作为社会统治、维持现有秩序的力量，相反地，它也可能成为支持或颠覆现有秩序的社会运动的强大力量。

一　文化认同作为治理工具

文化身份认同是指个体受其所属群体的文化影响后，对该群体、文化和自身身份产生的认同感。霍尔认为，文化身份认同可以从两个方面解读：第一层意义是"成为"（being），指人对所属群体拥有共同历史背景、集体回忆、文化礼教习俗下的身份认同；第二层意义是"形成"（becoming），历史事件记忆和论述、文化及权力影响人的文化身份塑造。个体如何在不同的历史事件和文化中为自己定位，亦会影响他们对自身文化身份的认同。

因此，文化认同可作为一种政治统治工具，通过历史事件的记忆与论述影响个人的身份认同，可追溯到殖民时期。过去殖民帝国会通过各种政策形塑殖民地民众的认同，掌控文化诠释权，展演"文明"与"落后"的差异。从地理大发现开始，欧洲殖民扩张，殖民帝国不仅将自己的文化传入殖民地，也会对殖民地的传统文物进行破坏与掠夺。如哥伦布曾经将植物、禽鸟、走兽与印第安人作为标本，并将印第安人划分为一种"被发现的自然"物品"。除此之外，从 16 世纪的航海时期开始，欧洲许多王公贵族的官邸中，都设有"珍品陈列室"（cabinet de curie）、"珍宝馆"、"惊异部屋"（wunderkammer）等特别的空间，以收藏海外奇珍异种的标本动植物。① 物品展览"陈列室"成为将远方未知世界融入此处的空间，形成了权力拥有者对统治对象的凝视（gazing）。邓肯（Carol Duncan）认为，这与西方价值和政治性相关，这些欧洲贵族将他们的收藏物放置在装饰华丽的大厅和艺廊，透过雄伟壮观、奢侈华丽的形象，甚至以特制的肖像，来确认统治的正当性。②

1851 年，第一场"万国博览会"于英国伦敦正式揭开序幕，延续了西方国家自地理大发现以来的价值，运用科技探索世界，满足对欧洲以外国家的征服欲望。当时，英国艾伯特亲王（Prince Albert）极力将资源挹注在这场大规模的展示活动上，庭园建筑师将温室概念引入会场，以金属玻璃帷幕搭造了一座晶莹耀眼的建筑，亦即后人所熟知的"水晶宫"（Crystal Palace）。③ 水晶宫里摆放着无数的工业用品，这些商品的宣示意义已然超越了实用价值。这场万国博览会，可谓"大英帝国"国力的缩影，不仅显示了国家的工业力量，而且成为日后博览会的典范。其中，还蕴含着另一个重大意涵，表面上为纯粹以观看为目的的展示，隐含了教育民众的功能，通过参观博览会使观众认识近代机械工业的技术与知识，以及知识分类的概念。这一宣扬追求文明的"进步主义"，反映在英国的贸易经济以及与各

---

① 〔日〕吉见俊哉：《博览会的政治学》，苏硕斌等译，（台北）群学出版社，2010，第 5 页。
② Carol Duncan, *Civilizing rituals*: *Inside Public Art Museums*. Routledge, 1995, pp. 44-45.
③ 参见吕绍理《展示台湾：权力、空间与殖民统治的形象表述》，台北麦田出版社，2005，第 54~55 页；〔日〕吉见俊哉《博览会的政治学》，台北群学出版社，2010。

国竞争的企图心上。于是，口号、价值和国家精神产生了紧密的联结。[①]

这种透过公开陈列、大型展示的方式，成为现代博物馆与国际展览的主要形式，除了可以彰显个人、团体组织甚至是国家的社会地位与声望之外，更重要的是建构一套以西方为主的国际秩序、教化理念以及科技、生活与艺术等的价值观念。博物馆和展览的社会规训与文化政治操作经常以国家历史和认同为主轴，许多国家通过博物馆的设立，形成了一种文明化的仪式，借此形塑文化认同。

二　文化认同作为推翻统治的力量

殖民时期被作为统治手段的文化认同，到了 18 世纪末却成为推翻统治政权的一种主要力量，民族主义在 18 世纪晚期于欧洲各地风起云涌，倡导者以促进民族认同与民族文化为诉求，要求民族自决、脱离殖民统治，争取独立建国。19 世纪的欧洲政治深受民族主义影响，兴起许多抵抗现有政体的运动，包括抵抗专制独裁而奋斗的民族解放运动、以民族主义为号召的君主政体巩固等形式。[②] 除了欧洲之外，还有南美洲的独立运动以及美国独立革命等，都是以民族主义为要求。这波浪潮在 20 世纪扩及亚洲，民族主义让印度人民以集体要求的非暴力运动终结了英国的殖民统治。

民族主义的构成要素非常多元。民族主义的提倡者往往会以明确的准则，如血源、公民意识、文化、族群、宗教等，作为界定族群的涵括性（inclusion）与排他性（exclusion），来辨识我群与他族之别的基础。其中，以共同文化为群体界定的被称为"文化民族主义"（cultural nationalism），因为文化具有共同创造与传承的特性，具有无法立即取得的特殊性，因此在某种程度上拥有民族成员身份并非完全的自我选择，但也不是遗传而自然取得的。[③]

文化认同不具有绝对的自主性。无论如何，文化认同无法脱离政治、经济和社会的需求独立存在。同样，其他领域也不具有绝对的自主性，文

---

① 吕绍理：《展示台湾：权力、空间与殖民统治的形象表述》，（台北）麦田出版社，2005，第 54~55 页。

② Paul R. Brass, *Ethnicity and nationalism: Theory and comparison.* New Delhi: Sage Publication, 1991; Eric Hobsbawm, *On Nationalism.* Hachette UK, 2021.

③ Eric Hobsbawm, *On Nationalism.* Hachette UK, 2021.

化认同的改变必然会牵动其他领域的稳定。明确坚定的文化认同可以带来团结凝聚，可以给人们归属感与集体情感的依附，但过于僵化狭隘的文化认同，却可能会走向文化中心论的极端，如希特勒屠杀犹太人的历史悲剧。认同界定了我群与他群的边界，文化认同区辨不同的文化群体，但差异不一定会产生不平等，"差异"更重要的价值是多元文化与包容，而不是用单一价值或固定观点去看待评价其他异文化的存在，文化相对论是以整体性、脉络性的方式去理解文化认同形成的过程，以更开放的心态去接受多元文化的存在与可能，保持多元文化论（multiculturalism）的观点。

从统治者的角度来看，往往会建构或支持维护现状的文化认同，如殖民政权强调的现代性、进步与科学理性。而那些可能危害统治者利益的思考和想法，即便符合一般人的利益，也不容易成为统治者支持的对象。甚至为了维护现状或既得利益，统治者会刻意打压贬抑被统治阶级的文化认同，如殖民帝国将殖民地视为"未开化"的蛮夷之地。文化认同可以建构一个人的身份认同与集体情感归属，可以让个人在复杂的社会找到安身立命之处。文化认同可以成为统治者控制群众的有力工具，也可能成为反抗者用来召唤革命、颠覆既有政权的武器。

第十章　身份政治

身份政治（identity politics）源于 20 世纪 60~70 年代的欧美社会运动。起初主要是黑人、女性和同性恋等社会边缘群体自我意识的觉醒和对社会歧视的反抗，要求社会承认其特殊的身份诉求。在拉丁美洲和第三世界国家，由妇女、农民、工人、土著居民、受压迫的少数族群所发起的各种"新社会运动"，也被一些学者贴上"身份政治"的标签。到 20 世纪 90 年代以后，亚非拉及东欧地区民主化进程中的族群问题日益凸显，族群（ethnic）身份在上述国家和地区将社会分割为若干社群，并被高度动员到选举政治和政治议程之中，成为政党和政治家的权力工具，甚至成为这些国家大规模冲突的社会根源之一。作为身份政治的集中表现，族群政治逐渐成为比较政治学的重要研究领域。[①] 概言之，身份政治首先产生于那些具有自我认同的社会利益群体追求权利和地位的社会运动；这些群体宣称因为自身的特殊身份而受到不公正待遇，希望扩大自身的权利范围，以改善在社会中的边缘地位。

身份政治要求人们主动建构某种身份认同，结成特定身份群体，并提出诉求、开展群体性行动。由其建构的群体身份，反过来又会影响乃至限制他们的社会认同。这些群体中的人的社会诉求和政治立场，往往受其狭隘的群体身份所局限。身份政治的重心不在于对国家或民族的忠诚，而在于对特定群体的忠诚。[②] 在此之前，身份问题往往被限定在政治的一些特殊疆界里，并不处于中心地位。[③] 但是，如今被归纳到身份政治标签的议题不仅范围广泛，而且内容庞杂，甚至相互冲突。

[①] 陈金英：《美国政治中的身份政治问题研究》，《复旦学报》（社会科学版）2021 年第 2 期。

[②] Howard J. Wiarda, *Political Culture, Political Science, and Identity Politics: An Uneasy Alliance.* Burlington, USA: Ashgate Publishing Company, 2014, p.150.

[③] 〔英〕埃里克·霍布斯鲍姆、易晖：《身份政治与左派》，《汉语言文学研究》2017 年第 1 期。

在西方，身份政治兴起伊始便得到西方左派的推波助澜。对新一代左派来说，重要的是文化权力在群体中的分配——不是抽象的"劳动者"的财富和普遍权利，而是特定类型的男人和女人的财富和权利，谁的种族、性别或教派有"特权"，谁没有。[1] 他们不再关心经济和阶级剥削问题，将斗争的矛头转向日常生活中的社会歧视和不平等，更加注重文化性批判。可如今，身份这一概念在西方社会的日常政治讨论中几乎无处不在。在当今美国，没有一个概念像身份政治那样把持着公共舆论。[2] 在一些欧美国家，身份议题成为政治论述和实践的焦点，并在其内政外交中扮演关键角色。[3] 身份问题产生了大量与自由主义及其他各种意识形态相关的性别、性取向、民族、种族、文化等的争论。[4] 在一定意义上，如今所有的政治几乎都是关于身份的，同样所有的身份也几乎都是政治的。[5] 甚至有人提出，一切的政治都是身份政治。[6] 身份政治已经成为当代西方政治图谱的重要颜色，[7] 甚至超越了传统的左右之分的意识形态光谱。当今西方社会的许多政治社会现象，或可透过身份政治这个棱镜得以理解或解释。

第一节　身份政治的主要意涵

由于英文单词 identity 既有"身份"，又有"认同"的意涵，国内学者一般从字面上将 identity politics 翻译为"身份政治"或"认同政治"。这种翻译往往产生误读甚至误解，认为凡是跟"身份"或"认同"相关的政治，都是 identity politics。中文的"认同政治""身份政治"翻译都只强调了

① Matthew Continetti, "Bernie Sanders' Fossil Socialism," FreeBeacon.com, May 29, 2015.
② David Azerrad, "The Promises and Perils of Identity Politics," Https://americanmind.org, Jan 23, 2019.
③ 涂锋：《身份政治第三波与西方国家的政治衰败——基于国家建构视角的分析》，《政治学研究》2021年第3期。
④ Charles Taylor, *The Sources of the Self: The Making of the Modern Identity*. Cambridge, MA: Harvard University Press, 1989; Will Kymlicka, *Multicultural Citizenship: A Liberal Theory of Minority Rights*. Oxford: Clarendon Press, 1995.
⑤ Richard Thompson Ford, "Political Identity as Identity Politics," *Unbound: Harvard Journal of the Legal Left* (2005): 53-57.
⑥ Ann Friedman, "All Politics Is Identity Politics," *The American Prospect*, 2010: 29.
⑦ 汪越：《身份政治的理论逻辑》，《学术界》2018年第3期。

identity politics 的某一方面，比较准确、完整的翻译应该是"个人（主观）认同的身份政治"①（为了行文方便，下文依旧使用"身份政治"这一惯常的中文翻译）。

尽管身份政治与"身份"关联，但并非所有与"身份"相关的议题都属于身份政治。譬如，传统政治学所关注的阶级身份、民族身份、公民身份等，严格而言都不属于身份政治范畴。阶级"在我们所生活的当代世界中已变得越来越不重要"②，即便是一些左派学者也是这样认为的。虽然也有人把马丁·路德·金等人领导的黑人民权运动视为身份政治兴起的标志，但是他们当初所主张的主要是公民身份（citizenship），也就是要求赋予黑人完整的公民身份以及平等的公民权利。身份议题由来已久，在古典政治学中就占有一席之地，但身份政治却是步入成熟的现代性社会以后乃至转向后现代社会才出现的新的政治现象。

需要指出的是，身份政治所"认同"（identity）的，不是启蒙运动以来所强调的那个抽象的、普遍的、一般意义上的"公民"，而是拥有某种特征的具体的人（如女人、黑人、印第安人、LGBTQ 等）——"并不是要在人类共有属性的基础上纳入'普遍人类'的范畴；也不是为了'尽管'彼此有差异而'尊重'对方。相反，我们需要的是尊重自己，因为自己是不同的"③。换言之，身份政治中的"身份"（identity），至关重要的是个体的经历，特别是他或她的压迫经历，以及一种共享的、更真实的或自主选择的可能性。④ 而且，这种认同往往不是单向度的或一成不变的，而是多向度的、复杂的，且会随时间而变化发展。所谓的认同必定同时和差异并存，也就是认同必须借着将它和他者区分开来才能存在。这样的认同通常和与生俱来没有什么关系，往往来自社会的建构，⑤ 由这个社会的主导文

---

① 何涛：《极端个人主义的"伪政治"——马克·里拉对美国当代身份政治的批判》，《国外理论动态》2020 年第 6 期。

② 〔美〕朱迪斯·巴特勒、〔英〕欧内斯特·拉克劳、〔斯洛文尼亚〕斯拉沃热·齐泽克：《偶然性、霸权和普遍性——关于左派的当代对话》，胡大平等译，江苏人民出版社，2004，第 214 页。

③ Sonia Kruks, *Retrieving Experience: Subjectivity and Recognition in Feminist Politics*, Ithaca. NY: Cornell University Press, 2001, p. 85.

④ Cressida Heyes, "Identity Politics," in Edward N. Zalta (ed.), *The Stanford Encyclopedia of Philosophy*, https://plato.stanford.edu/archives/fall2017/entries/identity-politics.

⑤ 孟樊：《后现代的认同政治》，（台北）扬智文化事业股份有限公司，2001，第 332 页。

化所形塑。

首先，身份政治中认同的是自我建构的身份，而非自然的或被赋予的身份。对于身份认同一般有三种代表性看法：第一种认为身份是自然形成的，由性别、种族、族裔、亲属关系、习俗、信仰或文化等决定；第二种认为身份是政治国家所赋予的，如公民身份、民族身份、国民或人民等；第三种认为身份是自主建构的，把身份视为自我理解和感知世界的象征符号系统。人们通过身份来获得归属感，形成群体的凝聚力，辨别我们和他者，表达忠诚，这是人生意义建构的一部分。例如，卡斯特（Maunel Castells）就认为，"没有一种身份是本质性的"，"认同（identity）是人们意义与经验的来源"，"也是由行动者经由个别化的过程而建构的"①。几乎所有身份政治者都持第三种看法，他们反对所谓的"自然的"/"给定的"或"被赋予的"身份，认为这些身份都是非正义的。

从这个意义而言，他们所建构的身份认同首先是一种"排斥性的认同"，"他们建立抵抗的战壕，并以不同或相反于既有社会体制的原则为基础而生存"②。不过，恰如霍尔所言，我们的身份认同只能在所谓的"话语"（discourse）里面被建构。③ 譬如，身份就是对性进行界定的话语的产物——这是根据已经被书写为社会文化传统的那个剧本底稿来演示男性气质和女性气质、同性恋和异性恋的。其中，酷儿政治学就反对对性进行二元对立的同性恋和异性恋身份的划分。因此，在身份政治中，身份主要是表演性的，不是建立在任何本质特征之上，而是建立在文化预期之上的一个表演。④

Identity politics 中的 identity，实际上是一种自我界定或自主定义。定义是政治的一种根本权力。从这个意义上来说，"身份政治"或"认同政治"，实质上仍然是一种定义性政治。

---

① 〔美〕曼纽尔·卡斯特：《认同的力量》，夏铸九、黄丽玲等译，社会科学文献出版社，2003，第5、2、3页。

② 〔美〕曼纽尔·卡斯特：《认同的力量》，夏铸九、黄丽玲等译，社会科学文献出版社，2003，第4页。

③ Stuart Hall, "Introduction: Who Needs 'Identity'?" in S. Hall & Paul du Gay (eds.), *Question of Cultural Identity.* London: Sage, 1996, p. 4.

④ 〔英〕阿雷恩·鲍尔德温、布莱恩·朗赫斯特、斯考特·麦克拉肯、迈尔斯·奥格伯恩、葛瑞格·斯密斯：《文化研究导论》，陶东风等译，高等教育出版社，2004，第232页。

其次，身份政治往往以特定身份群体的面目出现，要求承认其差异性身份。身份政治的话语实践除了不同参与者自身的身份认同和主体意识的觉醒以外，他们都遵循着一项先决性的原则，那就是对（绝对性的）差异的强调。他们甚至将其差异视为本质或本真的东西，来界定自我的本源。

身份政治，首先是谋求某种身份的承认（也就是"承认的政治"）。但是，这里所要求承认的往往是"差异"——"就差异政治而言，要求我们给以承认的是这个个人或群体独特的认同，是他们与所有其他人相区别的独特性。这种观点认为，正是这种独特性被一种占统治地位或多数人的认同所忽视、掩盖和同化"①。因此，对身份政治者而言，承认斗争的目标是"建立一个'允许差异存在'（difference-friendly）的世界；在这个世界里，边缘群体，如边缘民族、'种族'、性倾向及性别不再为了换取平等尊重，而被大多数或主流的文化规范所同化"②。因此，身份政治推动了从"分配政治"到"承认政治"的转向，理论焦点从"平等"转向"差异"，凸显、发掘和建构了差异化的身份及其蕴含的内在价值。③ 对于身份政治者而言，某种边缘化身份不是矫正和同情的对象，而是值得自豪和彰显的价值。这些边缘群体不再期望融入主流社会，而是要求社会主流尊重其身份承载的差异化特质。甚至对他们来说，被主流社会同化，本身就是一种"压迫"。

一旦他们的差异得到承认，这些身份群体还会要求参与，进而要求平等地参与，并在此基础上保障该身份的（特殊或合法）权益。南茜·弗雷泽（Nancy Fraser）认为，身份政治的核心是必须建立能够实现"参与平等"的身份；以"参与平等"为规范的正义观，包括经济领域的再分配、文化领域的身份承认、政治领域的代表权。④

不过，在当今一些西方国家，许多身份政治的诉求只是要求"承认"，而且，这种"承认"还不（主要）是要求"国家"的承认，而主要是要求"社会"的承认。所以，身份政治"追求的不是普世涵盖的国家认同，而是

① 〔加〕查尔斯·泰勒：《承认的政治》（上），董之林、陈燕谷译，《天涯》1997年第6期。
② Nancy Fraser & Axel Honneth, *Redistribution or Recognition?: A Political-Philosophical Exchange*. Verso, 2003, p.7.
③ 涂锋：《身份政治第三波与西方国家的政治衰败——基于国家建构视角的分析》，《政治学研究》2021年第3期。
④ 〔美〕南茜·弗雷泽：《有关正义实质的论辩：再分配、承认还是代表权?》，朱美荣译，《马克思主义与现实》2009年第4期。

（在国家之内各个不同的）社群的认同，这样的认同是多元而分化的，更不以什么解放的目标自诩"①。从这个意义上而言，身份政治原本是一种社会性的政治——一些社会边缘群体运用这一概念来唤醒其身份意识，维护自身权益并反抗社会不公。② 其实，所谓的社会边缘群体，也是由其所在的主流社会所定义和建构的。身份政治所反抗和斗争的，恰恰是这一（主流）社会的定义和社会的建构。身份政治从对（社会）压迫的分析开始，以各种方式对先前被污名化的群体描述进行重新认识、重新描述或者改造。不再接受主流文化所提供的关于自己自卑的负面脚本，而是通过提高自觉意识（破除虚假意识）来改变自己的自我认同和群体认同。③

身份政治一般是针对非主流群体（边缘群体甚至被歧视的群体或不被承认的群体）而言的。事实上，身份政治的参与者正来自这些差异性的社会边缘，身份政治不仅对外要用差异原则消解同一性哲学中对差异的支配和压迫，而且要求差异的合法化和正当化。诸如"黑就是美"（Black is Beautiful）、"女性气质也有力量"（Sisterhood is Powerful）这些身份政治运动的口号，标榜差异应当获得尊重。同时，身份政治对内也贯彻差异原则。

再次，身份政治实质上是个体化社会的政治表征。身份政治的出现是20世纪第三个25年开始产生的迅速而意义深远的社会巨变与转型的一个结果。就像埃里克·霍布斯鲍姆（Eric Hobsbawm）所言，在过去数十年，当社会学意义上的共同体难见于现实生活之中时，"共同体"一词就变得再轻飘再空泛不过了。在一个一切都在运动和变化，没有什么是一成不变的世界里，男人和女人永远会去寻找可以归附的集团，而且他们也在某个身份集团中得以如愿。④ 急剧的个体化转型和全球化的加速推进，都为身份政治的兴起提供了社会和时代土壤，身份政治可以视为个体化社会的政治反应和政治表征。

身份政治实践特别关注个体性的经历和体验。身份政治运动的核心诉

① 孟樊：《后现代的认同政治》，（台北）扬智文化事业股份有限公司，2001，第325页。
② H. J. Wiarda, *Political Culture, Political Science, and Identity Politics: An Uneasy Alliance*. Ashgate Publishing Ltd., 2014, p.150.
③ Cressida Heyes, "Identity Politics," in Edward N. Zalta (ed.), *The Stanford Encyclopedia of Philosophy*, https://plato.stanford.edu/archives/fall2017/entries/identity-politics.
④ 〔英〕埃里克·霍布斯鲍姆、易晖：《身份政治与左派》，《汉语言文学研究》2017年第1期。

求在于"自我命名"的赋权，^① "个人的集体性要求是，有权能实现他们自己的认同——处置他们的个人创造力、他们的情感生活，以及他们的生物性与人际间的存在等的可能性"^②。因此，身份政治的极致便是极端的个人主义。从这个意义上来看，马克·里拉（Mark Lilla）认为，美国当代的身份政治其实是极端个人主义在政治认同领域的一种表现。

虽然身份政治一般表现为集体行动，但其成立的基础却是个人对身份的认同。个人绝不是不假思索地、被迫地接受某种由外界施加的身份；身份认同是个人为了实现自身利益的一种工具，这种利益不局限于物质方面，而是越来越强调对生活意义的追求。

正因为如此，身份政治本身存在一个难以解决的悖论：身份政治本质上并非为了所有人，而是为了特定群体的成员争取政治利益，^③ 但是，它所运用的却是普遍主义政治理论（如自由、平等）；并且，事实上，这些特定群体的政治利益又往往是不一致的甚至是相互冲突的。身份政治原本是想建构一个属于边缘群体的（身份）"共同体"——一个被他们视为新的安全、可信的庇护所，^④ 但事实上它却意味着共同体的取消。^⑤

最后，身份政治是一种"文化政治"。就像福山所指出的，"身份认同"（identity）和"身份认同政治"（identity politics）的起源距今相当近，前者是在 20 世纪 50 年代由心理学家艾瑞克·艾瑞克森（Erik Erikson）^⑥ 大力宣传，后者直到 20 世纪八九十年代的文化政治学才映入眼帘。身份政治将包括性、人际关系、生活方式和文化等在内的以前未被定义为政治的生活领

---

① Enrique Laraña, Hank Johnston & Joseph R. Gusfield, *New Social Movements*：*From Ideology to Identity*. Philadephia：Temple University Press，1994，p. 10.

② Alberto Melucci，"The New Social Movements：A Theoretical Approach," *Social Science Information*，1980（19）：218。

③ 〔英〕埃里克·霍布斯鲍姆、易晖：《身份政治与左派》，《汉语言文学研究》2017 年第 1 期。

④ Z. Bauman，*The Individualized Society*. Cambridge：Polity Press，2001，p. 151.

⑤ 包大为：《身份政治：反噬的政治及其批判》，《社会科学战线》2021 年第 9 期。

⑥ 在艾瑞克·艾瑞克森看来，身份不仅包含个体对自我同一性和连续性的感知，还包括他人对这种同一性和连续性的承认（Erik Erikson，*Identity and the Life Cycle*. New York：Norton & Company，1980，p. 22）。在这之后，美国社会学界将艾瑞克森侧重个体认同的概念发展为描述群体认同的社会科学概念，它在美国 20 世纪 60 年代的激进运动中被政治化，并演化出身份政治（identity politic）的话语形态。

域加以政治化。① 而且，他们的政治活动集中于文化问题，重写不同身份模式的剧本成为一种解放手段。

身份政治运动源于各种身份诉求，不论这些社会运动以何种形式展开，"参与大众话语的制定都是当代身份政治斗争的一个关键领域"②。通过参与者自身的话语实践来对抗支配性话语的权力压迫是后现代身份政治的主要实现途径。因此，身份政治"争夺的是身份的自治和表演体系"，以致许多修辞集中于一些口号，如增强身份意识，或对身份的骄傲；一些运动，如争取权利或拒绝接受他人的塑造。身份政治"通过它对社会形式的象征词汇的自反性关注，体现出文化性，并越来越强调公民身份"③。如今，"认同政治被颂扬为社会中文化与政治抵抗的舞台，而且往往还被视为是一个移向新形态后现代或晚期现代社会的指标"④。因此，有人认为，在身份政治中，"政治是且仅仅是公共意见的名称"⑤，它以解放的符号替代了实在的解放，阶级社会中生产领域的矛盾再一次被意识形态所掩盖。⑥

如今，尽管身份政治无处不在，却也有无所不包之嫌。它至少存在诉求意义、认知意义和策略意义三种身份政治。⑦ 并且，有关身份政治的社会运动、话语和理论杂糅其间，相互影响，构成了身份政治的"万花筒"。

第二节　万花筒般的身份政治

身份政治的发展，受到文化多元主义（multiculturalism）的影响。20 世纪 80 年代以来席卷西方国家的多元文化主义对身份政治进行了潜在的辩护。多元文化主义原本用来形容多样化的社会，但也成为一种政治纲领的标签：

---

① Mary Bernstein，"Identity Politics," *Annual Review of Sociology*，2005，p. 50.
② 〔英〕戴维·钱尼：《文化转向——当代文化史概览》，戴从容译，江苏人民出版社，2004，第 145 页。
③ 〔英〕戴维·钱尼：《文化转向——当代文化史概览》，戴从容译，江苏人民出版社，2004，第 145~146 页。
④ Kevin Hetherington，*Expressions of Identity*：*Space*，*Performance*，*Politics*. London：Sage，1998，p. 22.
⑤ 〔法〕阿兰·巴迪欧：《世纪》，蓝江译，南京大学出版社，2011，第 11 页。
⑥ 包大为：《身份政治：反噬的政治及其批判》，《社会科学战线》2021 年第 9 期。
⑦ 林垚：《"身份政治"的歧义性》，澎湃新闻，https：//www. thepaper. cn/newsDetail_forward
　_8295960。

平等尊重每一种文化和每一种人生体验，尤其是过去被忽视或低估的。古典自由主义力求保障平等个体的自主性，新的多元文化主义意识形态则提倡平等尊重所有文化，就算那些文化会限制参与个人的自主性。① 多元文化主义认为，通过强调对族群少数派群体权利的保护，更有利于实现少数派个体成员的权利。其代表性人物威尔·金里卡表示，自由主义者坚持只要个人权利切实得到了保护，特定族裔或少数民族就无须再被赋予其他更多权力，这一说法不成立。② 一些学者从文化多元主义出发，来论证身份政治的合理性，他们认定某个"身份"是由特定文化塑造的，遵从文化多元主义逻辑就必须平等对待这个差异性的身份。但是，多元文化主义却难以解决这样一个问题：保护少数派身份群体的文化权利的同时，如何避免多元身份互动中的冲突。③

然而，深入探析可以发现，身份政治其实受到各种不同理论、不同流派的影响。在西方，无论是左翼还是右翼，无论是自由主义者还是社群主义或马克思主义者都卷入了身份政治之中，使身份政治形成了许多不同的主张和诉求，甚至相互对立、冲突。

对西方马克思主义者而言，他们从传统的阶级政治转向身份政治。20世纪60年代，西方左翼的政治议程焦点从民族性和阶级转向身份，关注受到社会主流权力压迫和排斥的边缘群体，体现在争取性别平等和反对种族主义的政治斗争中。左派成为身份政治的助推者之一。④ 但是，对身份的关注给出的是破碎的视角，并且减损了对一个关于解放、统一的启示的需要。⑤ 原本以追求人类普遍解放为目标的左派，因此陷入尴尬境地。身份政治致力于特定群体的特殊目标，而"左派的政治规划是普遍主义的：它是为全人类"⑥。一些左派沉浸于身份政治，将使其陷入一种困境，"缺乏明显

---

① 〔美〕法兰西斯·福山：《身份政治：民粹崛起、民主倒退，认同与尊严的斗争为何席卷当代世界?》，洪世民译，（台北）时报文化出版企业股份有限公司，2020，第154页。
② 〔加〕威尔·金里卡：《少数的权利：民族主义、多元文化主义和公民》，邓红风译，上海译文出版社，2005，第69页。
③ 陈金英：《美国政治中的身份政治问题研究》，《复旦学报》（社会科学版）2021年第2期。
④ Frank Furedi, *The Hidden History of Identity Politics*. Spiked Review, December, 2017.
⑤ 〔英〕阿雷恩·鲍尔德温、布莱恩·朗赫斯特、斯考特·麦克拉肯、迈尔斯·奥格伯恩、葛瑞格·斯密斯：《文化研究导论》，陶东风等译，高等教育出版社，2004，第232页。
⑥ Eric Hobsbawm, "Identity Politics and the Left," *New Left Review*, 1996：42-43.

的办法来构建一个跨越局部边界的共同利益"①，尤其是在启蒙普遍主义衰落的条件下。

许多人将身份政治纳入后现代主义进行审视。他们认为，身份政治源于对现代启蒙普遍主义的反叛。在 18 世纪后期，有一种反启蒙的保守派主张，认为启蒙主义的普遍人性观是虚妄的，人并不是普遍抽象的人类（human beings）一员，而首先属于特定的民族或者族群。这一思想体现在赫尔德（Johann Herder）等德国浪漫派崇尚文化差异的论述中，而后在法国保守派政治哲学家迈斯特（Joseph De Maistre）那里获得回响。这种反启蒙论述的政治化为身份政治播下了最初的种子。② 随着现代启蒙理性神话的破灭，过去被遮蔽的主体对于他者的支配和压迫现象随之展现于世人面前，身份政治就是那些传统上被视为"边缘人"的他者对这种支配关系的斗争实践。

对于后现代的身份认同政治而言，"主体"概念的解构是其理论出发点。只有解构了"主体"概念，才能看到现代社会微观权力关系当中的压迫现象，被"主体"神话所遮蔽的暗无天日的"他者"形象才得以出场。"后现代主义和解构主义相关的理论著作在使认同政治得到表述上起着尤其重要的作用。"③ 在这当中，福柯的话语理论对于身份政治的理论建构及实践尤为重要，福柯通过对历史特定阶段的说明给主体和他者的对立关系是如何在话语实践中被建构出来的提供了范例。不仅主体是建构的，他者同样是被建构的，并且在被建构的同时已经暗含了对他者的排除和压迫。各种各样的弱势群体从福柯的理论中看到了身份塑造的同时被规训的自己的影子，"对于那些与各种不同形式的社会控制作战的人来说，它简直成了金科玉律。作为真正反抗规训实践的批判武器，福柯的观点成了形形色色的局部斗争的利器"④。

对于许多人而言，当下西方国家声势正猛的身份政治是一种深度现代

① Eric Hobsbawm, "Identity Politics and the Left," *New Left Review*, 1996：45.
② 刘擎：《身份政治与公民政治》，《中国图书评论》2019 年第 8 期。
③ 〔英〕戴维·钱尼：《文化转向——当代文化史概览》，戴从容译，江苏人民出版社，2004，第 145 页。
④ 〔法〕弗朗索瓦·多斯：《解构主义史》，季广茂译，金城出版社，2012，第 312 页。

（deep modern）或后现代（post modern）的政治形态。① 从本质上说，后现代身份政治的兴起是从同一性哲学的批判当中发展而来，通过对传统政治普遍主义的同质化倾向和对少数排除倾向的批判，对被压迫的"他者"予以尊重和承认，并以此形成一种彻底的开放性的多元的政治民主。② 因此，他们提出，认同政治只有放在后现代的脉络中看，才能显现其底蕴。③ 所以，认同问题乃是"作为一种政治的后现代"的关切所在。易言之，后现代的政治问题不啻就是认同问题。④

第三节　对身份政治的批评

身份政治实际上是资本主义社会进入发展新阶段产生的新的政治社会现象。一方面，身份政治为社会边缘群体发声，争取特定群体的权利，在一定程度上改善了边缘群体的处境，促进了社会的公平和正义。另一方面，身份政治的文化特质使得它无法从根本上改变资本主义社会的本质，甚至无意识中成为资本主义意识形态的共谋。⑤ 目前，对身份政治主要有以下批评。

身份政治是排他性政治。身份群体只关心自己、为了自己，而不是别人。这些群体组成的同盟，不是通过一套共同目标或价值观维系起来，只是临时拼凑的统一，很像战争期间为了对抗共同的敌人而临时组成的国家同盟。当他们彼此不需要的时候，就会分裂。⑥ 埃里克·霍布斯鲍姆（Eric Hobsbawm）认为："这种高度排他性的身份政治，不论终极目标为何，其悲剧性在于它根本就行不通，众人只能表面上假装它是可以实现的事实……它并不是用来处理 20 世纪末以来种种难题的方法，只是面对这些难题时产生的一种情绪反应而已。"⑦ 其实，"排他性的身份政治对人们来说不是天生的；而更有可能是被外力强加的——就像本来居住在一起、互相交往和通

---

① 任剑涛：《在契约与身份之间：身份政治及其出路》，《当代美国评论》2019 年第 2 期。
② 汪越：《身份政治的理论逻辑》，《学术界》2018 年第 3 期。
③ 孟樊：《后现代的认同政治》，（台北）扬智文化事业股份有限公司，2001，第 243 页。
④ 孟樊：《后现代的认同政治》，（台北）扬智文化事业股份有限公司，2001，第 243 页。
⑤ 汪越：《身份政治的理论逻辑》，《学术界》2018 年第 3 期。
⑥ 〔英〕埃里克·霍布斯鲍姆、易晖：《身份政治与左派》，《汉语言文学研究》2017 年第 1 期。
⑦ Eric Hobsbawm, *Age of Extremes: The Short Twentieth Century 1914-1991*. London: Abacus, 1995, pp. 429-430.

婚的塞尔维亚人、克罗地亚人和波斯尼亚的穆斯林被迫分离，或者以柔性的方式分离"①。

身份政治甚至会导致彼此的争斗。"身份认同政治的动能会刺激更多同类的东西萌生，因为身份认同群体会开始视彼此为威胁。不同于经济资源的争夺，身份认同的诉求通常是不可谈判的：基于种族、族群或性别的要求社会承认之权利，是以固定的生物学特性为根据，不能拿来交换其他物品，也不容删减。"② 身份政治将一个通过差异寻求解放的普遍主义诉求，发展为通过差异再造压迫的反动政治，从而使任何性质的和解都变得不可能。③ 因为任何对身份的主张都必须围绕一种结构性排斥来组织自身，身份是在一系列已被社会承认的差异之间建立起来的。身份政治的危险正在于，它将一种实际上由它与他者的对立所定义的身份，作为自我或群体的真实身份。④

身份政治是个人主义政治。马克·里拉甚至认为，身份政治实际上是一种"伪政治"（pseudo-politics），因为它无法提出一种能够吸引大多数人的政治愿景，相反却用无数碎片化的身份团体各自的政治愿景，撕裂了社会的团结，加深了族群分裂；而且，它偏离了权力这个政治的核心问题，沦为空洞的自我表演和缺乏建设意义的社会（抗议）运动，加剧了社会的对立与分裂，导致现实政治的极端化。激烈的政治对峙让政治共识越来越难以达成，西方民主政治走向否决为上、治理为下、政争不断、效率低下的恶性循环。⑤ 同时，由于身份政治的冲突，让怨恨政治（resentment politics）和民粹主义得以大行其道。在这种政治极化的环境中，"否决政治"的盛行常常导致国家机器运转失灵。⑥

一些身份政治的研究者，譬如查尔斯·泰勒（Charles Taylor）、福山等

---

① 〔英〕埃里克·霍布斯鲍姆、易晖：《身份政治与左派》，《汉语言文学研究》2017 年第 1 期。
② 〔美〕法兰西斯·福山：《身份政治：民粹崛起、民主倒退，认同与尊严的斗争为何席卷当代世界?》，洪世民译，（台北）时报文化出版企业股份有限公司，2020，第 169 页。
③ 孔元：《身份政治、文明冲突与美国的分裂》，《中国图书评论》2017 年第 12 期。
④ Cressida Heyes, "Identity Politics," in Edward N. Zalta (ed.), *The Stanford Encyclopedia of Philosophy*, https：//plato. stanford. edu/archives/fall2017/entries/identity-politics.
⑤ 节大磊：《美国的政治极化与美国民主》，《美国研究》2016 年第 2 期。
⑥ 徐彬、卜永光：《新身份政治兴起及其对西方国家治理的挑战》，《国外社会科学》2020 年第 3 期。

人常常将身份政治与社群主义联系在一起，强调身份政治的集体主义特征。马克·里拉并不否认身份政治的主要表现形式是各种身份团体，并且常常提出集体性诉求，但是，这种表面的集体主义的背后实际上是一种极端的个人主义。当这种个人主义趋向极端之时，其所认同的对象会越来越狭隘，认同的稳固性会变得越来越脆弱。马克·里拉认为，美国当代的身份政治其实就是极端个人主义在政治认同领域的一种表现。

身份政治可能损害民主和自由。和激进左派一样，自由派也批评身份政治的解构力量。美国社会批评家托德·吉特林（Todd Gitlin）就指出，身份政治产生于爱国主义、公民信念等普遍主义信念的解体，不管其来源如何，它都既不是道德的，也不是政治的，它无法真正安抚一个受伤的心灵，无法在一个民主政治下将少数族群的诉求凝聚成一场取得胜利的政治运动。[①]

身份政治催生或制造一种"政治正确"而威胁言论自由，以及范围更广的维系民主所需的那种理性的论述。一旦执着于身份认同，就会与商议性的话语发生冲突。因为身份认同聚焦于特殊的人生体验，巩固情绪感受，而非理性检视的内在自我。身份认同可能会增强其认同的小群体（in-group）的信任，但同时却加剧了这一群体与其他群体之间的区隔，因此狭窄的群体身份认同，会危害公共沟通和真正的集体行动。[②] 身份政治将复杂的经济和社会议题简单归结为身份差异，回避了严肃的政治辩论，从而降低了公共政策的质量。[③] 戴维·阿泽拉德（David Azerrad）因此主张抵制身份政治，不是因为它替那些受过不义对待的人鸣不平，而是因为它腐蚀爱国纽带，培育仇恨，推销文化分离主义，要求特殊待遇而非法律面前的人人平等，从而对共和国的自治构成威胁。[④] 对身份的认同和忠诚，可能会压

---

① Todd Gitlin, *The Twilight of Common Dreams: Why America is Wracked by Culture Wars*. New York: Metropolitan Books, 1995; Todd Gitlin, *Letters to a Young Activist*. New York: Basic Books, 2003, p. 127.

② 〔美〕法兰西斯·福山：《身份政治：民粹崛起、民主倒退，认同与尊严的斗争为何席卷当代世界?》，洪世民译，（台北）时报文化出版企业股份有限公司，2020。

③ 陈金英：《美国政治中的身份政治问题研究》，《复旦学报》（社会科学版）2021年第2期。

④ David Azerrad, "The Promises and Perils of Identity Politics," Https://americanmind.org, 2019.

倒对规则和契约的遵守，对现代契约政治构成一种颠覆，使其陷入危机之中。① 从这个意义上而言，身份政治及其带来的"新部落主义"，则可视为对前现代政治某种程度的回归。②

身份政治掩盖了西方资本主义的剥削。身份政治以群体差异性奠基，无法有效整合一国之内的公民身份，它不能成为现代政治的引导力量。

建立在话语理论基础之上的身份政治过分强调和夸大了文化领域在社会生活当中的作用，激进的后现代主义理论对主体性、普遍性、宏大叙事彻底解构的结果是用"我们对世界的认识"代替"我们对世界的行动"，这样只会陷入一种唯心主义之中，这就导致了身份政治尽管在理论上激进地批判资本主义社会，然而在实践中却表现为温和的改良主义政治和资本主义制度范围内的协商民主。对本质主义和经济决定论的批判导致了经济平等议题在日复一日的文化斗争和文化议题喧嚣中的失声。身份政治既在分化也在去政治化，把人们的注意力从晚期资本主义的破坏转移到上层建筑的文化适应上，让经济结构保持不变。西方左派的文化政治片面地强调认同和承认，淡化和抹杀再分配要求的正当性，产生了自我认识的"错位"——"资本主义已经渗透到世界的每个角落，而这些身份文化主义者却将其自然化，不顾剥削和压迫的现实，压迫工人服从于利益最大化和资本积累的要求"③。身份政治将其视角始终局限在文化上层建筑，甚至自身成为社会文化建构的一部分，而无法引向真正基础性、制度性的变革，由此大大消解了其自身的进步力量。④ 它错误地认为，只要少数族裔、女性、特殊性取向群体在统治阶层中有一定比例的代表和话语权，就不用从根本上推翻资本主义制度。⑤ 它的批判对资本主义的统治没有造成根本威胁，甚至帮助他们转移和模糊了真正的矛盾，把左翼政治引向了错误的方向。就

---

① 任剑涛：《在契约与身份之间：身份政治及其出路》，《当代美国评论》2019年第2期。
② 徐彬、卜永光：《新身份政治兴起及其对西方国家治理的挑战》，《国外社会科学》2020年第3期。
③ L. M. Alcoff, M. Hames-García, and S. P. Mohanty, et al., *Identity Politics Reconsidered*. Palgrave Macmillan, 2006, p. 32.
④ 涂锋：《身份政治第三波与西方国家的政治衰败——基于国家建构视角的分析》，《政治学研究》2021年第3期。
⑤ 〔英〕阿萨克·库马尔、戴里娅·加布里尔、亚当·艾略特-库珀、〔美〕施卢蒂·艾耶：《马克思主义对当代身份政治的介入》，《国外理论动态》2019年第1期。

像玛丽·莫兰（Marie Moran）指出的那样，身份政治"提供了一个仍与新自由主义的政治结构保持兼容的代议制政治版本"①。

一些左派对身份政治的批评主要有两点。一是身份政治追求差异性，背叛了社会主义革命的普遍理想。英国左翼历史学家埃里克·霍布斯鲍姆指出，身份政治追求的是在一个给定的政治共同体内部谋求优惠、差别待遇或者寻求特殊对待，因此是一种宣泄、佯装的政治。② 然而，左派的政治规划原本是普遍主义的，其终极目标是普遍人类的平等和社会公正。二是身份政治不关心物质基础和阶级斗争，背叛了社会主义革命的平等理想。对身份政治持批判立场的美国政治学家阿道夫·里德（Adolph Reed）指出，左派政治的核心是批评和反抗资本主义，追求在经济上更加平等的社会。可是，身份政治不但无法实现这一点，而且为这种不平等提供了一种精英主义的辩护，它不是阶级政治的替代，而是沦为它的一种形式。③

总之，身份政治不能取代传统的公民政治。身份政治不能变成一种自恋性的肯定，不应在否定公共生活和私人生活的界限之余，把自我认同的改变视为社会的改变，只强调某一特定认同的重要，而对构连不同认同的社会政治理论漠不关心，使其沦为"认同的反政治"。公民的权利和自由，需要持久地参与政治。进而言之，后现代的认同政治，由于它不以彻底改变国家体制为其斗争目的，也不以选举策略为唯一手段，而只是在社会中争取其特定的认同，进而形成一种具有自我解放意识的独立文化，以此来实现其激进民主的目标，因此，充其量只能作为现代公民政治的补充，而不应取公民政治而代之。④

不过，也有不少人提出，这些对身份政治的批评，要么夸大了身份政治的消极作用，要么对身份政治存在误解。美国劳工阶层的研究者认为，身份政治不完全是阶级政治的替代，而是和阶级政治一样，都反映了特定的社会结构。简单地将当前美国（乃至欧洲）政治中的分裂和极化现象归

---

① 〔爱尔兰〕玛丽·莫兰：《身份和身份政治：文化唯物主义的历史》，《国外理论动态》2019年第1期。
② 〔英〕霍布斯鲍姆：《极端的年代》，郑明萱译，江苏人民出版社，1999，第639~642页。
③ 孔元：《身份政治、文明冲突与美国的分裂》，《中国图书评论》2017年第12期。
④ 孟樊：《后现代的认同政治》，（台北）扬智文化事业股份有限公司，2001，第336、345~346页。

咎为身份政治，甚至归结为身份政治对阶级政治的替代则有可能遮蔽事实的真相。在身份政治的背后，常常能够发现更为复杂的利益冲突。在很多时候，身份政治和阶级政治的关系是错综复杂的。"身份政治并不是万能的，但是它能帮助我们理解社会不平等是如何运作的。比起争论阶级地位和身份政治何者更重要，了解这两者是如何交织在一起的要有意义得多。……我们必须了解他们在真实的生活中是如何相互交织的。"① 对于身份政治，必须做出客观的评价。

第四节　身份政治与公民政治的调和

身份政治源于对启蒙普遍主义的反叛，② 它建基于特殊主义，强调身份的差异性（而不是同一性），因此与普遍主义的公民政治必然存在紧张和冲突关系。基于此，一些学者提出了诸多不同的解决方案。

激进民主的公民。左翼政治理论家墨菲（Chantal Mouffe）提出一种激进民主的方案。③ 她认为传统的自由主义"权利公民观"（citizenship as rights）只强调个人权利的优先性，从不阐释行使权利的导向和内容，把所有"规范性"关怀都划入"私人道德领域"，使政治越来越丧失其伦理维度，仅仅关注既定利益之间的妥协。墨菲对公民身份重新进行诠释，对她而言，公民身份不是自由主义简约的"法定身份"（legal status），也不仅仅是享有法律保护、被动的权利拥有者，而是一种出于公共关怀、服从政治行动"语法"的政治身份。这一"语法"，就是"人人自由平等"的原则。只有遵循这一原则，围绕各种身份（女性、工人、黑人、同性恋者和生态主义者等）展开的政治运动才能关联、通约，具备激进民主的共通性，进而构成激进民主的公民。这样的公民身份并不是现成的或者被赋予的，而是"通过对公共关怀的认同行为来获得"④。公民是在各种社会运动的民主

① Alethia Jones, "Identity Politics: Part of a Reinvigorated Class Politics," *New Labor Forum*, 2010 (19): 12-15.
② 刘擎：《身份政治与公民政治》，《中国图书评论》2019 年第 8 期。
③ Chantal Mouffe, *Dimensions of Radical Democracy: Pluralism, Citizenship, Community*. London: Verso, 1992, pp. 235-238.
④ Chantal Mouffe, *Dimensions of Radical Democracy: Pluralism, Citizenship, Community*. London: Verso, 1992, p. 235.

要求中所建构的一种集体性的政治身份，使各种批判性的社会力量结为联盟。墨菲试图以新的公民政治概念把各种局部的甚至无关的社会运动集结起来，形成最广泛的左翼政治联盟，从而争取激进民主力量的优势地位，在身份政治与公民政治之间建立联系。墨菲的这种激进民主的公民观，其实是针对当前的公民身份（而非身份政治）的弊端而提出来的。在现实中，身份政治运动人士把"人人自由平等"仅作为口号，他们自己未必会遵从这一原则，各种身份政治运动往往无法通约。

差异性公民身份。艾利斯·扬是多元文化主义与"差异政治理论"的代表性人物。其在《政治与群体差异：对普世性公民观理想的批判》一文中，提出"差异性公民身份"（differentiated citizenship）。[1] 她指出，那种普遍主义的超越群体差异的公民观是非正义的，因为在现存的社会中某些群体享有特权，而其他群体受到压制，压制的形式包括剥削、边缘化、无力状态、文化帝国主义以及暴力与骚扰。在这样一个社会中，"如果坚持主张作为公民的人们应当抛开他们独特的归属关系和经验而采纳一种普遍的观念，那就只会加强特权。因为特权者的观点和利益会在统一的公众中占据支配地位，而其他群体的观点和利益却会被边缘化而没有发言权"[2]。她认为，"实现普世性公民理想的企图，就是将公众具体化为与特殊性相对立的一般性，与差异性相对立的同质性，这将使得一些群体被排斥或处于不利之境地，即使他们拥有形式上平等的公民身份"[3]。让每个社会成员获得平等的尊重与对待是公民政治的目标，而要达成这种目标，要求我们承认和重视群体差异；忽视和抹去这种差异的"一视同仁"或"无差别对待"，反而背离了这一目标。因此，追求真正的平等政治，需要承认群体差异，认真对待他们的不利处境和特殊需求。为此，她提出：对于在文化上被排斥的群体，提供有效的制度性手段，寻求解决其需要的平等承认和平等代表的问题；针对他们可能特殊的（如在语言和习俗等方面的）文化需求，提

---

[1] Iris M. Young, "Polity and Group Difference: A Critique of the Ideal of Universal Citizenship," *Ethics*, 1989, 99 (2): 250-274.

[2] Iris M. Young, "Polity and Group Difference: A Critique of the Ideal of Universal Citizenship," *Ethics*, 1989, 99 (2): 257.

[3] Iris M. Young, "Polity and Group Difference: A Critique of the Ideal of Universal Citizenship," *Ethics*, 1989, 99 (2): 257.

供有效的支持性政策来满足。在许多国家或地区，的确也是按照艾利斯·扬的主张去做的，但在实践上，要么做得不够，要么做得过多，以致无法真正实现平等政治。因此，针对这些被边缘化甚至被排斥群体的特惠制度和政策必须在"差异性"和"普世性"之间寻求一种平衡；然而，这种平衡在具体实践中又往往难以把握得恰到好处。

求同存异。政治自由主义提供一种"求同存异"方案，即"求政治之同、存文化之异"。每个人可能具有多重身份，可能归属多种群体，但在政治意义上共同的公民身份应优先于其他群体或个人身份。这种思路体现在罗尔斯对两类身份的区分之中：作为公民的"公共身份"（public identity）以及作为私人个体的"非公共身份"（nonpublic identity）。但是，将公共领域与私人领域做截然分离，并试图将群体身份完全限制在私人领域，在许多情况下是不可能的。这种政治自由主义方案遭到了从保守的社群主义到激进的左翼政治理论的批判。当下西方社会的政治现实是，各种差异化的身份群体具有强烈的政治诉求，并活跃在政治活动之中。

重返公民政治。对左派与自由派沉湎于身份政治，马克·里拉（Mark Lilla）提出了尖锐批评，认为鼓励和放任"多元文化主义"，过分强调文化身份多元差异对民主政治带来了威胁。以特殊主义的身份论述来塑造政治，无论在道德上多么有价值，在现实政治中，尤其就选举政治的竞争策略而言，是极不明智的。诉诸公民的共同性和团结，而不是强调各特殊群体的独特差异，变得至关重要。为此，他呼唤从身份政治的歧途中迷途知返，重返公民政治。强调基于普遍平等与自由权利的共享公民身份，并重视绝大多数人关切的问题。他有关未来自由派政治的建设性主张，包括三种优先性，即"制度政治优先于运动政治""民主的说服优先于盲目的自我表达""公民身份优先于族群或个人身份"，并提倡在校园中展开"公民教育"。马克·里拉的主张跟艾利斯·扬的观点形成鲜明对照。

霍布斯鲍姆也提出，在单一的国家之内，存在一种包容性（comprehensive）的身份政治形式——公民民族主义（citizen nationalism），它建立在一种共同诉求的基础上，为我们提供了一个共同的身份，或者用本尼迪克特·安德森（Benedict Anderson）的说法，"一个想象的共同体"，至少作为想象是真实的。[1]

---

[1] Eric Hobsbawm, "Identity Politics and the Lef," *New Left Review*, 1996: 45.

　　福山提出了类似意见。他认为，若左派和右派的议程都转向保障更狭窄的群体的身份认同，那最终会影响沟通和集体行动的可能性。这种情况的解方不是抛弃身份认同的理念——现代人太习惯从身份认同角度思考自己和周遭社会——而是定义出范围更大且更具整合性的国族认同，充分考量现有自由民主社会的实际多元性。① 他开出的药方是，美国应重新围绕核心价值观，确立一种超越种族、民族或宗教差异的"信念式国民身份"，并通过公民教育等方式推动移民同化。② 然而问题是，当经济上的不平等得不到解决，当身份背后的阶级利益冲突无法调和，所谓构建"信念式国民身份"，不过是企图以一种新的身份政治运动来解决当前身份政治问题的饮鸩止渴式方案。③

　　调和论。刘擎提出"调和论"（reconciliation）。一是着眼于发掘公民政治与身份政治之间的兼容性。身份政治将自身的特殊诉求表达为公民政治的一部分，同时，公民政治积极吸纳这种差异政治的诉求，寻求逐步减少并最终消除这些差异及其需要的特殊待遇。二是主张"差异化地对待差异"的原则。区别正当与非正当的差异性诉求，对正当与合法的差异性诉求建立优先性排序。一种基于群体身份的特殊要求，需要在对照其他群体身份的要求以及社会整体要求的平衡考量中予以评价，并不是所有正当的特殊要求都具有同等的优先性。三是批判性地反思身份与身份政治的极端化。群体的特殊性本身不具有天然的正当性，而必须被纳入民主政治的规范性视野中予以考察和判断。四是身份政治在实践中应当尽可能地将自身诉求的特殊语言"转译"为公民政治的语言或其可理解的语言。④ 其中，"差异化地对待差异"的原则富有创见。南茜·弗雷泽（Nancy Fraser）反对艾利斯·扬那种不加区分地、无差别地对差异予以承认和肯定，她认为在现实中存在多种差异，有的差异应该被消除，有的差异应该得到普及，有的差

① 〔美〕法兰西斯·福山：《身份政治：民粹崛起、民主倒退，认同与尊严的斗争为何席卷当代世界？》，洪世民译，（台北）时报文化出版企业股份有限公司，2020，第169页。
② 〔美〕弗朗西斯·福山：《信念式国民身份——应对身份政治带来的民主危机》，《国外社会科学前沿》2019年第11期。
③ 陈金英：《美国政治中的身份政治问题研究》，《复旦学报》（社会科学版）2021年第2期。
④ 刘擎：《身份政治与公民政治》，《中国图书评论》2019年第8期。

异则应该承认其价值。换言之，她主张一种差异化的差异政治。① 可是，在现实中差异化地对待差异往往较难操作。

上述这些对身份政治和公民政治调和的主张或解决方案，实际上主要建基于对身份政治、公民政治以及二者关系不同的理解之上：有的认为二者之间是可以协商的，有的则认为二者是对立的；有的用公民政治来包容或整合身份政治，有的则强调身份政治的差异性价值；有的主张重返传统的公民政治，有的则主张激进的后现代身份政治。

此外，也有人主张身份政治与社会平等政治相结合。随着身份政治的兴起、阶级去中心化等一系列变化，人们似乎正从社会主义的想象（其中正义的核心问题是再分配）转向"后社会主义"的政治想象（其中正义的核心问题是承认），为了捍卫其"身份"、为了结束"文化统治"、为了赢得"承认"而斗争。其结果导致了文化政治与社会政治的分离以及后者被前者所遮蔽。作为法兰克福学派第三代社会批判理论的代表人物，南茜·弗雷泽提出，"任何站得住脚的社会主义后续方案，都不可能为了支持文化差异而放弃对社会平等的承诺。否则，将在事实上与占支配地位的新自由主义达成共识。……批判理论家应该驳斥这样一种主张，即我们必须在再分配政治和承认政治之间做出非此即彼的抉择"。为此，她主张"不应该简单地用承认的文化政治替代再分配的社会政治。确切地说，需要把二者结合起来"②。对于身份政治，她建议采取能够与社会平等政治结合起来的身份政治形式。

总之，身份政治和公民政治能不能调和以及如何调和，仍然有待于未来政治理论的创新和政治实践的发展来破解。

---

① 〔美〕南茜·弗雷泽：《正义的中断——对"后社会主义"状况的批判性反思》，于海青译，上海人民出版社，2009，第217页。

② 〔美〕南茜·弗雷泽：《正义的中断——对"后社会主义"状况的批判性反思》，于海青译，上海人民出版社，2009，第6页。

第十一章　文化规训

讨论规训（discipline）这个概念，必须从法国历史学家福柯（Michel Foucault）着手。福柯于《规训与惩罚》一书中，指出"权力产生知识"、"权力与知识是直接相互指涉的"[①]。教化通过权力的行使，增进国家与人口的经济能力。福柯论证的这种与知识结合的权力模态，即为"规训"，并充斥于各个体制机构对人身控制的政治经济学中：

> 这种知识和驾驭构成了某种可成为有关人身的政治技术学的东西。……尽管其结果具有统一性，但一般来说它不过是一种形式多样的操作。而且，它不可能仅存在于某种特殊的体制或国家机器中。……在某种意义上，国家机构和各种体制所关涉的是一种关于权力的微观物理学，其有效领域在某种意义上是介于这些重大的运作与具有物质和力的人体本身之间。[②]

福柯指出权力不是单一中心，而是节点式的网络；掌权者的统治技术可以被转换、灵活运用，但目标最后皆同样指向一个驯服且具有生产性的身体，乃至国家和社会。

第一节　福柯的权力观

福柯在《必须保卫社会》第一篇演说稿中，针对两条传统的权力观路

[①] 〔法〕福柯：《规训与惩罚》，刘北成、杨远婴译，（台北）桂冠图书股份有限公司，1992，第 29 页。

[②] 〔法〕福柯：《规训与惩罚》，刘北成、杨远婴译，（台北）桂冠图书股份有限公司，1992，第 28 页。

径——"法律—政治理论"（juridical-political theory）和"权力的压抑假设与战争假设"（the repressive hypothesis/war hypothesis）进行了批判，并提出一套与过去截然不同的权力观，开启了对权力新的认识与理解。①

一　法律—政治理论

福柯指出，法律—政治理论衍生出的权力，和马克思主义之间有某种共同点，亦即权力中的"经济主义"：

> 在经典法权理论中，权力被视为一种权利，人们像拥有财产一样拥有它，因此可以全部或部分地通过法律行为或建立法律的行为来移转和让渡（过程发生的瞬间是不重要的），这属于占有或契约的范畴。权力具体地是每个个人拥有的，他将它全部或部分让渡出来从而建立一个政治权力，政治统治权。②

基于上述思考，权力通过经济来决定它的形式，成为一种可占有、固定、生产/再生产，并服务于经济的"商品"和"东西"。托马斯·霍布斯（Thomas Hobbes）认为，个体与他人最初的关系，是建立在自身持有物——财产之上。因为这个自身持有物而与其他人产生权力关系，最后每一个体以让渡自己的权力，而形成了最高统治权（sovereign power），这种臣属（subjection）转而形成主体（subject），重新规范自己与自身持有物，以及他人的关系。此处，权力是外于主体而发挥作用的，主人是主体，其作用效果是主体持有之物。权力如同商品，在社会中总有一群人或一个阶级，占有全部或大部分权力。

马克思主义也认同权力是被占有之物，但不同意权力是基于契约的让渡。马克思主义认为，权力是侵夺而来以维护且持续某种生产模式。因此，权力关系反映了生产模式的不平等。然而，福柯认为只将权力视为维持生产模式运作的工具，认为权力是支配者以排除、禁止的方式来达成自己阶级利益的看法限制了对权力真实面貌了解的可能。他提出权力并不是法

① 〔法〕福柯：《必须保卫社会》，钱翰译，上海人民出版社，1999。
② 〔法〕福柯：《必须保卫社会》，钱翰译，上海人民出版社，1999，第12页。

律—政治理论规定的契约关系中可被赠予、交换、补偿的某种固有物品，而应该是积极的、具有生产性的。在《规训与惩罚》里，福柯指出驯服身体是通过不间断地控制、操练和监督活动的过程，并竭尽所能地严密划分时间、空间与活动所形成的。借此征服人体，亦将柔顺—功利关系融入这些力量，这种涉及时间精密区分，训练人体能量成为生产力，以供给资本社会劳动力的过程与方法，即为"规训"。①

二 权力的压抑假设与战争假设

延续传统法律—政治的权力概念，权力被视为一种压迫、斗争的形式，具有压迫（repress）阶级、个人、本能的性质。福柯提出了过去理解权力的两个假设。首先，"权力机制主要是镇压"——或称"莱切假设"。从黑格尔、弗洛伊德到威廉·赖希（Wilhelm Reich），皆认同"权力是压迫之物"的定义，以放弃让渡的术语，或是用生产再生产的逻辑来分析，这其实与法律—政治理论相互呼应。权力乃奠基于法理上的契约关系，超出契约范围时，便由司法秩序与统治权来决定，这时权力即是"压迫"（oppression）。其次，"权力是战争"——或称"尼采假设"。不是以契约—压迫（contract-oppressive）的方式理解政治权力，而是根据战争—镇压（war-reppessive）的方式。福柯提出"战斗"强调权力机制与效力是竞争、支配的关系，而非可让渡的权力零和博弈的关系（zero-sum game）。以战争比喻权力的关系包括以下两种意涵。

第一，首先在于强调对抗、竞争的持续状态。所谓政治权力使战争结束，带来"和平"，也只是"政治是战争中表现出来的力量不平衡的确认与继续"的一种表现。②

第二，权力已然成为一种战斗。因此，要了解权力如何运行，便需要分析战争中的机制、战术与部署。例如规训身体的精算技艺，亦即一种"身体的政治技术"（political technology of body）的微观权力（infinitesimal power）。

---

① 〔法〕福柯：《规训与惩罚》，刘北成、杨远婴译，（台北）桂冠图书股份有限公司，1992，第137页。
② 〔法〕福柯：《必须保卫社会》，钱翰译，上海人民出版社，1999，第14页。

　　两种权力观其实彼此相关，皆认同压抑的存在，但最根本差异在于"压抑假说"预设了一个不受压抑的本性或本能，似乎在挣脱权力关系之后，有一个外在于权力的具有自主性主体的存在。但"战争假设"并不这样理解权力，本性与本能也是知识战争的结果，主体是被知识探讨挖掘的对象，因而形成权力—知识的客体。福柯认为压抑假说最大的问题是误以为去除权力后就能摆脱权力，然而，这已经是一个全面监控、作战的社会。

三　福柯分析权力的方法

　　福柯提到要跳脱传统的权力观，必须从几个面向分析权力。

　　第一，不要在权力的中心位置，重要的是权力变成毛细血管的状态。我们必须在这些密布的节点中，去分析各种机构中管理的技术，也就是"权力的微观物理学"。福柯说道："在权力最地区性的、最局部的形式和制度中，抓住它并对它进行研究，权力，尤其在那里突破了组织它和限制它的规则，在这些规则之外延伸，直入制度之中，在技术中具体化并给自己提供介入的物质工具，甚至可能是暴力的。"[①] 权力毋宁说是一种"能量"的东西，永远不会固定在任何地方，而是在一个如同毛细管的网络中循环流窜。

　　第二，避免在意图或决定层面上作内部观点分析。不要质问"谁拥有权力"，应从权力的外部方面研究，分析权力的运行空间。福柯认为法学家皆想通过个体和意志的多样性，来了解一个灵魂（统治权）所形成的单一意志或实体（body）；不如尝试由那些作为臣属关系，所建构出的个人来讨论。

　　第三，不要把权力当作统治整体的单一同质现象。权力不是将人分为独占/未拥有或统治/服从两种范畴。福柯说道："权力应当作为流动的东西，或作为只在链条上才能运转的东西加以分析。权力从未确定位置，它从不在某些人手中，从不像财产或财富那样被据为己有。权力运转着。权力以网络的形式运作，在这个网上个人不仅在流动，而且他们总是既处于服从的地位又同时运用权力。……权力通过个人运行，但不归他们所有。"[②]

---

　　① 〔法〕福柯：《必须保卫社会》，钱翰译，上海人民出版社，1999，第26页。
　　② 〔法〕福柯：《必须保卫社会》，钱翰译，上海人民出版社，1999，第27~28页。

由此可知，个人不是权力的对立面，而是权力建构的结果，以及它得以传递的承载体与节点。另外，根据以上这段话可以理解个体受结构形塑的观点。

第四，观察权力应该是由下而上的分析方法（an ascending analysis of power）。若从权力中心开始向下分析，容易忽略细微精致的权力运作图像。因此，福柯观察权力的下层如何分布，从不同历史权力的微观机制（micromécanique）着手，了解它们的轨迹、技术与战略，以及如何转化、开展、扩散至越来越普遍的机制中，成为自己的专门技术。

第五，在权力网络所及的底层，并非意识形态，而是知识形成和积累的实际工具。当权力在精致的机制中运行时，需要知识的形成、组织与流通。如果没有知识的工具，便无法成功，这些知识机制并不是意识形态的建构。福柯在《真理与权力》中，批评马克思主义和弗洛伊德对意识形态的预设，认为从所有错误与幻觉中挣脱后，可得到类似清晰透明（quasi-transparent）的知识。福柯指出了用意识形态解释权力会产生的问题："意识形态的概念，在我看来难以使用的原因有三个。第一，无论喜欢与否，它总是站在与其他一些东西的虚拟对立上，例如真理。现在，我相信问题不在于科学范畴或真理与其他论述范畴之间的划线区隔，而是历史性地去理解真理的效果如何在论述中被生产，这些真理的效果并无真假可言。第二，我认为意识形态的概念必然涉及臣属次序（order of a subject）的问题。第三，相对于下层结构的功能，例如物质、经济等决定性因素，意识形态总是位于一个次要的地位。基于这三个原因，我认为意识形态的概念，不能不加谨慎地使用。"[1]

由此可知，"真理"是一种历史定位诠释的东西，无论哪一范畴的论述，皆源自权力建构的框架。同时，知识不只是某一阶级利益，更重要的是它如何被生产。真理只是一种制造出的"效果"，与其追问其本质的真假，不如质疑是谁在发言、说这些话。因此，福柯使用权力—知识的关系，来彰显它与意识形态的不同之处，以及注重由下向上衍生的技术累积。

---

[1] Michel Foucault, *Power/KnowledgeL: Selected Interviews and Other Writings.* New York: Pantheon, 1980, p. 118.

四　规训:"权力—知识"与主体化

福柯说:我们必须停止用负面词语形容权力的影响:"排除""压抑""禁止""撷取""掩盖""隐藏"。事实上,权力是具有生产力的,它所生产的是现实……个体以及通过此个体获得的知识便来自这样的生产过程。[①]

福柯认为知识是来自不同文化、时代所产生的变动诠释,必须有历史性的检验意识;那么权力/知识如何行使于个人并形成主体,便紧扣在"权力—知识"关系中,成为不可忽视的环节。福柯在《主体与权力》一文里提出三种将人类转变为主体的客观化模式。第一种是以科学赋予自身地位;第二种是将人类一分为二的"区分实践"(dividing practices),如疯子与正常人、病人与健康者、罪犯与"好人";第三种是如何把自己变成主体。

权力关系意味着理论与实践两者的联结,其中包括"针对各种权力形式所引发的反抗形式作为出发点。……与其从权力内部理性来分析,不如从策略的对抗性去分析权力"[②]。不同的抵抗权力方式是对个体地位的斗争提出疑虑,如反对男性对女性、父母对孩子、精神病学对精神病患、医学对人口、行政管理对人们生活方式等种种权力。这种斗争是反对个体化的治理(government of individualization),均围绕着"我们是谁"的问题,同时拒绝任何决定人们是谁的抽象概念。

这种权力技术在日常生活中展现,将个体分类并标注其类别,使得人们依附、认同属于这个范畴的个性,他人从而能够识别出"真理"的规律。福柯指出:"这是一种使个体变成主体的权力形式。主体一词有两个意思:通过控制和依附臣属于他人,以及将自己的认同绑束在良知或自我知识上。两种意义皆意味着驯服与处于屈从地位的权力形式。"[③]

主体之所以形成,是来自权力—知识在不同领域论述的建构。是故,

---

① Michel Foucault, *Discipline and Punish: The Birth of the Prison*. London: Penguin, 1991, p. 194.

② Michel Foucault, *Power/Knowledge: Selected Interviews and Other Writings*. New York: Pantheon, 1980, p. 211.

③ Michel Foucault, *Power/Knowledge: Selected Interviews and Other Writings*. New York: Pantheon, 1980, p. 212.

权力—知识赋予主体某些特质，而主体是一种承载体，因此主体内存于权力关系当中。福柯甚至在《规训与惩罚》第一章末尾指出："灵魂是人身的监狱。"① 权力的影响深入灵魂，灵魂再将这种效果施行于身体之上，人因而产生"得当"的行为。

福柯对于权力、知识、主体三者关系的讨论，颠覆了传统权力观的看法，"知识"是福柯研究权力的对象，他以历史性眼光来检视知识与真理的形成，权力—知识彼此相互作用产生主体，借此厘清我们是谁，并借此分析日常生活中的机构如何统治我们以及我们如何开始怀疑所谓的真理，从而发出"我们是谁"的质问。福柯追溯权力的源起和它在社会中的运作形态，指出权力运作从传统权力掌握在少数人手中的主权权力（sovereign power），逐渐变成不同专属机构实施的现代社会权力，比如医院、学校、监狱等的规训权力（disciplinary power），以及无所不在的生命权力。

五　规训技术：凝视的权力

福柯在《规训与惩罚》中揭示了规训的目标是人的身体，规训的角色是通过性、健康与生产力来监视、训练及处置身体。可以通过学校、收容所、监狱，以及安全防护、社会工作者、日常生活，发现这种"权力的微物理学"（a micro-physics of power）的运作，这不是统一和明确政治目标的结果，而是不同策略和微权力历史联结的结果。规训比僵化的司法体制更能进行社会控制，让个人通过管理技术的布局来训练身体："这种规训的历史时刻是，当时产生了一种人体艺术，其目标不仅是增加人体的技能，或强化人体的服从，而且要建立一种关系的形式，以通过这种机制本身来使人体在变得更有用时，同时变得更顺从，或因为更顺从而变得更有用。"②

这种将人体抽丝剥茧深入探究的政治解剖学，和"有用"与"顺从"两个概念环环相扣。因为权力限制个人的同时，也形构个人勤劳、有生产力的特性，有助于将之纳入制度的整体性当中。规训技术首先由空间分配开始，规训通过空间差异区分不同对象的管理方式，有效的纪律创造了建

---

① 〔法〕福柯：《规训与惩罚》，刘北成、杨远婴译，（台北）桂冠图书股份有限公司，1992，第 28 页。

② Michel Foucault, *Discipline and Punish: The Birth of the Prison*. London: Penguin, 1991, pp. 137–138.

筑学上具有实用功能与等级空间的体系，提供给个人固定的位置，同时允许循环流动。由此确保了每个人的顺从，也保证了时间与姿势更具经济生产性。"战术，就是人员的空间安排；分类，就是对生物（natural beings）的秩序空间；经济表，就是财富的规律运动。"①

规训权力包含了一种简单却相当重要的手段，也就是层级监视。可使观察对象所有当下状态，一一纳入凝视的目光中，权力便由此严格实施控制。层级监视的原则充斥于城市发展网络中，在工人阶级的居住区、医院、收容所、监狱和学校等不同建设机制里。于是，在这些建筑物富丽堂皇的外观背后，其内部产生了对人们行为的细致调控，发挥着权力的影响作用。这种严密的监视通过赋予人员任务于暗中施行，让权力整合为更具有自动性、匿名性的体系。

福柯说道："这样就使得规训权力既是绝对漫不经心的，又是绝对'审慎'的。漫不经心是因为它无所不在，无时不警醒着，因此没有任何晦暗不明之处，而且它无时不监视着负有监督任务的人员。'审慎'则是因为它始终基本上是在沉默中发挥作用。纪律使一种关系权力得以运作。这种关系权力是自我维系的。"②

漫不经心是由于监视权力遍布了整个空间，监督任务被要求不可懈怠地执行在被监督者身上，因此整个机制可达到自我运转循环的状态。这是一种既极具成效又合乎经济成本的设计，它确保了被监督者无时无刻地自我审视，由此凝视所带来的效应，逐渐在这个规训空间中发酵。福柯采用了边沁（Jeremy Bentham）提出的全景敞视建筑（panoption）概念说明规训技术的施行方式。全景敞视构造的特殊之处，在于每一间囚房皆围绕着中央瞭望塔，方便人员的监控。由于这种横向的不可见，为秩序带来了保证。于是，被囚禁者身上产生了有意识与持续的作用，因为权力可见但不可确知，被囚禁者无从得知是否正在被监视。观看与被观看之间首先划出了一道界线，"全景敞视建筑是一种分解观看/被观看的二元统一体的机制。在环形边缘，人彻底被观看，但不能观看；在中心瞭望塔，人能观看一切，

① 〔法〕福柯：《规训与惩罚》，刘北成、杨远婴译，（台北）桂冠图书股份有限公司，1992，第148页。
② 〔法〕福柯：《规训与惩罚》，刘北成、杨远婴译，（台北）桂冠图书股份有限公司，1992，第177页。

但不会被观看到"①。这种建筑设计撇开了铁栅、铁镣和大锁，而是通过对身体、光线、目光的安排，制约了每个人的关系。在全景敞视建筑中，光源确保权力对主体的掌握，因此可被看见的是一个个臣属的主体，进而成为被观察的客体。

这种技术将继续应用在不同的实践中，如学校、医院、工厂与监狱对全敞景视的运用，将社会大众的目光也纳入进来，"这种全景敞视是精巧设计的，使观察者（observer）可以一眼观看到许多不同的个人，它也使任何人都能到这里观察任何一个观察者"②。接着，形成了第二层转变，即观看和被观看之间的界限被模糊化。人一方面是观看的主体，另一方面是被观看的客体。福柯在《权力之眼》的访谈文章中，再度强调了这种持续的监视，它不仅仅防止了错误的行为，更让人们不能也不愿意犯错。因为凝视来自自己："检查的凝视，每一个在这种势力（weight）下的个人，将被深入（interiorising）到他就是自己的监视者这一点所终结。每一个个人因而运行这种监视与对抗在自己身上。"③

因此，凝视权力的两种作用同时发生在个人身上。观看他人的当下，个人其实也在被观看。吊诡的是，全景敞视不仅相当经济、成本很低，也借由民主的方式实践权力控制，通过社会大众彼此观看，强化观看与被观看关系，监视普遍地进入日常生活，成为一种机制网络。这个观点凸显了观看的主体是整个社会体系所形构的；它不仅是历史建构的产物，也是特定实践、技术、机制以及主体化过程的斗争场域。

权力是一种团团包围空间的全控型监控，形塑灵魂和身体，使个人服从。④ 通过这个技术，形成了规训社会。个人不仅被他人监视，同时也内化了这种凝视的权力，从灵魂深处发挥这种权力效应，因此"个人被按照一种完整的关于力量与肉体的技术，而小心地编织在社会技术中"⑤。全景敞

① 〔法〕福柯：《规训与惩罚》，刘北成、杨远缨译，台湾桂冠图书股份有限公司，1992，第201页。
② 〔法〕福柯：《规训与惩罚》，刘北成、杨远缨译，台湾桂冠图书股份有限公司，1992，第207页。
③ Michel Foucault, "The Eye of Power," in C. Gordon（ed.），*Power/Knowledge：Selected Interviews and Other Writings*. New York：Pantheon Books，1980, p. 155.
④ 〔美〕大卫·葛兰：《惩罚与现代社会》，刘宗为等译，（台北）商周出版社，2006，第216页。
⑤ 〔美〕大卫·葛兰：《惩罚与现代社会》，刘宗为等译，（台北）商周出版社，2006，第216页。

视建筑虽是为了使权力更经济、有效用，但归根结底其目的是强化社会力量，例如提高生产力、发展经济、传播教育、提高公共道德水平。

福柯提出的权力治理，一改过去权力分析局限于国家或其他庞大的政治结构，将权力治理的对象转移到对儿童、灵魂、小区、家庭和病人等特定个体或群体的管治上来，治理是指引各种关系中人们该有的行为方向与范围。福柯在《治理性》一文中，指出"治理性"是"由制度、程序、分析与反省，以及使得这种特殊而复杂的权力形式，得以实施的计算和手法所组成的总体，其目标为人口，主要知识形式为政治经济学，根本技术手段是安全机构（apparatus of security）"[①]。

在《主体与权力》一文中，福柯说道："权力关系已经逐渐地被'治理化'（governmentalized），也就是说，以国家机构的形式，或在国家机构的保护下，权力关系被细致化、合理化、集中化。"[②] 因此，"现代国家"不再以军队、法律为主要联结，已然转变为一种兼顾个体与群体、细微且整体的细致权力。福柯超越了传统政治学的思考范畴，认为现代国家的治理更理性、更精密，治理的对象已经渗透到社会中的个人与群体，治理的焦点从政治、经济延伸到所有文化面向，涵盖了整个生活面向，治理与文化的紧密结合成为日常生活中无可回避的现象。

第二节 文化规训

一 博物馆作为文化规训的机制

福柯提到规训必先将杂乱无章、无益的乌合之众，以制作活物表（tableax vivants）的方式，改变为有秩序的多样性人口结构。这些具有经济价值的分类表格，使空间与人员有效分配，所有可理解的特质均一目了然。随着西方社会的世俗化，规训的目标转移到公众的日常生活，胡柏-格林希

① Michel Foucault, "Governmentality," in Burchell, Graham, Colin Gordon, and Peter Miller (eds.), *The Foucault Effect: Studies in Governmentality*. London: Harvester Wheatsheaf, 1991, p. 102.

② Hubert L. Dreyfus & Paul Rabinow, *Michel Foucault: Beyond Structuralism and Hermeneutics*. London: Routledge, 1982, p. 224.

尔（Eileen Hooper-Greenhill）开始将规训的概念与文化相结合，在《规训社会中的博物馆》一文里，提出了不同于军队、医院、监狱等机构的博物馆，在规训社会所扮演的角色，及其技术是什么的问题。他提到一个重大的历史转折，法国大革命为公共博物馆带来一种新的真理体制："产生了一种可被识别的突然断裂，也就是民主文化的发明。博物馆被创造成暴露古老的统治形式，亦即来自旧形式所控制的衰弱与暴政的工具，以及展现了新的统治形式，即共和政体的民主与公众效用。"①

博物馆开始转变为教育公民的手段，具有分类展示的权力，主体区分为知识生产者与消费者。博物馆在隐藏的空间秘密地生产知识，而人们处于公共开放空间被动地消费知识，于是博物馆被形塑成训育社会的一个工具。尽管博物馆作为规训体系的一个环节，仍有许多和监狱不同的设计理念。托尼·本尼特（Tony Bennett）指出，博物馆发展的轨迹，和大致同时期的监狱、收容所恰恰是背道而驰的。监狱或收容所实施的是一种对犯人、穷人的封闭，以此与普通大众隔离区分；博物馆却是融合了包括精英阶层在内的公众。② 博物馆以另一种新的手法呈现权力："与其说博物馆体现了权力的异己与屈服之原则，其目的在于将人民威吓为服从的，不如说它把人民作为公民，目的在于诱骗普通民众成为权力的共谋。这是通过将民众放在权力的这一边，权力是自己的而做到的。"③

借由创造个体自愿性的自我规训（self-regulation）框架，拉开治理的距离，进而产生博物馆这种新形态的毛细血管权力系统。邓肯（Carol Duncan）也使用另一种表达来强调这种转变。他认为早期的贵族式装置是一种身份与好品位的区别展演，但公共博物馆打破这层藩篱，主角换成布尔乔亚来扮演公民的角色。④ 在此，个体和其他公民得以联结起来，博物馆捍卫了国家精神，作为守护者进而构建了公民的理想关系。

---

① Eileen Hooper-Greenhill, *Museums and the Shaping of Knowledge.* London：Routledge, 1992, p. 63.

② Tony Bennett, *The Birth of the Museum：History, Theory, Politics.* London：Routledge, 1995, p. 93.

③ Tony Bennett, *The Birth of the Museum：History, Theory, Politics.* London：Routledge, 1995, p. 95.

④ 〔美〕邓肯：《文明化的仪式：公共美术馆之内》，王雅各译，（台北）远流出版事业股份有限公司，1998。

博物馆的展示主题、论述诠释、监控技术及空间配置，均环环相扣于治理与权力关系的范畴之下。新的管理技术与主体位置被生产出来，包括一系列组合、确认、编目、文件化、修复与评估，构成了博物馆内部对探究专业知识的因素。规训的意涵与技术的实践，与身体、生命、灵魂息息相关，而治理更是将社会每个成员都框进这个无所不在的权力体系中。博物馆鼓励人们走进来学习、感受，其间权力悄悄地运作。相关知识的生产与运作，包括权力的凝视、民众观看的方式以及空间的政治语汇，使博物馆成为文化治理的一部分。"文化治理"（cultural governance）"在于视其文化政治场域，亦即透过再现、象征、表意作用而运作和争论的权力操作、资源分配，以及认识世界与自我认识的制度性机制"①。

福柯在《词与物》中指出，对生命的分类学与微观观察所构成的知识网络，亦即一种自然史（natural history）的观点，不仅在18世纪为西方博物馆带来极大影响，而且延续至19世纪的植物园、动物园、购物长廊与百货商场等设施中，将权力、知识与公民的自我认识编织在一起。② 托尼·本尼特将这种观看的制度，称作"展示复合体"（exhibitionary complex）："它同样是响应秩序的问题，但其中的差异在于，这是处理文化的问题，亦即如何去赢得人心，同时规训与训练身体。展览复合体反转了规训关系，透过权力与秩序原则使得民众可被看见，从而转化成公民的身份。"③

民众不只是知识的客体，实际上已成为知识的主体。因为民众已被划分至权力的同一阵地，自我监控与规范也随着权力深入公民的身体当中。展示复合体权力的施行不再通过惩罚，而是建构一个能够使规范命令与人们产生联结的场域。置身其中的每一个体均有"看"的权力，因此这种机制包括了"引导"的形式，其观看方法的技术在于："以回廊的形式提升了观众的优越位置，使观众监督自己，从而将自我监督、自我规范的规则引入博物馆建筑。因而，公众不仅成了控制观赏的主体，也成了客体，从而

① 王志弘：《地方意象、地域意义与再现体制：1990年代以降的文山地区》，《台湾社会研究季刊》第58期（2005年）。
② 〔法〕福柯：《词与物——人文科学考古学》，莫伟民译，上海三联书店，2016，第173~174页。
③ Tony Bennett, *The Birth of the Museum: History, Theory, Politics.* London: Routledge, 1995, pp. 62-63.

具有了双重身份。这样看来，博物馆体现了一直是对于边沁而言的全景敞视主义的主要目标——社会的民主渴望，这个社会在自己控制的凝视下，显得非常透明。"①

二　文化规训：文明与学校

博物馆的研究是将治理的分析焦点从传统国家机器转移到文化机制的重要范例，但博物馆可能并非一般民众生活世界的一环，文化规训的面向远比我们想象得更为广泛且日常。例如，埃利亚斯（Norbert Elias）在《文明的进程》一书中，从宫廷贵族乃至市井小民的行为举止，对"文明"的概念有丰富而生动的阐述与考察。他指出，此概念表现了西方国家的自我意识，包括技术水准、礼仪规范、科学知识与世界观的发展等。"文明"一词在英国、法国代表了西方国家的进步，乃至人类进步的骄傲，是一种民族自我意识的总和。但在德国则表示"文化"的意思，核心概念在于强调民族差异与群体特性，以维持政治上、思想上与其他民族的界限，而非单一个人的行为或存在价值。两者相同之处在于，皆为随着市民阶级崛起的动态进程。②

埃利亚斯分析文明表现在"礼貌"的各种得体行为上，"为了能做到'civilité'意义上的'礼貌'，人们必须做某种观察，必须打量四周，注意别人的行为和他们为什么要这么做。于是，在人与人之间便形成了一种新的关系，形成了一种新的组合形式"③。这种观察可使个人与社会规则产生连接，因此人与人之间的制约被强化了，这就是交织化的概念。社会结构开始松动并重新组合，却也使得个人置身于别人和社会的监督之下。例如"排队运动"，排队是一种社会习性与集体期待，是通过规训压抑或引导鼓励的机制所形成的。社会机构对身体的规训、治理，使得依序排队成为文明教养的表征。又比如，遵从国家制定之纪律而来的"行礼如仪"，也是一

---

① 〔英〕托尼·本尼特：《文化、治理与社会》，王杰、强东红译，东方出版中心，2016，第231页。
② 〔德〕诺贝特·埃利亚斯：《文明的进程：文明的社会起源和心理起源的研究》，王佩莉、袁志英译，上海译文出版社，2009，第1~2页。
③ 〔德〕诺贝特·埃利亚斯：《文明的进程：文明的社会起源和心理起源的研究》，王佩莉、袁志英译，上海译文出版社，2009，第78页。

种建构族群文化性格和属性之指针，从而牵涉自我认同。各种公共场所进出的整齐队伍，实际上已为公共行为划出界限，脱序、不遵守排队规则的行为，将受到他人眼光的钳制。于是，个人成为规训的载体，国家乃至诸多种类的社会机构都发挥了治理的引导作用。

文化已经成为规训的工具，通过个体的生活方式形成网络般的机制，对道德、礼仪、行为符码进行干预与调节。学校的运作，正反映了福柯所谓的"规训权力"。如前文所述，规训的目的是要产生一个柔顺、可被驾驭、可被改造、被改善的身体，让身体更加顺从、更具有生产性。规训的技术是通过"空间的分配""活动的控制""时间的编制""力量的组合"等运行的。首先，在空间分配上，通过圈定、分类、分割、等级的方式，让个体在空间位置上可以被精准定位，如每个学生都有固定座位，方便监视点名。这就是群体"个体化"的技术，通过空间分配，散乱的群众被组织起来，接受全面严密的监控。其次，学校通过课表，控制每个人的活动，训练学生的行为、体能各个方面，锻炼学生成为"有用的身体"。再次，时间编制，学校的时间编制控制每个人的时间，调节时间、身体和精力之间的关系，让时间的使用合乎最大的生产性，包括每个阶段的授课内容、授课时间、考核时间。最后，力量的组合，牵涉个体间、团体间的搭配，让上述技术变得组织化、生产化、纪律化。

另外，福柯也提到三种规训的方法，分别是层级监视（hierarchical oberservation）、正常化判别（normalizing judgement）、考核（test）。在学校通过这三种方法，不间断地监视学生的行动、制定明确的标准（norm）与考核程序，如学校实施的标准化考试筛选并为学生学习程度进行分类，再借由实施正常化（normalization）手段来矫正或惩戒。考试确立了人的能见度，通过考试可以将人进行"区分"与"判断"，加上权力与知识，考试常常被高度仪式化。借由考试检查，权力与知识得以合一，每个学生都成为个案，成为权力知识的对象，成为必须被训练、教养、规范化的人。

学校的纪律规训不是以压抑、禁止为目的，规训权力具有流动性、散布性，是促进学生的自我管制，以操作调动其积极性为目的，期待学生成为自我规训的人，可在行为上、心智上、灵魂上进行自我管理。自我规训的程度越高，越被认为是有高度教养、高文化水平的表现。学校教育课程的内容、使用的语言、评分标准等，无一不是规训的一部分，目的都是配合提高生产效率、遵守秩序和保持积极态度的社会。在过去较为封闭高压的时期，学校对于制服与发型的管制会造成学生的反抗，高压的权力技术成为明显的反抗目标，学生会将蓄发或奇装异服作为反抗权力的象征。现代学校看似较为民主进步，逐渐放宽了对学生制服与发饰等外形标准的要求，但纪律的权力技术并没有消失，而是采取比较细致的策略，如将制服或发式关联上学校特色或集体认同，有些学校让学生投票选择制服的设计，以便取得他们的认同。这就是通过建立团体认同来进行自我管制的权力运作技术，对团体的向心力有利于社会控制与监视，同时也是个人内化各种权力关系的主要渠道。权力并没有消失，只是更细致、更不为人所知，因此也更难以反抗。

第十二章　文化表征

第一节　文化表征的意义

文化源自特定社群，是各种社会过程的产物，大部分行动者都是通过文化理解与认识世界，通过文化与其他行动者沟通并且渗透到各种社会实践之中。特定文化的出现受众多因素的影响，包含的范围广泛，兼具抽象概念与具体形式，为了确保社群成员能够理解并持续传承，所有的文化都必须通过各种方式持续再现和"具体化"。因此，文化需要由各种文化"表征"（representation）来支撑和建构。文化表征的方式不胜枚举，包括语言、符号、仪式、习俗、传统、节日、叙事（传说、民谣、文字）、博物馆、雕像、姿势、身体、吉祥物等。

语言是非常重要的文化表征。因为"文化"是通过"表征"和"意指实践"建构出来的意义世界，也就是说，"文化"是借助符号来表征意义的人类行为。表征通过符号的意指性实践来生产意义，构成了个体对于世界的意义系统，并且使相同文化的个体和不同文化的个体之间达成意义的交流。我们通过语言来理解事物，并生产和交流意义。所以，语言对于意义与文化是极为重要的，是文化价值和意义的主要载体。

表征、语言、意义三者之间环环相扣，"表征是通过语言生产意义"[1]。在语言中，我们使用各种记号与符号（声音、文字、音符、各种物品）来表现我们的想法与感情。英国文化研究学者霍尔强调意义、语言与表征之间的关系："表征意味着用语言向他人就这个世界说出某种有意义的话来，

---

[1] 〔英〕霍尔编《表征：文化表象与意指实践》，徐亮、陆兴华译，商务印书馆，2013，第20页。

或有意义地表述这个世界。"① 表征的实践就是把各种概念和情感在一个可被转达和阐释的符号形式中具体化。意义为了在某一文化中有效地循环，必须进入实践领域。意义是被表征的系统建构出来的。"表征是在一切有效的意指系统内形成意义的社会化过程。"② 表征经常被认为与脉络（context）或社会脉络（context/social context）相关，脉络指某种社会情景或环境直接而具体的特征，或指更大的社会、政治与历史的情势与条件。某种特定的行为或传播交流处于其中，并被赋予意义。③ 因此，文化涉及一个社会成员间的意义生产和交换，即意义的给予和获得。人、事物自身几乎没有单一固定的意义，是文化参与者为各种人、事物赋予意义。从"文化的循环"来看，意义通过几个不同的过程或实践被传播。意义赋予我们以自我认同，意义在个人和社会相互作用中生产出来并得以交流。意义也有助于建立社会秩序，同一文化成员共享各种系列概念和形象，因此他们能以大致相似的方法去思考和感受世界，共享"文化信码"。而为了交流，人们必须运用相同的"语言信码"。语言是意义产生和循环的主要媒介。语言通过表征来运作，各种语言（声响、词语、音符、姿势、表情、衣服等）都是表征的系统，本身不具有任何清晰的意义，是运载意义的工具。因此，语言是一种意指实践。④

第二节 文化表征的相对性与建构过程

表征同时是某一文化的成员间意义产生和交换过程中一个必要的组成部分。它包含了语言的、记号的及代表和表述事物的各种形象使用。针对语言、表征与意义三者之间的关系有三种不同的解释途径。

反映论途径。意义被置于现实世界的客体、人、观念或事件之中，认为语言如同一面镜子，只是单纯反映已经存在的真实事物及其意义。

---

① 〔英〕霍尔编《表征：文化表象与意指实践》，徐亮、陆兴华译，商务印书馆，2013，第19页。
② 〔美〕菲斯克等编《关键概念：传播与文化研究辞典》，李彬译，新华出版社，2004，第241页。
③ 〔美〕菲斯克等编《关键概念：传播与文化研究辞典》，李彬译，新华出版社，2004，第58页。
④ 〔英〕霍尔编《表征：文化表象与意指实践》，徐亮、陆兴华译，商务印书馆，2013，第6~7页。

意向性途径。语言仅仅表述说者或创作者想说的，表述他或她个人意向的意义，意义被视为主体，词语的意思是表达者认为其应当具有的意思。

构成主义途径。意义是语言或通过语言被建构的，要认识到语言这种公众的、社会的特性。语言的个别用户不能确定语言的意义。事物没有意义，是我们构成了意义，其间使用的是各种表征系统及概念和符号。

针对上述三种理论途径，反映论忽略了符号不等同于实物，意义不只是客观存在的客体。意向性忽略了语言的基础是沟通，语言不可能完全成为私人表达意象的符号。构成主义路径是比较贴近现实的分析取向，霍尔论述了构成主义的两种观点。

一是符号学方法，索绪尔（Ferdinand de Saussure）的语言学和罗兰巴特（Roland Barthes）的符号学，从符号角度阐释文化和表征，关注表征如何运作，语言如何生产意义，被看作一种诗学。

二是话语方法，从福柯的话语理论出发，话语途径关心表征的后果和影响，探讨知识与权力的关系，认为话语建构了意义以及主体位置。按照霍尔的解读，"话语途径更关心表征的后果和影响——即它的'政治学'，它考察一种特有的话语所产生的知识如何与权力联结，如何规范行为，产生或构造各种认同和主体性，并确定表征、思考、实践和研究各种特定事物的方法"①。也就是说，话语分析关注更多的是话语与社会体系之间的辩证关系，以及考察特定话语历史的政治的建构与运作过程。

透过对表征、语言和意义的分析，霍尔指出文化表征的两个重点。第一，任一对象都"不能担保会拥有"与另一文化相同的意义，这是因为各种文化给世界划分和指定意义的方法不同。有关表征的一个重要观念，就是接受在一种文化与另一种文化之间含有一定程度的文化相对主义，接受某种对等性的缺失。第二，文化是一个过程、一种实践，按构成主义的观点，文化表征是创造意义，是将传递的信息意象化，通过语言或符号表述出来的过程。因此，文化表征是借由三个不同序列的事物创造意义：被我们广泛地称为物、人、事及经验的世界；概念的世界，即盘旋于我们头脑中的思想观念，以及编入语言的"代表"或传递这些概念的符号。

由此可知，文化表征一方面涉及符号自身与意图和被表征物之间的复

① 〔英〕霍尔编《表征：文化表象与意指实践》，徐亮、陆兴华译，商务印书馆，2013，第9页。

杂关系，另一方面涉及在特定语境中的交流、传播、理解和解释。因此，文化表征并不具备放诸四海皆准的普适性标准。以手势为例，一般而言，把拇指和食指连成圈状，并将其余三根手指举起，做出"OK"手势，代表"好""没问题"；但在其他国家这种手势可能具有负面意思。

随着时代的变迁，许多文化表征的意义会随之改变。例如，随着环保观念的流行，许多文化习俗与仪式开始引发争议，包括呼吁取消中秋节烤肉、燃香和焚烧纸钱、放天灯等；传统宴客观念认为多点菜、不打包是对亲戚、客户、生意伙伴和重要客人表达慷慨的方式，在政府推动的"光盘行动"节约环保的概念下，这些夸富宴的象征意义也随之改变。这些例子说明了文化表征的相对性与建构论，文化表征是集体创造意义的过程。语言、符号、服饰、手势、仪式庆典等文化表征的意义具有相对性、社会性与政治性，意义与符号之间连接的诠释权，成为各种权力运作与操控的对象，当然也可能成为权力反抗之所在。

第三节　文化表征的政治性

陶东风与和磊在《文化研究》一书中说："表征（representation）的基本意思是'代表''再现'。"但"表征绝不是简单地复制世界，它涉及对意义的生产，而在这意义生产中，权力不可缺少。这样，表征、意义、权力，当然还有语言之间，就存在着密切关系"[1]。

如上文所述，建构文化表征的过程隐含了各种权力的运作与操控，社群中的行动者，尤其是掌握权力的既得利益者，可能会将文化作为维系或强化社群正当性的手段，并借此巩固和提升自己的资源和地位。各国国家形象的建立就是一种文化表征，美国政治学家布汀（K. E. Boulding）指出国家形象是一系列信息输入和输出的结果，是结构十分明晰的信息资本。[2] 李正国在《国家形象构建：政治传播及传媒影响力》[3] 一文中解释，国家形象是有关

---

① 陶东风、和磊：《文化研究》，广西师范大学出版社，2006，第171~172页。
② K. E. Boulding, *The Image: Knowledge and Life in Society*. Ann Arbor MI: University of Michigan Press, 1956.
③ 李正国：《国家形象构建：政治传播及传媒影响力》，《现代传播》（中国传媒大学学报）2006年第1期。

一种异己的、涉外的对象的文化印象，它并非异国现实的复制，而是形象塑造者根据自己的理解和欲求通过一种意象化的符号表述出来，构建本国或他国印象，是主权国家在政治传播中最为重要的一项任务。然而，国家形象作为一种文化表征和国家真实存在有一定差异，形象的确立是选择性的。霍尔认为，文化表征所要表达的意思就是经过一系列符号的选择和组合而表现出来的。[①] 然而，表征所表达的意义，不一定让接受者完全了解，人们对于国家形象的认知也是相对主观的，这体现了文化表征的生产者与接受者之间意义诠释的多变性。

文化表征可通过各种策略技术成为政治控制的手段。伊维塔·泽鲁巴维尔（Eviatar Zerubavel）指出，策略性可以通过模拟（analogy）、强调（foreground）、边缘化（downplay）、记忆（remember）、遗忘（oblivion）、夸张化（dramatize）和桥接（bridge）等技巧，灌输统治者偏好的认知和态度。[②] 许多国家会选择一定的文化特质与象征符号来代表自己的整体形象。例如，美国文化强调包容多元族群的"大熔炉"、韩国在全球推广的泡菜文化等文化表征。

文化表征的政治性主要有以下四个方面的表现。

第一，当特定社会和文化遭遇危机时，会通过格外绵密的文化表征来维系和增强正当性。受到正当性质疑的文化会通过更多新传统、节日、故事来化解危机，通过更多文化表征增强对社群成员的影响力。例如西班牙，这个曾经在 15 至 17 世纪盛极一时的海洋帝国，从 17 世纪开始衰退，到了 20 世纪 30 年代之后，逐渐成为一个孤立、独裁且贫穷的国家，和现代欧洲相去甚远。但从 1975 年独裁政权佛朗哥（Franco）将军去世之后，民心求变，希望结束过去的军事专政。1978 年，新宪法发布，在法律上正式确立了西班牙民主制。政治上的解放带来了文化的巨大震动，马德里居民们在街上彻夜狂欢，逐渐演变为一场 20 世纪 80 年代的文化革命——马德里运动。由朋克摇滚、合成器流行乐（Synth-pop）的音乐趣味，融合达达、未来主义美学，渗入城市的街头涂鸦、绘画、摄影与影视文化之中，到性解

---

① Stuart Hall, *Representation：Cultural Representations and Signifying Practices.* Open University Press，1997，pp. 15-29.

② Eviatar Zerubavel, *Timemaps：Collective Memory and the Social Shape of the Past.* University of Chicago Press，2003，pp. 48-49.

放、LGBTQ+族群涌现、娱乐性药物广泛使用，享乐主义浪潮一时席卷马德里。

虽然西班牙已经慢慢转型为一个现代化、富裕的民主国家，但其他国家对西班牙的印象仍然是衰败落后的。于是，西班牙开始规划"重回欧洲家庭"（re-entry European）。首先，西班牙政府选定本土画家米罗（Joan Miro）最广为人知的画作《太阳》来象征西班牙的改变与现代，并且将这个符号大量运用在地方性或全国性的旅游广告之中。另外，西班牙政府极尽所能地美化国内的主要城市，大力兴建大型博物馆，通过各种旗舰型建设提高城市竞争力，打造城市品牌增加对游客与人才的吸引力。例如巴塞罗那（Barcelona）以及位于巴斯克（Basque）地区的毕尔巴（Bilbao）现在已成为以文化引导城市复兴的标志。与此同时，西班牙导演阿莫多瓦（Pedro Almodóvar）通过电影将西班牙带上国际舞台。阿莫多瓦作品的出现也代表了西班牙的新生，当阿莫多瓦以第二部长片《佩比、路西、邦及其他不起眼的姑娘》（*Pepi, Luci, Bom y otras chicas del montón*，1980）首次获得国际瞩目时，作品对性的露骨描述令人惊叹，佛朗哥时代的肃杀气氛显然已被抛诸脑后。阿莫多瓦通过电影重新建立了西班牙的形象，认为西班牙与自己的成长史有着非常糟糕的关系。没有历史的个人、群体、国家就没办法认识自己，建立认同。脱离极权统治后，阿莫多瓦带领西班牙电影走向解放，享乐主义式的电影，无所不用其极的奔放、欢乐，都是要淡化佛朗哥独裁主义对西班牙造成的影响。以后40年，阿莫多瓦的电影风格仍然是外国影迷联想到西班牙电影的代名词。1992争取到巴塞罗那奥运会及赛维亚世界博览会的举办权之后，西班牙已经彻底改变了世界对它的印象。

第二，用来再现文化的相关元素是形塑认同的重要来源。不同文化之间为了营造自身的独特性，维持"界限"（boundary），有时也会拒绝与其他文化共享符号、节日、仪式等，或者出现竞逐或抢夺文化表征元素的情况。譬如，为了强化本国的文化认同，越南于1930年推出象征自身文化的国服"奥黛"（Áo Dài），用以区别与中华文化的差异。此外，社群间会针对具备正面象征意涵的文化元素，围绕谁才是发明者、创始者、正统继承者等问题展开争夺。

第三，通过压缩文化表征的可能与项目，可以达到压抑和扼杀特定社群文化的目的。例如，禁止说特定社群的"母语"，未能尊重特定社群文化、特殊节日，剥夺过节的权利等。以加拿大为例，从 1876 年《印第安法案》（*Indian Act*）开始有诸多要求同化原住民的内容，包括要求他们只能在特定保留区生活，也就是所谓的种族隔离政策。而到了 1894 年，加拿大政府通过该法修正案，要求 16 岁以下印第安儿童必须到日间部学校、职业学校或住宿学校就读。这些学校虽然由政府资助成立，但实际上交由天主教会来管辖与执行。加拿大政府从 20 世纪 20 年代开始实施"强制上学法"，原住民儿童被强制从父母亲身边带走，集体住校，美其名曰学习新文化，实则剥夺了孩童接触母语和原生文化的机会，以达成控制与统治的目的。加拿大政府针对原住民儿童的强制就学政策一直实施到 1996 年，长达百年之久。孩童被带离原生家庭，在寄宿学校内不允许说母语、信仰原生宗教、了解原生文化等，对原住民文化造成极大的破坏，这早已构成严重的文化种族灭绝政策。原住民文化被打压不只发生在加拿大，直到今日仍有许多国家对原住民存在长期的社会歧视。这群被原生和外来文化都排除在外的原住民孩童长大后，既无法回到原乡生活，也无法融入主流社会，无法获得文化认同，以致陷入贫穷、酗酒、自杀率高等社会问题的恶性循环之中。

第四，握有权力者可以通过资源分配让行动者思索与正视社群的边界与特殊性，并与发明社群传统和催生其他类型的文化表征项目来增强社群意识。握有资源者所制定的游戏规则、持有偏好的行为态度、对于行动者意见的包容性扮演着关键角色。这说明文化表征永远镶嵌于具体的社会关系之中，必然会呈现既有的权力结构，意义的诠释不是平均分配在每一个体身上，文化表征可以显示出统治者与被统治者的角力或争斗。文化互动无论是沟通辩论、媒体报道，还是援引传统、协调记忆，都涉及意义的掌握与控制。

第四节　以安徽的文化表征为例

文化表征方式可以根据抽象与具体的程度加以分类。比如，语言、文化和故事属于比较抽象的再现类型；建筑风格、雕像、画作、图腾、文身，甚至是亲身参与的仪式典礼，属于比较具体的再现类型。

以安徽来说，常听闻的"徽文化"并不等同于"安徽文化"。"安徽"得名于"安庆府"与"徽州府"之首字。清朝初年，设置江南省（大致包括如今的上海市、江苏省和安徽省）；清康熙六年（1667 年）正式撤销江南省，分为安徽、江苏两省，因安庆府为当时安徽境内的政治中心，徽州府经济发达，故取两府首字而得名。

南宋绍兴十七年（1147年），改舒州德庆军为舒州安庆军，"安庆"自此得名。徽州位于新安江上游，古称新安。西周之前，这里属于扬州，后来归属和辖区几经变迁，并不稳定。宋徽宗宣和二年（1120年），此地发生"方腊起义"，有7万多江浙儿女揭竿而起，威震东南，用热血动摇了大宋王朝。一年后（1121年），起义被镇压，此地改名为"徽州"，领治歙县、黟县、绩溪、婺源、祁门、休宁六县，从此历宋元明清四代，徽州的辖区固定下来，延续了一千多年。明清时期改称"徽州府"，所以这里也被说成是"一府六县"。而"安徽省"到了清朝才出现。清顺治十八年（1661年），清政府为了管理方便，将"江宁"和"苏州"所在的"江南右布政使司"改名为"江苏布政使司"，建"江苏省"；将"安庆"和"徽州"二府所在的"江南左布政使司"改为"安徽布政使司"，建"安徽省"。由此可见，"安徽"的"徽"指的就是"徽州"。所以，安徽省的简称不是"徽"，而是"皖"（皖指安庆潜山，潜山古属"皖国"，境内天柱山称为"皖山"，境内潜水称为"皖水"）。徽州也就是现在的黄山市，是徽菜、徽商和徽文化的发源地。换句话说，这些徽式文化的起源其实和安徽的其他地区没有太多关系。

行政管理上的区域划分将这些不同文化脉络的地区集结在一起，构成了安徽省。然而，淮河和长江穿流而过，造成安徽省在地理上的分裂，形成皖北、皖南、皖中三个不同的文化区域，这对安徽省要建立一个共享的文化表征来说是相当困难的。毕竟，从皖北到皖南，无论在气候、地理环境、产业活动还是文化特色上都有巨大的差异。皖北属于淮北平原，以农业为主，偏向北方文化的皖北人性子直，仗义豪爽；皖南是高原地形，多崇山峻岭，皖南人含蓄内敛，又有着南方人的灵活，创造了徽商三百年的辉煌。皖南不同于皖北，地形以山地丘陵为主，故有"七山一水一分田"之说，也因此"前世不修，生在徽州，十三四岁，往外一丢"，环境艰困促使徽商早早就外出打拼，足迹遍布全国，徽州人家族观念极重，在外打拼时，多是一大家族或同乡团结在一起，于是也将家乡的味道①和徽式建筑传

---

① 随着徽菜的推广与发展，徽菜的概念也不断广义化。2006年，安徽省推出《徽菜标准体系表》，徽菜被正式定义为皖南菜、皖江菜、皖北菜、合肥菜、淮南菜五大类。

遍全国。徽商是中国古代三大商帮之一，明清时期，安徽商人就将贸易拓展到了东南亚、日本以及欧洲，留下"无徽不成商"的美名。

这样的历史脉络下，安徽是中国史前文明的重要发祥地，拥有淮河文化、庐州文化、皖江文化、徽文化四大文化圈。其中，又以徽州文化（又称"徽学"）的传统最为知名，徽学和敦煌学、藏学并称为中国三大地方显学。但徽文化不能代表整个安徽省的文化。以语言为例分析，"安徽方言"并不是单一系统的方言，而是多种方言的综合体，包括了官话、赣语、吴语、徽语四种汉语方言，官话区包括中原官话和江淮官话，基本上可以相互通话；赣语和吴语也可以互通，但徽语内部差异较大，互通有一定难度。地方语言随着政府的政策施行、教育普及、因特网信息的散播而逐渐衰弱，因此，地方语言作为一种文化表征的机会与应用越来越少，逐渐被官方语言与主流文化所取代。

但是，并非所有具有在地性的文化表征都会走向式微，徽派建筑反而成为当代安徽文化表征中最重要、最具盛名的一部分，其明显的特点是"白墙黑瓦"。徽派建筑主要流行于皖南徽州六县（歙县、黟县、绩溪、婺源、祁门、休宁）及毗邻的泛徽州地区（如江西浮梁、德兴，安徽宣城等地）。徽式建筑不局限于安徽，许多徽商曾经涉足的大中型城市，如宁波、金华、兰溪、严州、扬州等亦有徽派建筑遗存。此外，徽式建筑也传播到海外，如美国的中国文化学者白铃安（Nancy Berliner）把徽州黄村的荫余堂搬到了波士顿。[①] 徽派建筑的智慧体现在布局、风水、艺术等各个方面，著名的徽派建筑代表众多，有棠樾牌坊群、许国石坊、西递、宏村、南屏、呈坎、唐模、屯溪老街等。其中，西递、宏村于 2000 年被列为世界文化遗产，是首个民居类的世界遗产。徽派建筑是徽文化的重要文化表征，具有深刻的文化寓意，传递了明清时期以徽商为代表的徽州人的思想情感，也蕴含着徽州人的伦理规范，强调以家族为本位的人伦思想，长幼尊卑排列有序，忠孝节义渗透其间，这些都是通过徽式建筑呈现徽派的文化精神。虽然徽式建筑兴起的脉络跟当时这一地区的自然环境、人文条件息息相关，但当成为文化表征之后，这一建筑就具有了集体记忆与情感，现在皖北地

---

① 沐川：《疯狂的美国女巫小镇，有座原汁原味的中国徽派建筑》，澎湃新闻，https：//m.thepaper.cn/newsDetail_forward_1391119。

区或其他地方，甚至是国外建筑也会模仿徽式建筑的特色。这说明了文化表征的变动性，文化表征也可以培养文化成员的凝聚力与认同感，让该社群的文化得以存续或者能与其他文化竞逐。如今，中国其他的许多地方也兴起模仿徽派建筑之潮流，这也是一种文化表征的传递、扩散与再制。这些例子都凸显了文化并非本质性的存在，而是社会建构的过程，文化表征并非一成不变，其建构过程极为反复（repetitive）和冗赘（redundant），目的是确保文化能够持续地影响行动者，达到社群本身的存续。

第十三章　文化政策话语

第一节　文化政策的概念

20 世纪 60 年代末，在文化政策圆桌会议上，联合国教科文组织在其发表的报告书中，将文化政策界定为在一个社会中，经由有效运用社会可资利用的物质与人文资源，满足社会成员的某些文化需求，所采取的一切有计划的政府行为或政府无为的统称。由此可见，回应与满足社会成员的文化需求是文化政策的出发点与落脚点，也是所有政策之所以存在的合法性论据。

从外在表现形态来看，文化政策又是国家所制定与颁布的各种公共文化法规、公共文化建设规划与文化白皮书等文本规范以及各层级政府及其文化机构在其规定范围内所制定的具体落实各项文化设施建设、文化活动组织、文化服务资助与服务体系建构等施政计划和实施细则的综合。就内在实质而言，文化政策反映了国家政治与意识形态的立场，也勾勒出国家未来将要实现的美好远景与社会生活想象，关系着国家、社会与社区共同体的意义构造、形象建构、身份认同与主体塑造等文化政治课题。因此，胡惠林认为，"文化政策作为文化的政治形态和文化的统治形态，是国家形态下人类社会有意识的、自觉的文化政治行为和文化统治行为，反映的是一定阶级的文化利益、愿望和目的，体现的是国家文化意志"[①]。

具体而言，文化政策是国家在文化艺术、新闻出版、广播影视、文化馆博物馆图书馆等领域，实行意识形态和行政管理所采取的一整套制度性

---

① 胡惠林：《论文化政策的内涵及价值取向》，《上海交通大学学报》（社会科学版）1997 年第 2 期。

规定、规范、原则与要求体系的统称，是有别于教育政策、科技政策的一种政策形态。克里斯·巴克（Chris Barker）指出，文化政策是试图规范和管理文化产品及其生产与分配的程序、策略与措施，涉及对文化权力制度、组织与管理的关切。① 刘巧凤则强调，"文化政策是文化的政治表现形态，它体现了一定阶级、国家、政党或社会集团的文化意志，规定了文化发展的方向和目标"②。由此可见，文化政策是一种意义争夺的权力关系领域，主要牵涉不同社会集团的身份建构和利益表征以及社会关系的不均等结构，尤其是统治阶级借以论证其合法性地位与维持其支配性地位的诸多文化权力机制。

由于日常生活世界总是处于变动不居的状态，作为整体社会生活方式意义表征形式的文化必然是多元化与流变性的。在此前提下，政府所面对的文化领域的内容与形式并不是一成不变的，政府所制定的文化政策必然处在动态变迁过程中。文化政策的形成和发展是一个历史过程，在不同历史时期的特定阶段，文化政策的价值导向、侧重点与欲求都因回应现实经济发展、政治统治与社会建设的不同诉求而有所差异，形成文化政策历史演变的不同发展轨迹。

第二节　文化政策的价值功能与文本呈现

整体而言，文化是人类社会生活方式的总和。在此意义上，人们生活于其中的日常生活世界也就是文化世界。③ 文化产生于人类社会的生产和生活过程之中，服务于人类社会及其个体的存在和发展。在某种程度上，文化既是目的，又是工具。

就目的而言，文化是人类维系自身生存发展和追求社会良善生活的状态。人类社会之所以能够摆脱蒙昧状态，走出野蛮阶段，进入文明社会，正是作为社会生活方式的文化持续累积及其不断发展的总体性结果。可以说，文化状态是人类社会生活本身的呈现，文化先进性是人类社会发展所

---

① Chris Barker, *Cultural Studies: Theory and Practice*. London: Sage, 2000, p. 383.

② 刘巧凤：《论文化政策对马克思主义中国化的推进》，《河南师范大学学报》（哲学社会科学版）2011年第4期。

③ 李山：《社区文化治理的理论逻辑与行动路径》，高等教育出版社，2017，第100页。

致力实现的欲求。

就工具而言，文化因应社会生活需要而创造性发展，必然具有满足人类个体成员和整体社会进步的功能和价值。在特定自然环境下，特定人群的社会生活实践必然逐步形成自身深深嵌入其中的文化模式，这种源于生活实践又表征着日常生活过程的文化形态，在人类社会的不同领域具有各异的工具性，发挥着特有的功能，从而形成文化自身的属性。文化在政治领域的运行使其具有政治性或统治性，在经济领域的运作使其具有经济性或产业性，在社会领域的运转使其具有社会性或服务性。由此可见，在人类社会发展到当前阶段，文化至少具有三重属性：政治性、经济性和社会性。

文化的"三重属性"在人类社会的功能性展现，便形成了文化的政治功能、经济功能和社会功能。具体而言，在政治领域，文化是国家意识形态话语的凝结和社会核心价值的呈现，可以支配社会成员的思想意识，主导社会的主流价值观念，论证既定政治秩序的合法性，建构国家未来发展的蓝图；在经济领域，文化也是社会成员日常生活的消费需求和经济社会发展的生产资源，可以再生产人力资源，推动科学技术进步，促进文化生产力发展，提升国家经济实力；在社会领域，文化还是人类社会的本质规定和人的自由状态，可以提升社会成员的精神境界，摆脱对物的过度依赖，提升公民的自由程度，推进社会的全面进步。

由此可见，文化是随着人类社会的产生而形成的，且同人类社会发展同步，在某种程度上是人类文明或先进程度的标准。就目的而言，文化推进人类社会及其成员个体的发展，文化先进性自然也成为人类社会的价值欲求。就工具而言，在人类社会发展进程中，文化成为国家理想叙事、社会秩序建构、利益关系整合以及意识形态话语权争夺的重要手段。就目的和工具的关系而言，"目的"需要借助"工具"来达成；"工具"需要依靠"目的"赋予价值。在人类社会实践中，随着文化的属性及其功能在经济社会领域的持续拓展与深化，人们对文化的认知也逐步由自发状态走向自觉状态，文化越来越成为国家统治或治理的重要工具。

文化的三重属性及其目的性和工具性更多的经由国家文化政策来体现和实施。所谓文化政策是国家根据统治阶级的利益和意志，回应政治建设和经济社会发展需求，遵循文化发展规律，规范和管理文化资源及其生产与分配的程序、规范与策略。可以说，文化政策不是从来就有的，而是阶级统治的产物。在国家产生之前的漫长的人类历史发展中，文化始终处于一种自生自发的自然状态，根本不可能存在所谓的文化政策。

国家产生之后，统治阶级将文化作为国家统治的资源和工具，经由实施文化政策，捍卫统治阶级的"文化领导权"，掌控意识形态话语权，维护既存的政治社会秩序。文化政策始终是国家统治阶级取得文化领导权和治国理政的重要工具和形式，它不断展现着"国家神话"的叙事与隐喻。可以说，掌控文化领导权始终是文化政策的内在本质与恒久主线。在此意义上，文化政策是国家实施文化领导的行动策略。但是，具体文化政策的价值导向和内容指向等在体现文化本身的三重性、目的性和工具性基础上，需要回应现实政治统治、经济发展与社会建设的不同历史诉求。文化政策必然在此过程中形成不同的文本叙事和演变轨迹，呈现出政治价值、经济价值和社会价值。

在资本主义社会以前的阶级国家中，由于国家领域没有分化，文化主要承担着阶级专政和政治统治的职能。此时文化政策的政治功能遮蔽了经济功能和社会功能，"文化的教化功能长时间被过分强调，而文化的审美、娱乐等功能则往往服从于政治需求而被轻视甚至忽略"[1]。资产阶级国家产生以后，随着市场经济的快速发展，政府放弃了单纯依靠国家资源和行政权力推动文化政策运行的做法，开始运用市场机制，借助市场工具，发展文化产业，繁荣文化市场，实现和发挥文化政策的价值和功能。

由此一来，各国政府纷纷将市场逻辑、市场机制与策略纳入文化政策领域。文化政策的文本侧重点滑向经济功能方面。如同现代自由主义叙事的国家神话会梦碎清晨一样，保守自由主义所信奉的"市场万能"同样会折戟沉沙，而社群主义追寻的共同体及其个体"善"的生活渐升为政府行动哲学。政府更多的将其职能落实在促进社会共同体的成长和保障公民权利的实现上。政府执政更加重视人的主体性和目的性，强调以人为本的理念，运用社会机制，促进社会的全面进步和公民的全面发展。必须保卫社会，保障公民基本权利成为政府行动的出发点与重点。此时，社会逻辑、志愿机制和公益行动等开始成为国家文化政策的重要内容，试图以此反对

---

① 刘彦武：《新中国 60 年社会主义文化政策的探索发展》，《毛泽东思想研究》2009 年第 4 期。

包办一切的政府文化全能主义，抵制不受约束的市场文化资本主义。于是，国家文化政策的文本叙事逐步呈现出社会功能。

但是，特定社会系统通常由政治、经济与社会三个子系统构成，它们分别遵循着权力逻辑、市场逻辑与服务逻辑，所以特定社会系统的和谐运行需要按照不同逻辑运转的子系统的相互合作和协同推进，从而形成国家治理的集成效应。由此一来，政府变革路径便转向多主体多中心多机制的整体性治理道路：政府与市场、社会分别遵循自身逻辑与发挥各自机制，形成彼此协同合作的网络治理体系，实现整体社会系统的和谐运行与可持续发展。这便是治理理论的实质内涵与现代国家治理的必然诉求。

在新的时代背景和实践诉求下，达致"善治"成为政府改革的欲求目标；建设服务型行政成为政府模式的未来转向；推行国家治理成为政府行动的新常态。随着国家治理改革运动的全面推进，文化治理自然也成为国家治理体系的组成部分，成为国家文化政策的重要内容。在推进国家文化治理进程中，国家文化政策必然体现出文化治理的内涵，呈现文化治理的意图等。

第三节　文化政策话语的形态与逻辑

英国学者吉姆·麦圭根结合公民身份建构与民族国家历史发展，将文化政策区分为三种具有特定目的的话语结构（discursive formation）："国家话语、市场话语和市民/交流话语"[1]，"在某种意义上，这三种话语都界定着'真实的世界'，决定着动因和主体、生产者、消费者、市民和中介在文化领域的话语空间里所处的地位"[2]。就我国文化政策而言，普遍认为在不同历史时期，文化政策通常扮演着三种基本角色：一是作为国家意识形态实践与社会控制的角色；二是作为一种干预与管控文化产业的角色；三是作为一种诱导和牵制民间文化组织的角色。毛少莹则认为，自改革开放以来，我国文化政策发展主要呈现出侧重点不同的三个阶段，其外在表现依

---

[1] 〔英〕吉姆·麦圭根：《重新思考文化政策》，何道宽译，中国人民大学出版社，2010，第47页。

[2] 〔英〕吉姆·麦圭根：《重新思考文化政策》，何道宽译，中国人民大学出版社，2010，第47页。

次是"文化发展战略热""文化产业热""公共文化服务体系热",其内在实质依次体现为"文化领域（相对）独立化""文化经济化""文化福利化"①。

随着中国共产党逐步由革命党转向执政党,就新中国成立后文化政策的现实变迁而言,改革开放初期及以前,我国的文化政策主要体现了"国家话语",无论是在宗旨、内容,还是在制定、执行等环节上,都具有强烈的意识形态色彩与国家机器的绝对独占性。整个文化政策规制着整体生活世界的文化列车沿着论证国家政权的历史必然性与现实合法性的轨迹运行,成为国家全面统治的赤裸裸的意识形态机器。"因为中国共产党人不是在知识的范畴内来理解文化,而是将文化看作是社会变革的工具,是阶级斗争的武器。所以,把文化领域纳入党的领导之下,特别是纳入国家管理体制,是政治斗争的需要。"②

随着改革开放的深入以及市场经济体制的初步确立,文化领域的市场化改革逐步提上议程,我国文化政策的"市场话语"逐渐凸显。商品经济逻辑与市场经济机制开始广泛引入文化领域,经济理性思维与市场化工具成为文化政策新的切入点与运行方式,文化产业从无到有,且开始崛起和繁荣发展,文化领导权的斗争场域进一步拓展与转向,由单一的政治国家领域转向与经济市场领域的双重并行。

由于市场经济深入推进,社会性文化建设被置于重要地位,成为文化政策的重要内容与现实载体,国家依托重大节庆活动、民俗文化传统与非物质文化遗产等文化资源,广泛开展城乡社区文化、村镇文化、校园文化等群众性文化活动。

由此可见,我国文化政策的话语形态不是固定不变的静态存在物,而是跟随经济社会发展与国家政治统治的诉求不断发生变迁。从目前我国文化政策的话语形态沿革来看,文化政策具有现实的阶段性、相对性与特定性,尚未完全形成完整性、系统性与整合性的体系结构。就国家政治而言,文化政策的国家话语、市场话语与公民话语都应该始终贯穿文化政治的逻

①　毛少莹:《改革开放以来我国文化政策的转型与重构》,《中国公共文化服务发展报告2009》,社会科学文献出版社,2009,第43页。
②　刘忱:《建国以来中国共产党领导文化建设的历史经验》,《科学社会主义》2009年第2期。

辑，形成相互补充与共同协作的完整性现代"文化治理体系"，过分强调哪一种话语都会失之偏颇，难以达致文化政策所欲求之宗旨。

随着我国经济社会现实与未来的深入发展以及现代社会科学新思维与新技术的深刻影响，特别是治理理论在政治实践领域与社会科学领域的崛起与成长，我国文化政策必然要实现治理话语的转向，形成文化政策的"治理话语"。文化政策的治理话语不再过于偏重或强调某种话语形态，而是整合国家话语、市场话语与公民话语，建构一种政府、市场和社会共同参与的顺应国家政治意图的文化政策话语体系。文化政策的治理话语依然承袭文化政策的政治性，在充分遵循市场话语的市场化和公民话语的社会化路径与机制的基础上，有效运用文化权力的规训与认同功能，捍卫国家话语所蕴含的意识形态领导权与社会文明秩序，实现国家文化治理。

纵观我国文化政策发展演变历程可以发现，在不同经济社会体制发展变革时期，文化政策依次出现国家话语、市场话语与公民话语，又逐步形成治理话语。这些文化政策话语在纵向上不是断裂的，而是连贯的；在横向上不是孤立的，而是并存的。在我国文化政策的语境中，国家话语贯穿文化政策的主旨，统摄文化政策的市场话语、公民话语与治理话语；市场话语、公民话语与治理话语是贯彻文化政策的路径，服务于文化政策的国家话语；治理话语则是提升文化治理能力的新论述，整合文化政策的国家话语、市场话语与公民话语。

在我国文化政策的实践发展中，文化政策捍卫文化领导权的国家话语最初是由文化事业来展开与实践的；在随后市场经济快速发展的浪潮中，文化产业从文化事业中转企改制；同时，原有的文化事业逐步转变为公共文化服务范畴。具体而言，在计划经济时期，文化事业的全部内容就是宣传与贯彻党的意识形态，维护与捍卫党的文化领导权。此时，文化事业具有最强意义上的意识形态性，文化领导权是这个时期文化事业的基本内容。文化事业是文化政策国家话语的唯一实现路径。随着我国市场经济体制的确立与经济社会的发展，市场机制逐步引入文化事业，某些文化事业走向市场化与社会化，文化产业逐步从文化事业中分离出来。文化产业成为实现文化政策国家话语的市场化之路，文化政策的市场话语由此形成并进一步凸显。与此同时，原有的文化事业也不再赤裸裸地展现出强烈的意识形态性，而是经由提供更多的公共文化服务来实现党对文化的领导权。于是，公共文化服务成为文化事业的主要内容，文化政策也呈现出更多的公民话语。随着治理理论的兴起与发展，国家治理成为国家政治行动的新工具，文化治理也成为国家治理的新策略，各类文化政策话语呈现为一定的治理机制与结构，文化政策的文本日益凸显整体性合作治理的内容，逐步形成了文化政策的治理话语。

第四节 文化政策的话语形态

从纵向历史发展脉络与横向存在内容来看，新中国成立后，文化政策大致经历了兼具相对阶段性和绝对关联性的国家话语、市场话语与公民话语的不同形态，最终实现了文化政策的转向，整合成文化政策的治理话语。

一 国家话语

文化政策不是从来就有的，曾经很长一段时期是没有文化政策的。文化是人类在生产实践过程中逐步形成意识与思维之后，对日常生活世界各种现象的思考与建构过程中，所形成的展现整体社会生活方式的意义综合。在国家产生之前的相当漫长的人类历史发展中，文化始终处于一种自生自发的状态。在这一时期，所谓文化政策是不可能存在的，因为文化政策是国家形成后阶级统治的产物。由此可见，文化政策是作为阶级矛盾不可调和之产物的国家的产物，是随着国家的出现以及阶级统治的需要而产生的。因此，文化政策始终以国家之存在而存在，且不断地讲述着国家的"神话"。

文化政策成为国家政治生活领域的重要内容，成为国家政治的行动策略，承担起文化政治的职能。由于文化是人类意识与思维的现实性结晶，文化以人类的存在而存在，始终同人类及其所构成的人类社会并存。在某种程度上，文化始终是人以及人类社会的组成部分，它逐步完善、升华人的理性，使人成为真正文明的社会人；它不断传承、创造社会生活方式，使人类社会变得更加丰富多彩；它持续教化、规范人的行为方式，使社会成员遵从社会的秩序要求。文化来自人类社会，并随着人类社会的发展而与时俱进，在一定程度上又超越于人类社会之上，形成一种特定的文化模式，规训着人的日常行为方式，促进社会成员的社会身份认同，维系社会成员间的共同生活，整合人类社会秩序。由此可见，文化自产生以来便具有教化、规训、认同与整合等的社会功能，自然具备成为规则与干预社会成员以及其所创造的社会生活有效工具的可能性。

就我国文化政策而言，新中国成立后至改革开放初期，由于我国长期实行社会主义计划经济体制，国家全面控制包括经济生产在内的全部社会实践，国家支配着整体社会生活，国家的意志与逻辑贯穿与弥散于整个社会机体，控制社会的行为秩序。文化管理被政府所垄断，文化生产被国家所计划。此时的文化政策被国家话语所垄断，它的宗旨与内容过分强调文化的阶级性和工具性，要求文化必须从属且服务于国家政治。文化长期承担着教化与规训的政治功能，成为意识形态灌输与阶级斗争的重要工具。

党的十一届三中全会以后，改革开放成为推进社会主义现代化建设的国策，建立社会主义市场经济体制成为启动社会主义现代化建设的突破口。国家工作重心的转移以及国家经济政策的调整，必然带来国家与社会关系的变革，进而推动国家统治方式与政府管理模式重构。新的治国理政方略要求终结过去那种仅仅局限于国家政治范畴的文化政策格局，实现文化政治运行方式的转向，开辟出文化政策新的话语空间，重构符合市场经济初步建立时期的经济社会发展与政府管理模式需要的文化政策话语形态。

二　市场话语

"二战"结束以后，美国实施的"罗斯福新政"将现代自由主义政治哲学付诸社会实践，"福利国家"成为西方发达国家所欲求的目标，政府政策凭借"国家话语"来叙述"国家神话"。但是，20世纪60年代后期，由于过分强调政府干预市场与社会以推行"福利国家"的战略，西方国家普遍陷入经济"滞涨"、财政负担沉重以及社会发展乏力的泥潭，纷纷出现所谓的"政府失灵"现象。建构"国家神话"的现代自由主义逐步失势，捍卫"市场秩序"的古典自由主义开始复兴，保守自由主义成为西方政府施政与改革的指导思想。

保守自由主义强调市场经济的"自发秩序"与政府"守夜人"的角色。在保守自由主义政治哲学指导下，西方政府先后掀起了大规模的"政府再造"运动，逐步兴起政府企业化改革的"新公共管理"的行政学理论。新公共管理崇拜市场全能的神话，鼓吹私有化的好处，热衷私人企业管理技术，追求经济主义理性，重视客观指标的绩效考核。由此一来，市场逻辑成为政府施政的主要路向，市场技术成为政府管理的主要工具，市场效率成为政府工作的主要导向，市场话语成为政府政策的主要内容。"金钱和效率的语言日益强大，一切价值将被简约为交换价值，正如在其他一切领域一样，文化政策的话语即将简约为市场话语。"① 文化生产的资本化与市场化成为难以抗拒的历史趋势，文化投资市场化、文化管理企业化、文化运作效率化与文化消费私人化成为文化政策的主体话语。这种文化政策的市场话语逐渐成为一种无所不在的西方自由主义的意识形态，搭着全球化的快车在全球快速传播，并产生广泛影响。

适应我国经济社会改革发展以及所形成的新型政府管理模式需求，解决问题与推进发展的市场策略必然成为政府政策的工具选择。在文化领域，为了更为有效地推进文化繁荣与发展，实现文化政策的文化政治效果，文化政策也开始进行话语转向，运用市场机制，借助市场的工具性，大力倡导文化产业发展，推进大众文化繁荣，借此有效实现文化政策的意图。由此可见，市场之路的经济社会改革方向的确立，市场逻辑、市场策略与市场工具进入文化政策领域，是在全球化进程持续加快与不可抗拒的趋势下我国政府积极应对这种态势并努力深化经济社会与政府自身变革的必然逻辑结果。

改革开放以后，党和国家的工作重心转移到经济建设上来，邓小平始终强调要坚持以经济建设为中心不动摇，他指出："离开了经济建设这个中心，就有丧失物质基础的危险。其他一切任务都要服从这个中心，决不能干扰它，冲击它。"② 在邓小平以经济建设为中心的思想指导下，经济的思维、市场的逻辑、权利的意识以及福利的需求等开始进入人们的思想意识深处，并蔓延到经济社会各个领域。文化在经济建设提供精神动力与智力支持的同时，成为经济社会发展的重要推动力。文化的经济功能不断得到挖掘，文化的产业属性得到普遍认可，"文化搭台、经济唱戏"已成为新话语形态。各类文化产品的生产、销售与消费成为经济发展的重要组成部分，文化产品与服务的市场大量出现，并迅速蔓延开来。

---

① 〔英〕吉姆·麦圭根：《重新思考文化政策》，何道宽译，中国人民大学出版社，2010，第55页。
② 《邓小平文选》第2卷，人民出版社，1994，第250页。

文化政策在确保为社会主义服务，弘扬主旋律的前提下，更为强调文化产品的多样性与丰富性，满足人民群众日益增长的精神文化消费需求，克服与消解仅仅以意识形态为唯一价值导向的文化发展模式。市场逻辑与市场化管理技术成为文化政策的重要内容，文化政策之中逐渐涌现市场化变革的市场话语。党的十八大报告提出："促进文化和科技融合，发展新型文化业态，提高文化产业规模化、集约化、专业化水平。"① 文化市场化道路的改革规划成为我国文化政策主要涉及内容，现代文化市场体系的建设成为我国文化体制改革的主要路向。由此一来，在推进文化市场的繁荣与发展是实现经济结构调整、转变经济发展方式与解放和发展生产力的重要着力点的宗旨的指导下，市场话语成为文化政策的主导性叙事与主要内容。

三　社会话语

当下人类世界不仅存在着国家领域与私人领域，而且还存在着介于两者之间的"公共领域"。汉娜·阿伦特（Hannah Arendt）认为，公共领域是一个人们展示着自己的卓越和出众的公开世界，也是一个寻求长远人类共同利益的公共世界，"这是一个人证明自己的真实的和不可替代的价值的唯一场所"②。哈贝马斯则认为，"公共领域"是处于政治国家和市民社会之间的非官方领域，它依托实体空间、社会媒体与社会运动等载体形式直接在交往行动中生产公共性。③ 由此可见，公共领域既不是强调权力统治的国家空间，也不是遵循经济理性的市场空间，而是追求"非营利性"的社会空间。作为社会空间的公共领域超越了权力意志与经济计算，成为展现自我卓越与生产社会公共性的交往行动场域。在公共领域中，行动着大量的"公共人"④，他们公开表达自己的意见，批判性吸收他人观点，形成协商共识，生产社会公共性，从而可以直接参与公共政策合理性论证和社会制度建构。公共领域以及在其中行动着的公共人构成了人类社会的行动空间与国家治理的社会基础。

新公共管理运动兴起后，市场化的政治行动策略试图运用过于市场化

---

① 《十八大以来重要文献选编》（上），中央文献出版社，2014，第26页。
② 汪晖、陈燕谷：《文化与公共性》，生活·读书·新知三联书店，2005，第73页。
③ 〔德〕哈贝马斯：《公共领域的结构转型》，曹卫东等译，学林出版社，1999，第35页。
④ 李山、吴理财：《公共人：现代国家治理的社会基础》，《兰州学刊》2014年第10期。

的工具策略，一味追逐顾客消费主义欲望满足的最大化，获取国家政治统治的合法性与合理性，实现国家利益与意志。但是，这种市场话语的行动策略忽视甚至无视这一事实：现实的个体不只是政治国家中的政治人与市场经济中的经济人，还是社会生活中的公共人。公共人及行动其中的公共领域应成为政府行动的基础与空间。这些作为公共领域的积极行动者的公共人——积极公民，不断塑造日常生活世界的共同生活方式，参与社会生活的集体行动，影响政府公共政策议程。

如此一来，如同现代自由主义所叙事的国家神话会梦碎清晨一样，保守自由主义所信奉的市场万能同样也会折戟沉沙，而社群主义所追寻的公民美德渐升为政府行动哲学。"正义之为一种美德"①，这种正义的美德只有在一种共同体的语境之中才有容身之地，"亦即，这种共同体的首要的纽带乃是对于对人来说的善和对共同体来说的善有一种相同的理解，并且在那里，个体们通过参考这两种善而确认他们的基本利益"②。于是公民导向的新公共服务理论成为政府改革的欲求方向，保障公民权利与造就公共人与其行动空间成为政府行动的出发点与落脚点，公民话语成为政府公共政策的主旋律。文化政策的公民话语是指文化政策开始着重保障公民文化权利，提升公民文化素质，培育公民公共精神，推进社会自治能力，奠定国家治理的社会基础。

就我国文化政策实践而言，国家话语和市场话语实际上都将文化当作美化国家政权与追求经济增长的工具。文化政策的市场话语将一切价值简化为交换价值，运用市场原理分析一切文化现象，发挥竞争机制追求最大化文化收益；将文化视为一种生产力，发展文化产业经济，鼓励消费主义文化。在市场经济境域之中，"经济的入侵又过于严重，导致很多不顾文化逻辑的产品的出现，严重危害了文化艺术的健康发展"③。在某种消极意义上，大量低俗文化在个性彰显与自我表达的热切追求中滋长出来，人文精神不断失落于市场经济的滚滚浪潮之中，公民美德逐渐淹没于个体崛起后

---

① 〔美〕阿拉斯戴尔·麦金太尔：《追寻美德：道德理论研究》，宋继杰译，译林出版社，2011，第 310 页。

② 〔美〕阿拉斯戴尔·麦金太尔：《追寻美德：道德理论研究》，宋继杰译，译林出版社，2011，第 318 页。

③ 徐辰：《读〈重新思考文化政策〉》，《中国文化产业评论》2013 年第 2 期。

的社群崩解进程之内。"大众文化日益成为主流，高雅文化由于经济性的缺失日益萎缩，同时由于消费性原则，大多数的人在高昂的文化产品定价面前望而却步"。

"文化资本主义"的发展，既会造成文化意义的混乱，又会带来文化资源分配的扭曲，从而无法满足公民基本文化需求，难以增进与保护公民基本文化权益。在基本性公共文化缺失的情况下，人们转而浸淫在商品化文化氛围中，享受私密性文化消费，远离公共的社会身份。这必然导致公共人衰落、公共领域萎缩、公共性消解、社会内聚力失落，进而造成国家治理的参与主体缺失与社会土壤贫瘠。作为文化政策主体的执政党及其政府在顾及文化满足文化领导权与文化经济需要的同时，还必须满足社会公众的基本文化需求，实现国家文化利益和公众文化权益的整合与统一。由此可见，文化政策不能仅仅兼顾领导权与发展逻辑的向度，"而是必须同时也是必然地要以人民当下的整体性的、现实性的文化世界和文化利益为基础，并且在这个基础上建构国家文化政策"[1]。

随着市场经济的快速发展与行政体制改革的深入推进，在服务型政府导向的政府改革过程中，文化政策的"公民话语"逐步凸显，并成为文化政策的合法性基础与可行性标准。我国文化政策在阐释文化体制改革、文化产业发展与现代文化市场体系建构的市场话语的同时，逐步大力发展公益性文化事业，加快构建公共文化服务体系，切实保障人民基本文化权益。保障公民文化权益成为我国文化政策的话语体系；文化权利与文化利益成为文化政策的重要内容。

党的十八大报告指出，要"加强重大公共文化工程和文化项目建设，完善公共文化服务体系，提高服务效能"[2]。推动文化事业全面繁荣，更好地保障人民基本文化权益。党的十八届三中全会审议通过的《中共中央关于全面深化改革若干重大问题的决定》要求构建现代公共文化服务体系，建立公共文化服务体系建设协调机制，统筹服务设施网络建设，促进基本公共文化服务标准化、均等化；要立群众评价和反馈机制，推动文化惠民

---

① 胡惠林：《论文化政策的内涵及价值取向》，《上海交通大学学报》（社会科学版）1997 年第 2 期。

② 《十八大以来重要文献选编》（上），中央文献出版社，2014，第 26 页。

项目与群众文化需求有效对接；整合基层宣传文化、党员教育、科学普及、体育健身等设施，建设综合性文化服务中心。中央全面深化改革领导小组第七次会议审议了《关于加快构建现代公共文化服务体系的意见》，"会议强调，构建现代公共文化服务体系是保障人民群众基本文化权益、建设社会主义文化强国的重要制度设计"①。

四　治理话语

在经济社会改革与发展的实践过程中，由于政府干预与市场放任的公共政策所具有的固有缺陷与运行失灵，公共领域的非营利性空间形式以及公共人的主体间性行动策略成为公共政策革新性运动的新焦点与新工具。

但是，特定社会系统通常由政治、经济与社会三个子系统所构成，它们分别遵循着权力逻辑、利益逻辑与权利逻辑，所以特定社会系统的和谐运行需要按照不同逻辑运转的子系统的相互合作，实现政府、市场与社会的三者协同。政府变革路径转向了多元主体多中心系统性协同之道：通过推进政府与市场、社会分别遵循自身逻辑与发挥各自机制，形成彼此协同合作的网络体系，实现社会系统和谐运行与可持续发展。这便是治理理论的实质内涵。实施治理，追求善治成为各国政府改革的欲求目标，推行国家治理成为政府行动的常态。如此一来，"治理话语"成为公共政策的重要内容。

文化的起源与内在逻辑都隐藏着文化权力机制，发挥着化育、规训与认同等治理性功能。可以说，文化是一种同由国家机器为载体的暴力性权力在表现形式殊途却内在实质同归的隐性权力。这种隐性的文化权力潜移默化地发挥着文化本身的治理性，承担着政治权力与社会权力的潜在功能。因此，在人类历史发展进程中，文化历来都作为论证统治合法性与实施社会整合的重要手段。在国家治理语境与实践中，文化治理成为国家治理的重要形态与组成部分，是提升国家治理能力的创新性实践。文化治理就是政府协同市场力量与社会组织，繁荣其倡导的社会主义先进文化，发挥作

---

① 中共中央办公厅、国务院办公厅印发《关于加快构建现代公共文化服务体系的意见（全文）》，中国政府网，https：//www. gov. cn/xinwen/2015－01/14/content_2804502. htm? from＝androidqq。

为隐性权力的文化功能，实现国民教育、认同建构与社会化育，推进国家治理现代化。

由此可见，文化治理在由政府主导的同时，还强调社会力量参与共治，凸显治理主体的多元性与管理工具的多样性。"这其中包含了对文化概念、文化功能的认识的深化，是在文化领域内进行多元化的社会共治的创新。"①同时，文化治理也不是只关涉文化的繁荣发展，而是试图协同推进国家治理能力提升，实现国家治理的总目标。在文化治理实践中，文化政策就成为文化治理行动的必要策略，文化政策则要观照文化治理的实质内涵。因此，文化政策必然会呈现出"治理话语"。文化政策的治理话语就是在文化政策的文本中，确立政府与市场、社会多主体多中心合作共治体系，展现文化治理的逻辑、机制、框架与目标，追求整体性协同治理成效。由此可见，文化政策的"治理话语"整合了文化政策的国家话语、市场话语与公民话语。

随着经济社会的快速发展、市场经济体制的逐步确立与行政管理体制的深入改革，我国文化政策逐步出现了国家话语、市场话语与公民话语，最终并存与统合为文化政策的治理话语。"文化本身是一种权力的存在方式，它赋予人类操纵社会行为的新的政治手段"②，具有意识形态性、经济性和社会性三种基本属性，呈现出文化领导权、文化产业与公共文化服务三种基本形态。在我国计划经济体制下，就文化政策而言，文化仅仅具备意识形态性，实现文化领导权的国家话语成为文化政策的主要内容与宗旨。随着市场经济体制的逐步确立与发展，文化的经济性实现了去蔽，并得到快速彰显，文化产业从无到有并实现跨越式发展，现代文化市场体系初步确立；同时，原有文化行政事业体制逐步展开市场化与社会化改革，文化事业转型为公共文化服务，现代公共文化服务体系加快构建。

在当下经济社会全球化与国家治理能力和治理体系现代化全面推进的背景下，文化特性、机制、结构与形态等出现了新变化，文化发展领域凸显了"治理属性"，文化体制确立了"治理结构"，文化运行依靠"治理机

---

① 王蔚：《文化治理不是治理文化——与竹立家教授商榷》，《探索与争鸣》2014 年第 8 期。

② 傅才武、陈庚：《三十年来的中国文化体制改革进程：一个宏观分析框架》，《福建论坛》（人文社会科学版）2009 年第 2 期。

制"，文化产业也彰显了治理性。文化治理成为文化政治的行动策略，作为文化治理文本的文化政策更多的是"治理话语"叙事。

第五节　文化政策治理话语的复合结构

总而言之，在我国文化政策的语境中，文化政策的治理话语的总体叙事始终坚持社会主义先进文化前进方向，始终坚持社会主义核心价值观培育与弘扬，加快文化产业与公共文化服务发展，推进社会主义文化大发展大繁荣，满足人民群众日益增长的精神文化需求，保障人民群众文化权益，巩固党的执政基础与增强国家文化软实力，提升党的执政能力与国家治理能力。因此，在我国文化政策的现实实践中，文化政策的治理话语具体体现了文化领导权、公共文化服务与文化产业的内在统一与交织协作：文化产业与公共文化服务是相互包含与彼此支撑，服务于文化领导权。可以说，公共文化服务与文化产业是文化领导权的实现路径。

文化产业与公共文化服务存在共通性。一方面，在文化政策的文本之中，文化产业必然在不同程度上具有"意识形态性"与"社会治理性"倾向，始终将实现社会效益放在首位。正如戴维·思罗斯比（David Throsby）所言："尽管人们热衷于谈论文化产业对经济活力的潜在影响，但是我们也应该注意到，创造经济价值并不是文化产业的唯一目标。艺术和文化的生产过程与消费过程，文化在阐明基本价值观——人们据此表达其身份，并决定其生活方式——方面的广泛作用，都包含文化价值的重要内容，这种判断标准与我们衡量经济成功与否的标准是不同的。无论在微观层面上还是在宏观层面上，只要谈到文化产业，就不能忽视或低估这种重要的标准。"[1] 胡慧林也指出："文化产业具有治理性。文化产业的治理性是文化的治理性的延伸与发展。""是通过发展不同形态的文化产业建构满足不同人们的精神文化消费需求的精神文化生产格局，进而通过这种格局的建构实现不同阶层参与文化生产与传播的投资需求，从而实现人们普遍的文化权利与权力，

---

① 〔澳〕戴维·思罗斯比：《经济学与文化》，王志标、张峥嵘译，中国人民大学出版社，2011，第 145 页。

并通过这一权力格局形成、建构具有不同文化诉求的精神政治秩序。"① 在我国文化政策文本中，运用市场化与社会化组织形式与管理技术，积极推进文化产业大发展，使之积极参与推进文化市场的大繁荣大发展与公共文化服务体系建设，更多生产与供给丰富多彩的文化产品与服务，充分满足人民群众精神文化生活，切实保障公民文化权利。

另一方面，公共文化服务在不同程度上具有"经济性"倾向，可以运用市场化与社会化机制与工具，实现社会效益最大化。这是因为公共文化服务单位作为一种社会组织，也应该有投入—产出比的问题，但这种投入—产出比主要是指经由经济学的技术工具所追求的最大化的社会效益，而不是专指经济利益最大化的数学计算。因此，公共文化服务也要引进某些同文化产业相似的市场运行机制与管理技术，深化文化事业管理体制改革，提高公共文化服务能力，实现社会效益最大化。譬如，中共中央办公厅、国务院办公厅印发的《关于加快构建现代公共文化服务体系的意见》指出，"引入市场机制，激发各类社会主体参与公共文化服务的积极性，提供多样化的产品和服务，增强发展活力，积极培育和引导群众文化消费需求"。

虽然公共文化服务主要属于社会范畴，而文化产业主要属于市场范畴，但两者目标都是更好地提供丰富多彩的文化服务与文化产品，最大限度地满足人民群众多样化的文化需求，满足人民群众精神文化生活，保障公民基本文化权益，实现文化治理之目标。因此，在运行目标指向上，文化产业与公共文化服务在实现社会效益最大化上具有一致性。正如党的十八大报告所强调的，"要坚持把社会效益放在首位、社会效益和经济效益相统一，推动文化事业全面繁荣、文化产业快速发展"。由此可见，公共文化服务与文化产业彼此之间不仅存在绝对意义上的对抗，而且有着非常密切的互动关系：文化产业与公共文化服务又是相互支撑与彼此合作。公共文化服务可以培育文化消费能力，扩容文化消费内需，推动文化产业繁荣发展；规范文化产业发展市场秩序，配套文化产业发展所需政策，提供文化产业的制度支撑。② 文化产业能够推进公共文化服务市场化，实现公共文化服务

① 胡惠林：《国家文化治理：发展文化产业的新维度》，《学术月刊》2012年第5期。
② 王列生、郭全中、肖庆：《国家公共文化服务体系论》，文化艺术出版社，2009，第164页。

管理与供给方式的革新，提高公共文化服务绩效；参与公共文化服务供给，生产出丰富多彩的公共文化产品，满足公民多样化的文化需求。

鼓励社会资本与社会力量进入文化领域，在为公共文化服务与文化产业间的支撑与合作创造良好条件与环境的同时，又能够充分实现政府、市场与社会的互促性合作，形成政府协同社会力量推进文化发展与建设的网络体系。在文化政策文本中，大量出现以各种方式引入各类社会资本与社会力量，参与公共文化服务建设与文化产业发展建设的诸多内容。譬如，原文化部印发的《关于鼓励和引导民间资本进入文化领域的实施意见》指出，民间资本已成为推动我国文化建设的重要力量，鼓励和引导民间资本进入文化领域，参与国有文艺院团转企改制，推进文化产业发展，参与公共文化服务体系建设；"积极倡导'以政府为主导、民间为主体、市场化运作为主要方式'的方针，鼓励民间资本以资助、投资、捐赠等多种形式参与对外文化交流和对外文化贸易，鼓励民间资本参与节庆、演出、展览、展销等各种双边和多边文化交流活动及项目"。中共中央办公厅、国务院办公厅印发的《关于加快构建现代公共文化服务体系的意见》指出，"进一步简政放权，减少行政审批项目，吸引社会资本投入公共文化领域"，"鼓励和支持社会力量通过投资或捐助设施设备、兴办实体、资助项目、赞助活动、提供产品和服务等方式参与公共文化服务体系建设"。同时，要求进一步培育和规范文化类社会组织，大力推进文化志愿服务，增强公共文化发展动力。

在本质意义上，文化产业和公共文化服务要最终实现文化领导权的内在统一。就实质而言，文化政策是由统治阶级制定，依靠国家力量保障实施，捍卫执政者的文化领导权的行动规范。捍卫统治阶级的文化领导权的国家话语贯穿所有文化政策的始终，构成文化政策的本质性规定。在文化政策的文本中，无论是发展公共文化服务，还是发展文化产业，无论是构建现代公共文化服务体系，还是健全现代文化市场体系，都着眼于发挥文化作为隐性权力的治理性功能，实现文化治理体系现代化，提升执政党的国家治理能力，捍卫执政党的文化领导权，巩固执政党的执政基础。

第十四章　当代中国大众娱乐习惯变迁

习惯是长期养成的生活方式，人们的娱乐习惯并非一朝一夕养成，却也不是固定不变的。改革开放不仅促进了我国经济社会的快速发展，同时也导致了人们娱乐习惯的变化。本章梳理了改革开放以来当代中国大众娱乐习惯的变迁情况，并对其变迁逻辑进行了探讨，对当今大众娱乐习惯的个体化、泛娱乐化和亚文化化等现象进行了反思。对当代大众娱乐习惯变迁进行考察，能反观和体认当代中国政治社会的特性。

第一节　改革开放以来的中国大众娱乐习惯

改革开放以来，我国各项事业取得了巨大进步，社会面貌焕然一新。其中，人们的娱乐习惯也发生了巨大变化。在改革开放40余年波澜壮阔的历史进程中，大众娱乐习惯经由社会变革、政策牵引、市场冲击、技术加持所形成的"力场"的无形拉扯和有意推进，从形式到内容、从结构到功能、从性质到价值都发生了重大变化与转型，这些纷繁复杂的演变既表现了宏观结构的变迁，也充分展现了个体能动性的发挥。

（一）改革开放初期：传统娱乐习惯复兴与新型娱乐习惯兴起

"中华人民共和国成立后，中国共产党逐渐建立了一套与高度集中的计划经济体制和政治体制相配套的文化体制。……按照计划经济的方式，对文化的生产、经营进行集中统一的管理。1957年后，伴随指令性计划的强化和政治运动的干扰，文化管理体制逐渐走上封闭僵化的道路，缺乏生机活力。"[①] 改革开放的一项重要内容就是突破全能型体制下权力的弥漫和下

---

① 耿化敏、夏璐：《改革开放40年的中国文化》，中共党史出版社，2018，第28页。

沉对社会全面而死板的控制，进行多维度和多层次的放权和分权。

包含娱乐内容的文化领域的改革开放，主要体现在以下几个方面。首先是国家逐步放松对民众文化生活的控制，特别是在农村的文化领域进行了较大程度的收缩。同时逐渐减少对民众意识形态化的公共文化产品的供给，而这些文化产品往往具有较强的政治教化特征。也就是说，在改革开放前民众可以享受哪些娱乐或者文化内容以及何时可以得到，都是受各级政府的控制和影响的。而改革开放以后随着以经济建设为中心战略的确立，除了确保意识形态的文化任务，基层群众的文化生活既未成为政府的重要工作（此时政府工作重心转向经济发展），也未纳入政府管理范畴。于是，民众的娱乐也就从神圣与紧张的解放政治场域下放到庸常和自决的生活政治领域，国家因此变相地甩掉了民众的娱乐福利负担，民众的娱乐生活变为私人之事，成为一种个体化的选择。

改革开放导致了西方现代文化娱乐理念的涌入，"可以说，80年代是'现代性'话语在中国再度急剧扩张的时代，这一时代文化最响亮的声音因之是'走向世界''撞击世纪之门''中国与世界接轨'"①。国家放松了对国外文化产品和技术输入的管制，使得民众特别是年轻一代可以接触和学习到新型的多样化的娱乐方式，比如现代舞蹈、现代音乐、西方电影以及旅游娱乐等。对当时的一些年轻人和知识分子而言，西式的娱乐方式似乎更具吸引力，因为它代表着和国际接轨，同时也是对改革开放政策话语的践行。现代文化娱乐方式在城市和青年一代人群中快速扩散，对乡村和老一代人的渗透则相对较慢，这一时期的娱乐分层也逐渐成为城乡差异和代际差异的表征。

国家在乡村社会有选择性地退场以及农民闲暇的增多，为传统民间文化复兴提供了一定契机。随着改革开放的深入，在国家逐渐减少意识形态化的公共文化产品供给和对民众文化娱乐选择的干预所形成的新的乡村文化娱乐场域下，传统民间文化的复兴就具有了替代国家文化产品供给和恢复对传统文化生活的娱乐需要的双重功能。于是，传统戏剧、传统庙会、传统习俗等民间文化如雨后春笋般出现在广袤的田野上。传统民间文化的复兴也导致传统娱乐习惯在这一时期的养成，它一方面为民众的娱乐提供

---

① 戴锦华：《隐形书写：90年代中国文化研究》，北京大学出版社，2018，第48页。

了更多的选择，同时填补了国家选择性退场后给乡村文化供给留下的"缺口"，另一方面也为后革命时代乡村社会共同体的结构转型提供了文化动力，乡村社会因此由政治型共同体转型为生活型共同体。

新型娱乐习惯的兴起，既是国家在文化领域有意退场后民众娱乐自主选择权的彰显，也是国家为了营造改革开放的氛围和形象以及发展文化经济的内在需要而主动引导的结果。改革开放后城市尽管相对农村有更健全的文化设施，但随着单位制的松动和式微，组织化的娱乐活动逐渐减少，外界的娱乐信息和文化物品的输入增多，人们开阔了眼界，开始自主选择自己喜欢的娱乐方式。特别是西方现代文化娱乐方式更具新奇性和愉悦感，更能释放人的天性，年轻一代一经接触就很快被吸引。在彼时，新型娱乐方式代表着时髦和进步，它本身的引力加上同龄人的文化压力，使新型文化娱乐方式得以快速传播。为了积极推进改革开放，国家也主动推动中外文化交流，并在一定程度上允许外国文化产品和技术的引入，这些都为个人文化娱乐方式的自主选择提供了条件。在某种意义上，国家在新型娱乐习惯的兴起中扮演了积极的助推者角色。

总之，在改革开放初期，由于宏观制度的重大转型和外部技术的引入，大众娱乐习惯具备了新的形式和内容以及新的结构和功能。在多重因素作用下，这一阶段的大众娱乐习惯最明显的发展特征就是农村传统娱乐习惯的复兴与城市新型娱乐习惯的同步兴起。这一变迁既有制度的强制和诱导，也有技术的引入和加持。同时，娱乐习惯的转型也形成了大众和国家之间新的互动方式和互动结构，一方面，国家开始向民众放权，赋予民众更多的文化选择权；另一方面，民众通过自主选择娱乐习惯又导致两种大相径庭的政治现象产生——一部分人选择远离政治性娱乐文化生活，沉浸于私域文化中自得其乐，另一部分人形成新的表达政治意涵的文化娱乐方式，希冀通过文化政治的表达得到更多更广的个体权利和自由。

（二）市场化深化期：传统娱乐习惯衰退与新型娱乐习惯繁荣

20世纪90年代初，邓小平"南方谈话"加快了改革开放的市场化步伐，到20世纪末市场化已经成为中国社会发展的基本底色。

自1993年始，在中国的文化格局内，市场成了一个重要的、不复匿名的参数。自20世纪80年代中后期开始孕育、蓄积并经历1992年底商业化大潮的席卷，似横空出世的形形色色的大众文化（或曰通俗/消费文化），瞬间以泛滥之势铺陈起一个蕴含无限生机的"文化"市场。

在整个20世纪90年代，"一方面是主流意识形态的加强，而另一方面却是文化市场与文化工业机制愈加深广地分享着意识形态机器的权柄，并开始了一个不间断的、将其转换为资本的过程"①。不过，这种权柄的分享却始终分寸有度，资本的力量可以占领娱乐市场，但不能染指意识形态主题。市场化给予人们更多的自主选择，然而个体的理性选择也可能导致集体的非理性，表现在娱乐文化方面就是传统娱乐习惯的衰退以及与之相关的乡村共同体的消解，人们更愿意参与个体性的娱乐方式而不愿参与更具集体性和公共性的娱乐方式。在传统娱乐习惯日益衰退的同时，新型娱乐习惯则不断走向繁荣。

进入20世纪90年代，随着市场经济的发展和城乡制度性壁垒的逐渐破除，农民进城务工成为农闲时补贴家用的重要途径。收入的增长和见识的提高，使不少年轻农民开始热切追求城里人的文化生活方式，电视机一时成为农民的文化娱乐奢侈品。在90年代初期，电视机开始进入乡村。当村庄只有少量的电视机时，集体看电视成为最受欢迎的公共娱乐方式。进入90年代中后期，电视机在农村已经具有较高的普及率，看电视成为农民日常最主要的娱乐休闲习惯。不过，随着电视机的普及，看电视从公共娱乐转为私性娱乐。农民原来热衷的看电影、看大戏等公共性文化休闲娱乐方式开始式微，村庄的公共文化娱乐活动越来越稀少。

对农民而言，看戏是一项传统的民间娱乐方式，而看电影则是新中国成立以后才逐渐形成的另一项"新传统"娱乐节目。"从20世纪50年代开始到文化大革命结束前，在我国农村有流动放映队5万个之多，看电影成为乡村社会一项主要的公共文化娱乐活动。和毛泽东思想文艺宣传队一样，电影在宣传国家政策的同时，对农民进行意识形态教育，是国家建构底层政治认同的重要工具，一些科普影片和纪录片也成为农民获取生产生活知识的新渠道。……这个时期乡村社会的公共文化娱乐活动的特点是'政治挂帅'，文化娱乐为辅，具有很强的公共性。进入80年代，电影的放映从国家的一种有意识的组织形式变成了农民私人生活中由私人组织起来的文

---

① 戴锦华：《隐形书写：90年代中国文化研究》，北京大学出版社，2018，第83页。

化娱乐活动,电影放映从政府组织的文化娱乐活动变成了农民的'喜庆电影'。……电影放映从一种国家或者政府行为,转变成农民的个体行为,放映电影的政治功能逐渐退化,电影不再是国家对农民进行政治规训的工具,变成了农民生命仪式的庆祝方式。"① 不过,农民一年内能够看电影和看戏的次数不多,平时仍然以聊天和乡村夜话渡过大部分闲暇时间。

这个时候,农民传统的娱乐习惯受到越来越大的冲击,并走向衰退。传统娱乐习惯的衰退,一方面是由于市场化改革和大规模农民进城务工,导致了农村日益严重的"空心化"。农村传统娱乐活动的开展没有了组织者、领导者和积极参与者。另一方面是因为城里人现代化的生活方式让他们体验到城乡之间文化娱乐的巨大落差,"传统"在改革和现代化的语境中演变成落后和低级的代名词,在这种语境中似乎城市里的一切都是高级和进步的象征,农村人追逐城里人的娱乐方式,电视机、录像机成为 20 世纪90 年代农村人最向往的娱乐器具,在自己家中看电视、看碟片成为农民新的娱乐习惯。

新型娱乐习惯在乡村社会的兴起以及对传统娱乐习惯的冲击、对单位制革命文化娱乐的替代,共同促成了 20 世纪 90 年代新型娱乐习惯的繁荣。尤其是城市人口的生活水平稳步提升,为其追求更加多样化的文化娱乐选择提供了物质基础,城市文化设施的完善也为他们享受现代化的体育娱乐和艺术娱乐提供了更多机会,文化事业的市场化改革促使消费型文化娱乐成为城市居民时髦的选择。现场观看大型体育比赛,欣赏艺术歌舞剧、戏剧、演唱会,开始成为年轻人和中产阶层的时尚行为。参与体育活动、学习音乐舞蹈、唱卡拉 OK,成为城里人进行社交和休闲的新型娱乐习惯。当然市场化的娱乐习惯也是泥沙俱下,各种非法或者不健康的娱乐习惯也开始蔓延,以黄赌毒为代表的娱乐习惯戕害了一批普通民众,也影响了社会秩序和道德。这既有个人的原因,也有市场化大背景下地方政府对娱乐行业的放任和管理失职等因素。

进入 20 世纪 90 年代,市场化作为连接宏观制度和现代技术的重要中介,成为影响大众娱乐习惯变迁的关键性变量,在导致社会结构发生重大

① 张世勇:《电视下乡:农民文化娱乐方式的家庭化》,《华中科技大学学报》(社会科学版)2008 年第 6 期。

转型的同时也直接影响了大众娱乐习惯在城市和乡村的结构性变迁，进而在整体上形成了传统娱乐习惯衰退与新型娱乐习惯繁荣的复杂局面。市场化和现代化对农村的冲击，既消解了传统娱乐习惯的存在价值，也摧毁了传统娱乐习惯赖以生存的社会基础，使传统娱乐习惯成为衰败土地上最后的挽歌。传统文化娱乐习惯的衰落也进一步推动了乡村共同体的解体，生活化的公共性娱乐习惯让位给私人性的文化娱乐体验，政治性的公共娱乐习惯烟消云散，个体和公共的文化娱乐联结纽带已近乎全部断开，乡村社会个体化似乎成为经济市场化一个无可逃避的后果。

市场化虽然表面上破除了城乡分割的制度性壁垒，但是二者之间的发展差距不但没有消除反而进一步加剧。同样地，城乡之间的文化鸿沟非但没有变小反而扩大，城市文化娱乐不仅丰富而且多样化，与之相比，农村的娱乐生活则显得单调和乏味。

总之，在20世纪90年代，大众娱乐习惯在城乡之间和阶层之间的差异更加明显，这既有市场化在经济上的马太效应的影响，也跟政府文化政策的转向密不可分，这一时期文化娱乐市场化显著加剧了城乡之间和阶层之间的文化差异。市场化所带来的公共性娱乐习惯的衰退和非健康娱乐习惯的膨胀共同影响了这一时期社会道德秩序的稳定与和谐。

（三）新世纪信息时代：传统娱乐习惯再造与新型娱乐习惯转型

进入21世纪，信息技术成为影响经济社会文化发展的最活跃力量，人们开始积极拥抱信息化时代，并试图在新的变革中实现"弯道超车"。这一时期也是市场化、全球化在中国叠加、深入发展的时期，人的命运和生活都被裹挟进信息化、市场化和全球化的三股洪流之中，人们看似能动性的选择也无不受其制约，任其摆布。大众娱乐习惯也在这历史的漩涡中翻卷沉浮，激荡出新的花样，冲击出新的内容。同时也促使一些有识之士开始反思市场化和经济为中心发展模式的弊端，传统以及文化表征再次成为争议的话题，传统文化在全球化的独特文化产业发展标签和民族主义情感标签的加持下再次获得重视而焕发新的生机。

全球化带来的文化交流互通使新型娱乐习惯更加多样化、个体化和技术化，无论是在经济维度还是在治理维度，国家重新重视文化娱乐的价值。大众娱乐习惯在这一时期具有了传统娱乐习惯再造与新型娱乐习惯转型的显著特征。全球化表面上推动形成了文化的"麦当劳化",导致了西方文化的快速扩散和对非西方文化的征服,却也形成了一波对西方文化的反动潮流,导致一些民族国家传统文化的复兴。闭塞的社会虽然在开放初期会积极拥抱和吸纳外界文化,但是当外界文化威胁到本土文化的传续时,有识之士就会率先觉醒捍卫自身的文化传统。这一时期"国学热"从学院研究蔓延到民间实践,或许是对文化全球化冲击的一种民族式的反应和表达,迎合了部分民众的心理需求。21世纪的传统文化复兴不同于改革开放初期的传统文化重建,后者是国家退场后乡村社会通过接续传统文化资源来弥补公共文化生活的缺失,它在20世纪80年代形成了城市文化西化和农村文化复古化的断裂局面;前者则是由文化自觉的城市中产阶层发起和实践,再经国家推动逐步由城市推进到乡村的过程。2008年2月起开始实施的"京剧进中小学课程"工程,到2009年7月就已在北京、天津等10个省市试点。其他传统文化艺术和技术如书法、武术、杂技等传统文化也逐渐纳入"进校园"工程。

传统文化的复兴是国家应对全球化竞争的治理意图和社会结构转型下民众精神需求有效结合的产物。传统文化资源在全球化市场结构下,成为发展文化经济、参与世界文化产业竞争的独特资源,"越是民族的越是世界的"就是对这一理念的注解。社会结构的剧烈转型则使民众在宏观的国家认同和微观的社区联结上陷入困境和迷茫,国别间不同发展阶段的绩效和国家治理绩效在个体身上的不均衡分布都使民众产生了对国家体制的再审视,这个时候传统文化和传统娱乐方式便成为建构民族国家认同、厚植国家合法性的一项重要资源,地方性文化则是建构地方社区共同体的有效抓手。传统文化的再造,也包含着传统娱乐习惯的再造,它在新世纪被国家赋予了新的治理意图,也为大众应对社会结构的转型提供了心理慰藉。

新型娱乐习惯得益于市场化、全球化和信息化的迅猛发展,在形式上更加多样,在内容上更加多元,产生了适合各个阶层和年龄段的新型娱乐习惯。中老年人的广场舞、乐器队,年轻人的街舞、电子游戏、音乐节、"网络直播",中产阶级的马拉松、骑行、竞走,富裕阶层的高尔夫,KTV的广泛普及、体育赛事的广泛影响,一起构成了新型娱乐习惯的万花筒。生活水平的普遍提升和闲暇时光的增多使每一个阶层都发展出表征自身特色、个性的娱乐习惯，甚至特定的娱乐习惯成为某一阶层或群体的身份标签。①

在信息化的助推下，新型娱乐习惯出现了显著转型，那就是娱乐形式的组织化和团体化。便捷的信息沟通使大众更容易找到志同道合者，而密切的交流又可进一步强化团体感。在城市社区中，中老年人建立了广场舞队、模特队、声乐队等众多的娱乐队伍；年轻人更多地建立网络娱乐小组，特别以豆瓣网上的各种娱乐小组为代表，网络娱乐小组一般还会举行集体线下活动。各种微信群则成为老年人以及青年人进行娱乐交流的便捷渠道，帮助他们减少了组织化的成本，增强了组织的活动能力和团体感。这种新型娱乐习惯的组织化运作机制，一方面得益于社会结构的剧烈转型对人们生活的冲击迫使大众不得不寻求加入组织化的社群，特别是在快速流动的社会里，人们从传统共同体或单位制共同体中脱嵌出来，亟须融入新的团体中，以建构自己的社会网络，而某种特定的娱乐习惯就成为建立社会网络和社区联结的有效手段。另一方面是因为组织化的娱乐团体也是现有国家—社会框架下社会力量发育的合法地带，国家乐见文化娱乐组织的成长，并积极将其吸纳到体制框架中以辅助进行社会文化治理。

不管是传统娱乐习惯的再造还是新型娱乐习惯的转型，都因应了社会结构的变迁和政治结构的转变。全球化、市场化所带来的社会结构的巨大变迁和西方文化娱乐工业对中国文化娱乐习惯的冲击，迫使国家和社会不得不重新思考文化政策，以抵御外来文化对本国文化的侵蚀和本国民众心灵秩序的腐蚀。传统文化娱乐习惯在新的历史机遇下得以重生，成为建构民族国家认同和社区共同体认同的有效资源。各种新型娱乐习惯也以组织化的运作方式，成为陌生人社会中重建联结社会的重要纽带和国家进行文化治理的有效手段。总之，文化及娱乐习惯开始被国家赋予新的治理价值，文化治理日益成为国家治理现代化的重要组成部分。

---

① 譬如，玩"电游"和"动漫"，便是"95后数字原生代"的重要身份标识。他们从小在智能手机、电脑、iPad 的陪伴下，在互联网的浪潮中长大，习惯于接受动漫、电子游戏等娱乐产品及其"二次元世界"。他们对社交网络的依赖性很强，而且几乎是生活在"社交全平台"的环境中。

第二节 大众娱乐习惯的演变规律及特点

探索大众娱乐习惯40余年来的演变路径和丰富图景可以发现和总结其演变规律及特点，为进一步引导大众娱乐习惯的发展提供借鉴。

（一）大众娱乐习惯由单一走向多元

在改革开放前和改革开放初期，大众娱乐习惯的主要特征是形式单一、内容单一、价值单一。当时的娱乐习惯以政治性集体娱乐为主要形式，不管是看样板戏还是革命电影，都是聚集到广场、礼堂等公共空间集体观看，即使听广播也只能收听一个乡镇广播站的有线广播，即便小喇叭入户也仍然是一种集体收听的形式。娱乐内容以宣传教育为主题，既包括继续革命的思想动员和马列主义的思想教育，也包括国家大政方针的宣讲和模范典型的宣传。总之，对民众进行政治宣传教育是这一时期大众娱乐的主要内容。当时娱乐习惯的内在价值以政治性为最高标准，刻意强调娱乐内容的政治美学价值，而遮蔽了文化娱乐习惯的生活美学价值。简言之，在改革开放前和初期，大众娱乐习惯总体上呈现出单一和单调的风格。

改革开放以后，随着革命党向执政党的转型，经济发展的绩效合法性代替了革命合法性诉求，建立现代化的世俗社会成为政党和社会的可欲目标。国家逐步放弃对文化的绝对管控甚至减少提供意识形态化的公共文化产品，加上广泛的放权和赋权，文化娱乐产品的供给主体日渐多元化，民众在文化娱乐生活的选择上拥有了更多自主权，进而促进文化娱乐领域的世俗化和多样化。首先是娱乐形式的多样性。集体性娱乐尽管仍然是现今社会大众娱乐的重要形式，但这已不是强制性的集体参与，更多的是自主性的结合。同时，个体性娱乐方式、家庭化娱乐方式、小众化娱乐方式或俱乐部式娱乐方式都成为大众娱乐习惯的自由选择。其次是大众娱乐内容的多元化。它既有文化市场和文化技术的推动，也有政策引导，文化产业已成长为国民经济重要的新兴产业，除了政府提供的以宣传教育为主要内容的公共文化服务，市场也提供了多样化的享乐型文化娱乐服务，社会则提供了众多的自娱自乐型文化产品。最后是娱乐习惯价值的多元化。主要表现为娱乐习惯的世俗化，也就是追求娱乐本身的快感和美感，强加于文化娱乐的政治性逐渐从前台转向后台隐秘运作，文化娱乐出现了由解放政治向生活政治的转型。

总之，改革开放以来，大众娱乐习惯由单一向多元的结构演变，既是政治权力收缩的结果，也是国家选择性引导的结果。这一方面显示了国家由文化管理向文化治理的转型，一方面暗合了文化大众化和文化民主化的逻辑。

（二）大众娱乐习惯演变中的冲突与融合并存

在改革开放40余年的发展中，大众娱乐习惯领域本身作为一个结构性场域形成了冲突与融合并存的演进格局。大众娱乐习惯的冲突与融合也是各种文化和文化实践者之间的交流与碰撞，既形成了不同群体间文化娱乐的分化与矛盾，也推进了文化娱乐的发展与繁荣。

大众娱乐习惯发展演变中的冲突和融合是多维度和多层次的，具体包括大众文化娱乐在文化激进主义者和文化保守主义者之间的冲突与融合、城乡之间大众娱乐习惯的冲突与融合、不同阶层间大众娱乐习惯的冲突与融合、代际娱乐习惯的冲突与融合以及中西娱乐习惯的冲突与融合。

娱乐习惯在改革开放前承担着重要的政治性功能，也是对民众进行道德教化的载体。可以说是"文以载道"在娱乐领域的接续。娱乐习惯既受到一国传统文化的影响，也受到一国政治经济社会发展水平的制约。西方发达国家所形成的现代和后现代的文化娱乐习惯总是和有着悠久历史传统的发展中国家存在"代差"，尽管这种"代差"有缩小的趋势，但对不同文化娱乐习惯接受度上的总体差异会长期存在，反映在个体和阶层间的差异就导致了大众文化娱乐习惯的冲突。当然这种冲突会随着经济的发展和社会的进步而不断缓和，文化管理者会顺应民意，文化保守者也会逐渐转变看法，进而使过往的地下活动的文化娱乐习惯走向台面，小众范围的娱乐习惯得到扩散。

代际娱乐习惯冲突本质上也是传统文化意识与现代文化习惯的冲突，老一代恪守着古老传统和共产主义新传统，显得较为保守，对新事物特别是源自西方的娱乐心存芥蒂。然而，随着社会的发展，老年人和青年人之间文化素质和文化意识的差距逐渐缩小，二者的娱乐习惯也出现了一定的融合，比如玩QQ、微信已成为各年龄段的新型娱乐习惯，老年人也会向青年人学习请教相关知识。

改革开放的迅猛发展带来了多元娱乐习惯的交流、碰撞，一时间传统与现代、东方与西方、精英与大众等各种娱乐文化元素共处一室，争奇斗艳、交相辉映。这种传统、现代与后现代娱乐习惯叠加共生的结构，强化了民众娱乐习惯冲突与融合的剧烈程度。于是，它既给当代人带来了强烈的娱乐文化冲击，也为其提供了多样自由的娱乐文化选择。传统娱乐习惯和现代娱乐习惯、精英娱乐文化与大众娱乐文化的融合并进，共同推进了我国娱乐文化的大繁荣、大发展。

（三）大众娱乐习惯演变中的去功能化与再功能化共存

大众娱乐习惯作为广义的大众文化的组成部分，具有一定的文化政治功能。深受葛兰西文化领导权思想影响的法兰克福学派认为大众文化是主流意识形态的传递者，是统治阶级支配民众的文化手段。作为现代娱乐消费体系的"文化工业"就是为大众提供一种无脑的快乐，"快乐始终意味着无所思索，忘却痛苦，即使是正处在痛苦之中。从根本上讲，它是一种无能为力的状态。快乐确实是一种逃避，但并非人们所说的是对残酷现实的逃避，而是对最后一点反抗现实的思想的逃避。快乐许诺给人们的自由，就是逃避否定的思想"①。实现"葛兰西转向"的英国文化研究学派则"把大众文化看作是社会中从属群体的抵抗力与统治群体的整合力之间相互斗争的场所"②。美国著名媒体文化研究者尼尔·波兹曼（Neil Postman）则坦言："各种各样的专制者们都深谙通过提供给民众娱乐来安抚民心的重要性。"③ 总之，大众娱乐习惯从来不局限于纯粹的"娱乐"问题域，往往具有作为统治阶层灌输政治意识形态手段的功能和民众以大众娱乐习惯为弱者的武器进行抵抗和斗争的功能。

大众娱乐习惯在改革开放 40 余年的发展中，成为多元主体践行多种文化功能的场域，并呈现出大众娱乐习惯的去功能化与再功能化共存的复杂场景。

---

① M. Horkheimer & T. W. Adorno, *Dialectic of Enlightenment.* Stanford：Stanford University Press，2002，p. 116. 转引自欧阳谦《文化与政治》，中国人民大学出版社，2012，第 273 页。

② 陶东风、和磊：《文化研究》，广西师范大学出版社，2006，第 82 页。

③ 〔美〕尼尔·波兹曼：《娱乐至死》，章艳译，中信出版社，2015，第 168 页。

大众娱乐习惯的去功能化，是指大众娱乐习惯在改革开放后从国家全能管控的政治领域下坠为民众较为自主的生活领域的过程，大众娱乐习惯担负的政治意识形态功能出现了由强到弱、由显至隐的转变。当国家不再直接主导和控制民众的娱乐生活，并从中选择性退出之后，民众也开始自主认识并追求娱乐生活的私人性、休闲性和选择权。这种去功能化是国家政策转向的产物，当经济建设为中心成为国家发展的主要方向、当现代化及世俗化成为建设目标，娱乐习惯所承载的政治功能就逐渐削弱，并出现质的转型，它不再全面控制也不再强制控制民众的娱乐生活，尽管政府文化部门依然负有提供文化产品引导和教化民众的职能，但就作用方式和实际效果来看，娱乐文化的政治性功能已经大为减弱。最重要的是民众意识的逐步世俗化和个体化，形成了对现有公共文化娱乐政治性内涵的消解和漠视。这种大众娱乐习惯的逐步去功能化乃是社会结构转型和个体能动性的综合结果。

与此同时，大众娱乐习惯也经历了一个再功能化的过程，也就是说，在新的社会结构中大众的娱乐习惯选择具有了新的功能，主要表现为政治表达功能和重塑共同体功能。改革催生了新的政治表达方式，其中文化的表达和抵抗成为一些先锋人士的时髦选择。20世纪80年代开始在中国生根发芽的摇滚乐，就形成了对既有体制和社会结构的冲撞和批判。摇滚乐是先锋艺术中最具大众性的娱乐习惯，因而也是青年群体娱乐习惯再功能化的具体表现。在市场经济浪潮的冲击下，无数人从乡村共同体和单位共同体中脱嵌而出，在拥抱自由的同时也独自承受着现代性的孤独和风险，于是对群体生活和共同体的天然依赖，又促使民众在享受私人性娱乐生活的同时开始追求集体性和组织性的大众娱乐习惯，遍布城乡的广场舞队伍、传统民俗活动的重生，都昭示着人们对共同体重建的呼唤。

（四）大众娱乐习惯演变中受控和自主的交缠

总体来看，改革开放以来的大众娱乐习惯经历了一个不断由受控转向自主的过程。尽管政治制度是形塑大众娱乐习惯的深层力量，但不断生长的市场体制也对大众的娱乐选择产生了重要影响。然而，市场体制的解放话语表面上给大众带来了更多的娱乐选择自主性，实质上却使大众陷入文化工业娱乐至死的巨大诱惑之中，丧失了自身的主体性和批判性。政府则转换文化政治的思维，试图以文化治理的方式，在赋予大众自主选择的同时依然掌控文化娱乐的内在生产机制，进而重建新的文化领导权，所以大众娱乐习惯在制度和市场的双重夹击下形成了受控和自主的交缠景观。

文化市场以及文化工业的繁荣，形成了大众文化娱乐习惯生产与消费的"二律背反"。一方面，在现代大众文化语境中，表面上看大众成为文化娱乐创作者和接受者的主体，拥有较大的自主权和选择权，呈现出大众娱乐文化的多元化；另一方面，大众娱乐文化的生产依赖于资本的运作、商品化和现代技术的力量，资本追求利益最大化，他们通过研究大众娱乐文化心理，不断生产出满足大众简单快感的娱乐产品，于是暴力色情游戏、宫斗剧、玄幻文学成为文化工业最热衷的文化题材。尽管生产的娱乐文化产品的形式繁多，但内在逻辑都是娱乐至死的快感文化，并形成了渐趋相同的单一化模式，最终形成了现代大众娱乐文化生产与消费的"二律背反"，也就是自由竞争的文化市场生产体制，最终生产出的却是单一化逻辑的文化产品和文化消费的表面自由，在快感文化中"人们由于享乐失去了自由"[①]。这种现象，从实质来看是现代大众娱乐文化选择中个体自由导向和市场自由体制间的张力在社会结构"场域"上的畸形展现。政府在文化领域的逐步放权，营造出民众在大众文化娱乐领域自主性不断增强的景象，政府把治理意图和意识形态注入更具美学化、艺术化、科技化的文化产品生产和供给之中，影响大众的娱乐文化选择，使民众在自由选择和体验中接受编码于其中的治理理念和内在的治理逻辑，从而不断再生产文化领导权。

第三节　对大众娱乐习惯的管理和引导

政府管理和政策环境是在中国改革开放40余年进程中对大众娱乐习惯影响最深的变量，市场和技术变量在某种程度上也是由它派生出来的。政府管理和政策环境对大众娱乐习惯的影响具有显性和隐性两种方式，显性方式包括对大众娱乐习惯进行主流价值的宣传引导，针对娱乐市场和主体的直接管理，对文化院团的改革与收编；隐性方式主要是通过单位制组织

---

① 〔美〕尼尔·波兹曼：《娱乐至死》，章艳译，中信出版社，2015，第Ⅱ页。

和动员集体娱乐活动，通过市场化引导娱乐习惯的自主选择。

（一）主流价值的宣传与引导

主流价值是意识形态的核心，既关系着权力的合法性与正当性，也关系着社会秩序的稳定和发展。改革开放后，对涉及政治安全和道德传承的主流价值的捍卫和坚守仍然是宣传文化部门的重要职责。宣传文化部门是宣传和引导主流价值的主管单位，面对改革开放带来的社会结构变迁和大众的心理变化，不断调整工作内容和工作方式，以提高主流价值传播受众的接受度和认可度。

20世纪80年代，宣传文化部门对主流价值的宣传开始转型，改革开放的精神和理念取代继续革命，成为这一时期主流价值的内在特质，把改革开放的话语内涵通过各种文化娱乐方式向大众进行宣传，在全社会营造支持和践行改革开放的良好氛围。与此同时，开始对社会进行精神文明建设，传统道德和共产主义新道德一起成为建构大众精神文明的基本内容，把这些道德价值融入大众娱乐常见的文艺作品和宣传文本之中，进而达到寓教于乐的目的。诚如葛兰西所言："国家〔始终〕具有教育和塑造的作用，其目的在于创造更高级的新文明，使'文明'和广大群众的道德风范适应经济生产设备的继续发展，从而发展出实实在在的新人类。"① 他进一步提出："每个国家都是伦理国家，因为它们最重要的职能就是把广大国民的道德文化提高到一定的水平，与生产力的发展要求相适应，从而也与统治阶级的利益相适应。"② 改革开放伊始，党便提出建设社会主义精神文明，"在建设高度物质文明的同时，提高全民族的教育科学文化水平和健康水平，树立崇高的革命理想和革命道德风尚，发展高尚的丰富多彩的文化生活，建设高度的社会主义精神文明。这些都是我们社会主义现代化的重要目标，也是实现四个现代化的必要条件"③。

对主流价值的宣传，逐步变成软性引导，以适应民众不断增强的自主

① 〔意〕安东尼奥·葛兰西：《狱中札记》，曹雷雨、姜丽、张跣译，河南大学出版社，2014，第310~311页。
② 〔意〕安东尼奥·葛兰西：《狱中札记》，曹雷雨、姜丽、张跣译，河南大学出版社，2014，第335页。
③ 《改革开放三十年重要文献选编》（上），中央文献出版社，2008，第71页。

意识。到 20 世纪 90 年代，主流价值的基本内涵依然是改革开放和精神文明建设，推进市场经济和现代化建设成为时代新内涵，反映市场化、现代化建设的文艺作品和影视作品成为大众通过娱乐方式接受主流价值的主要载体。由于市场化的快速推进和制度的一时缺失，民众的精神道德世界出现了较为明显的失序，精神文明建设更加紧迫，对法治精神和道德精神的宣扬成为这一时期建构主流价值的重要内容。这一时期看电视逐渐成为大众娱乐的普遍习惯，因而电视节目成为国家宣传和引导主流价值的重要载体。步入 21 世纪，国家发展进入新阶段，面临着新挑战，科学发展观凝聚了改革开放中优化发展的新思想新理念，并成为这一时期新的主流价值。与此同时，精神文明建设则主要集中在民族精神、家庭美德、社会主义荣辱观等教育上，新的媒介手段的出现更加丰富了大众娱乐方式，国家也借助更多样的传播方式和娱乐方式进行主流价值的宣传和引导。进入新时代，社会主义核心价值观成为主流价值的高度概括和全面总结，也昭示着国家日益重视对主流价值的宣传和引导，积极推动社会主义核心价值观融入大众的娱乐生活习惯之中。电视中反复播放，广场上到处张贴，甚至在网络游戏场景中都要有所体现。这种将社会主义核心价值观辐射到大众娱乐生活各个环节的全面宣传，推动了社会主义精神文明建设和主流价值的广泛传播。

（二）娱乐领域的管理

随着大众娱乐领域市场化水平的提高，娱乐产业成为重要的经济部门，因而和其他市场化主体一样，娱乐行业主体要接受国家的政策监管，而非营利性的娱乐社团作为社会组织也要接受文化和民政部门的监督和管理。政府对娱乐领域的监管，一方面是为了保护娱乐消费者的人身安全和财产安全，另一方面则是为了保护国家的文化安全和维护文化内容的健康。总体而言，政府主要从三方面对娱乐进行管理：（1）对娱乐内容的管理；（2）对娱乐场所的管理；（3）对娱乐团队或组织的管理。可以说，政府对文化娱乐的政策管理，直接影响了大众娱乐产品和服务的供给。

为加强政府对娱乐内容的管理，1997 年 9 月通过施行的《广播电视管理条例》[①] 第三十三条规定："广播电台、电视台对其播放的广播电视节目

[①] 1997 年 8 月 1 日，国务院第 61 次常务会议通过，1997 年 8 月 11 日国务院令第 228 号发布。

内容,应当依照本条例第三十二条的规定进行播前审查,重播重审。"这一条例经过两次修正,但仍然保留了上述规定,① 要求"广播电台、电视台应当提高广播电视节目质量,增加国产优秀节目数量",禁止制作和播放危害国家安全、破坏民族团结、侵犯他人权益、宣扬淫秽迷信或者渲染暴力的内容节目。早在 1996 年 5 月,国务院就制定发布了《电影管理条例》②。2001 年 12 月,国务院通过新的《电影管理条例》③。该条例明确规定,"国家实行电影审查制度"。要求影片不得载有危害国家安全、破坏民族团结、扰乱社会秩序、侵害他人权益、危害社会公德和民族优秀文化传统、宣扬邪教迷信淫秽赌博暴力或教唆犯罪等方面的内容。随着互联网的发展,依托互联网的娱乐形式和内容越来越丰富,并成为大众娱乐的主要载体和形式。为此,国家从 1996 年开始相继出台了系列管理条例、管理办法,对互联网的娱乐内容进行规制。2016 年 11 月 7 日,还发布了《中华人民共和国网络安全法》,其中第六条明确规定:"国家倡导诚实守信、健康文明的网络行为,推动传播社会主义核心价值观,采取措施提高全社会的网络安全意识和水平,形成全社会共同参与促进网络安全的良好环境。"第十二条对使用网络做了更加具体的规定。④

此外,2006 年 1 月,文化部办公厅专门发布《关于进一步加强歌舞娱乐场所内容管理有效维护内容安全的通知》⑤,要求加强管理和引导,大力发展先进文化,积极支持健康有益文化,坚决抵制腐朽文化,使歌舞娱乐场所真正成为人民群众满意的健康文明的场所,为构建和谐社会营造良好的文化环境。进一步加强对歌舞娱乐场所播放内容的审查和监督,积极倡

---

① 参见 2013 年 12 月 4 日国务院第 32 次常务会议通过,2013 年 12 月 7 日国务院令第 645 号公布,自 2013 年 12 月 7 日起施行的《国务院关于修改部分行政法规的决定》第一次修正;参见 2017 年 3 月 1 日国务院令第 676 号公布的《国务院关于修改和废止部分行政法规的决定》第二次修正。

② 1996 年 5 月 29 日国务院令第 200 号发布。2001 年 12 月国务院通过新的条例,该条例自 2002 年 2 月 1 日起施行,原条例同时废止。

③ 2001 年 12 月 12 日国务院第 50 次常务会议通过,2001 年 12 月 25 日国务院令第 342 号公布,自 2002 年 2 月 1 日起施行。

④ 《中华人民共和国网络安全法》由第十二届全国人民代表大会常务委员会第二十四次会议于 2016 年 11 月 7 日通过,自 2017 年 6 月 1 日起施行。

⑤ 文化部办公厅:《关于进一步加强歌舞娱乐场所内容管理、有效维护内容安全的通知》(办市发〔2006〕4 号),2006 年 1 月 23 日。

导符合歌舞娱乐场所特点的演出内容和演出形式；积极倡导健康文明的娱乐活动。

我国很早以前就有关于娱乐场所的管理。现代意义上的娱乐场所管理，至少可以追溯到上海租界工部局于 1935 年制定的《娱乐业管理条例》①。改革开放以后，随着娱乐业的兴起，地方政府和中央政府先后出台了娱乐场所管理条例。早在 1994 年 1 月，广东省就通过了《广东省营业性歌舞娱乐场所管理条例》，次年 11 月云南省也通过了类似的管理条例。1999 年 3 月，国务院通过《娱乐场所管理条例》②，其第一条便明确指出，制定本条例是"为了加强对娱乐场所的管理，丰富人民群众文明、健康的娱乐生活，促进社会主义精神文明建设"。2006 年 1 月，国务院通过新的《娱乐场所管理条例》③，10 年后再次作了修订。④ 该条例第三条规定，"县级以上人民政府文化主管部门负责对娱乐场所日常经营活动的监督管理"。同时，条例第十三、十四条对娱乐场所经营的内容（特别是禁止性内容）作了具体详细规定，⑤ 要求娱乐场所倡导弘扬民族优秀文化，禁止出现危害国家、伤害民族、违反政策、违背道德、侵害权益等娱乐内容。

对娱乐团队或组织的管理，主要体现在国务院发布的《社会团体登记

---

① 楼嘉军：《上海城市娱乐研究（1930～1939）》，文汇出版社，2008，第 2 页。

② 该条例于 1999 年 3 月 17 日在国务院第十五次常务会议上通过，1999 年 3 月 26 日国务院令第 261 号发布，自 1999 年 7 月 1 日施行。2006 年 3 月 1 日废止。

③ 新条例于 2006 年 1 月 18 日经国务院第 122 次常务会议通过，2006 年 1 月 29 日国务院令第 458 号公布，自 2006 年 3 月 1 日起施行。

④ 根据 2016 年 2 月 6 日发布的国务院令第 666 号《国务院关于修改部分行政法规的决定》修正。

⑤ 第十三条规定："国家倡导弘扬民族优秀文化，禁止娱乐场所内的娱乐活动含有下列内容：（一）违反宪法确定的基本原则的；（二）危害国家统一、主权或者领土完整的；（三）危害国家安全，或者损害国家荣誉、利益的；（四）煽动民族仇恨、民族歧视，伤害民族感情或者侵害民族风俗、习惯，破坏民族团结的；（五）违反国家宗教政策，宣扬邪教、迷信的；（六）宣扬淫秽、赌博、暴力以及与毒品有关的违法犯罪活动，或者教唆犯罪的；（七）违背社会公德或者民族优秀文化传统的；（八）侮辱、诽谤他人，侵害他人合法权益的；（九）法律、行政法规禁止的其他内容。"第十四条规定："娱乐场所及其从业人员不得实施下列行为，不得为进入娱乐场所的人员实施下列行为提供条件：（一）贩卖、提供毒品，或者组织、强迫、教唆、引诱、欺骗、容留他人吸食、注射毒品；（二）组织、强迫、引诱、容留、介绍他人卖淫、嫖娼；（三）制作、贩卖、传播淫秽物品；（四）提供或者从事以营利为目的的陪侍；（五）赌博；（六）从事邪教、迷信活动；（七）其他违法犯罪行为。娱乐场所的从业人员不得吸食、注射毒品，不得卖淫、嫖娼；娱乐场所及其从业人员不得为进入娱乐场所的人员实施上述行为提供条件。"

管理条例》① 之中，并要求"发挥社会团体在社会主义建设中的积极作用"。
此外，北京（1986 年）、上海（1994 年）、重庆（1995 年）、浙江（2000
年、2010 年修正）、吉林（2002 年、2017 年修正）等省市先后发布《社会
团体管理条例》，广州（2014 年、2015 年修正）、辽宁（2017 年）先后出
台《社会组织管理办法》，对社会团体或社会组织的管理作了明确规定。文
化娱乐类社会组织和团体也不例外，必须遵循相关管理规定才能向社会提
供文化娱乐产品和服务。对于加快构建现代公共文化服务体系，中央还提
出"鼓励和引导社会力量参与"，"培育和规范文化类社会组织"，"激发各
类社会主体参与公共文化服务的积极性，提供多样化的产品和服务，增强
发展活力，积极培育和引导群众文化消费需求"②。2016 年 12 月通过的《公
共文化服务保障法》③ 第三条则明确规定，"公共文化服务应当坚持社会主
义先进文化前进方向，坚持以人民为中心，坚持以社会主义核心价值观为
引领"。

（三）国有文艺院团的改革和民间文化娱乐社团的收编

国有文化院团是新中国成立后为满足人民的文化需求，同时宣传革命
文化、服务政治社会发展而建立的文化艺术单位。可以说，在改革开放前
国有文化院团提供了大部分大众文化娱乐产品和服务，是国家文化事业发
展的主力军。但是，改革开放后庞大的国有文化院团组织越来越不适应经
济社会的发展，亟待改革。改革开放后随着政府减少文化娱乐产品的供
给，民间自发组织的文化娱乐社团就成为大众文化娱乐的有益补充，对民
间文化娱乐组织进行收编，达到受我所管、为我所用便成为政府的一种
策略。

---

① 1989 年 10 月 13 日国务院第 49 次常务会议通过，1989 年 10 月 25 日国务院令第 43 号发布，
自发布之日起施行。1998 年 10 月 25 日国务院令第 250 号发布新的《社会团体登记管理条
例》，原条例同时废止。1998 年 10 月 25 日中华人民共和国国务院令第 250 号发布。2016
年 2 月 6 日根据发布的国务院令第 666 号《国务院关于修改部分行政法规的决定》修正。
② 中共中央办公厅、国务院办公厅：《关于加快构建现代公共文化服务体系的意见》（中办发
〔2015〕2 号），中国政府门户网站，http：//www.gov.cn/xinwen/2015 - 01/14/content_
2804240.htm。
③ 2016 年 12 月 25 日第十二届全国人民代表大会常务委员会第二十五次会议通过，2016 年 12
月 25 日中华人民共和国主席令第 60 号公布，自 2017 年 3 月 1 日起施行。

20世纪80年代，我国明确提出了文化体制改革的目标和任务。以承包经营责任制为主要形式的院团改革，在全国得到了推广。我国文艺院团改革除了进行承包责任制的尝试，还实行了"以文补文、多业助文"等改革措施，扩大了文艺院团的经营自主权。90年代，文艺院团改革的重点是深化内部的运行机制并开始引入市场化理念以推进"文化产业"的发展。这一阶段的艺术表演团体改革，以国有艺术表演团体尤其是省级和中央艺术表演团体为改革的重点。对高层级的文艺院团加大财政投入力度、进行资源整合并建立大型的文艺院团组织，而对地方小型文艺院团的支持力度较小，强制性推向市场造成很多地方文艺社团的衰落，直接影响了大众文化娱乐的水平。2000年以后，提出"文化事业"和"文化产业"相分离的理念来指导文化艺术院团的改革。2003年7月，中宣部、文化部、国家广电总局、新闻出版总署发出了《关于文化体制改革试点工作的意见》，提出要正确把握文化事业与文化产业的区别，坚持一手抓公益性文化事业，一手抓经营性文化产业，做到"两手抓、两加强"。在这种新的改革思路的指导下，一些处于困境中的地方文化院团又获得了新的政策支持。

国家对民间文化娱乐社团的收编，主要通过政策引导、政府购买服务，向民间娱乐组织提供场地支持、业务指导和资金扶持，引导民间文化娱乐社团积极在政府部门登记备案，参与政府主办的文艺活动，承接政府的购买服务项目，向本地居民提供文化服务。政府对民间文艺社团的收编，一方面将其纳入了政府监管之下，另一方面通过国家与民间组织的合作丰富了大众娱乐产品的供给。

（四）单位对集体性娱乐生活的影响

单位是计划经济时代对国有机关和组织的统称。在改革开放以前，单位是中国社会中一个高度整合和低度分化的基本组织形态。当时的中国社会，是由极其独特的两极结构所组成的社会：一极是权力高度集中的国家和政府，另一极则是大量相对分散和封闭的单位组织。[①] 基于单位办社会和福利单位化的组织特征形成了单位制超强的社会动员力和社会整合力。因

---

① 李汉林：《变迁中的中国单位制度：回顾中的思考》，《社会》2008年第3期。

而集体性娱乐生活既是单位文化福利，也是通过集体性活动对单位人进行内部整合和社会整合的机制。于是，单位成为代表国家组织和管控人们娱乐生活的微观组织。

改革开放后，单位对人们娱乐生活习惯的影响也发生了变化，集体娱乐生活的组织动员方式和娱乐内容都有了新的特征。有学者认为，计划经济时期，国家以单位为中介对个人进行组织和管理，通过把个人纳入单位，形成以"国家—单位—个人"为纵向主轴的管理模式，"单位文艺"正是在这种模式下形成的。依据"单位文艺"的功能和特点，可将"单位文艺"动员划分为生产激励型、政治动员型和仪式型三种类型。① 单位文艺在很大程度上包含了或者等同于单位中的大众文化娱乐，因而在计划经济时代大众娱乐生活也是单位基于生产激励、政治参与和仪式展演的需要而组织动员的。在计划经济时代，大型国有企事业单位中都有专门的文艺组织或文艺队伍负责单位文艺活动的举办和表演，再加上生产和居住都是单位内部，所以单位文艺活动比较容易举办，因而在那个时代单位人普遍认为当时的文化娱乐生活较为丰富。改革开放后，国有企业面临市场竞争的压力加大、政治参与的压力减少，生产激励逐渐变为以物质激励为主，单位的文化生活地位因此大大下降，单位动员举办集体性文化娱乐的频率和规模跟改革开放前不可同日而语，单位内文艺积极分子自发组织的娱乐文化活动更多一些。随着市场化改革的进一步深入，国有企事业单位又发生了新的结构性变化，分房福利的取消和商品房的兴起，导致单位职工不再集中居住，而是分散在各个商品房社区之中，这样一来单位集体性文化娱乐活动难以组织，尽管很多单位拥有丰富的娱乐场馆和设施，但是生产和居住的分离以及居住的分散都制约了集体娱乐活动的开展，以致单位只能在较大型的节日组织集体娱乐活动，更多的娱乐活动仅在自己居住的社区进行。也就是说，随着单位制本身的结构性变化，单位对大众娱乐的组织动员已经由全面管控变为特定动员。单位制形成的集体文化生活的繁荣景象成为一代人的集体记忆，但社会的发展和转型再也无法恢复到往昔集体娱乐的"辉煌"，所幸单位制孕育和培养的文艺人才现在都成为社区集体文化娱乐的组

---

① 吴海琳、王晓欢：《"单位文艺"与国企动员——计划经济时期 Y 厂的个案分析》，《社会科学战线》2017 年第 8 期。

织者和骨干，成为当今社区的一项重要文化资源。

第四节　对当今大众娱乐习惯的反思

大众娱乐作为连接民众日常生活与国家政治生活的文化纽带，是个体、国家、社会和市场共同作用的场域，因而大众娱乐生活的内容、方式和结构变迁不仅影响罗伯特·帕特南（Robert D. Putnam）《独自打保龄》[①] 所揭示的社会资本的培育，也关系着社会道德秩序的维系，以及各群体间的利益表达和权力体系的互动方式。当代中国大众娱乐习惯经过 40 余年的快速发展，受到多重因素冲击，既带来了大众娱乐的民主化、生活化和多元化等积极的价值转型，也出现了娱乐习惯的个体化、泛娱乐化和亚文化化等具有负面影响和值得反思的现象。

（一）大众娱乐习惯的个体化

个体化作为一个描述社会结构变迁的概念，"首先是指个体从旧有的社会性羁绊中'脱嵌'出来的过程。这些社会性羁绊包括一般意义上的文化传统和那些界定个体身份的社会范畴，如家庭、亲属关系、社群和阶级等"[②]。因此，娱乐习惯的个体化不止是说娱乐方式的个人化和私密化，更重要的是指大众娱乐习惯的"脱嵌"，也就是大众开始疏离共同体中的集体性娱乐活动，在娱乐方式上脱离对组织或共同体的依附性。在具有现代意识和获得更多自主选择权的民众看来，乡村共同体流传的集体性娱乐文化成为落后的代名词，政府组织提供的公共文化娱乐活动充斥着枯燥的说教，而个体私密的娱乐选择则可以带来快感和个体身份的另类建构。但是，乡村共同体和公共组织同时也是提供归属感和认同感的组织载体，从中脱嵌而出获得了短暂的自由的代价则是社群感和本体安全感的丧失。同时，更加个体化的娱乐方式也稀释了人与人之间的社会联结和互动，进而阻碍了社会资本的生成和发展。因而大众娱乐习惯的个体化作为转型期社会个体

---

① 〔美〕罗伯特·帕特南：《独自打保龄：美国社区的衰落与复兴》，刘波等译，北京大学出版社，2011，第 7 页。

② 吴理财：《论个体化乡村社会的公共性建设》，《探索与争鸣》2014 年第 1 期。

化的表现之一，既表征了个体的自由意志，也承载了社会结构性风险。故而构造个体脱嵌之后得以再嵌入的新的组织形式或再造生活共同体作为现代人重建意义之源，就成为当代中国应对非制度化或低制度化的个体化的因应之策。

（二）大众娱乐习惯的泛娱乐化

大众娱乐的目的是通过娱乐活动使人轻松愉悦，平复因工作、学习带来的心灵秩序的紧张，同时也可以在娱乐中体验美感、快感和道德感，但是过度追求娱乐效果所造成的泛娱乐化倾向，不仅侵蚀了人的心灵秩序，也带来了社会文化价值危机。中国的大众娱乐在近 20 年的发展中，由于受西方消费主义、后现代文化和互联网技术的影响，开始出现泛娱乐化症状。首先是文化市场的泥沙俱下，充满感官刺激、欲望和无规则游戏的庸俗文化成为娱乐市场为获取利润而大肆生产的文化产品的主要内容。这些充斥着快感、诱惑性的娱乐文化，不仅俘获了心智不够健全的青少年的心灵，甚至连自制力较差的成年人也深陷其中难以自拔。"网瘾"已成为学校、家庭和社会面临的严峻课题，各种网络游戏已成为新的精神鸦片，使人在过度娱乐中丧失了主体性和发展机会。其次是"解构一切"成为文化工业的"操作圣经"，任何文化的、政治的内容都成为文化工业生产快感娱乐文化的辅料，"我们的政治、宗教、新闻、体育、教育和商业都心甘情愿地成为娱乐的附庸，毫无怨言，甚至无声无息，其结果是我们成了一个娱乐至死的物种"①。于是，在互联网的影视作品中，革命烈士可以被调侃亵渎，文化经典可以被戏说乱改。大众娱乐习惯的"泛娱乐化"不仅使大众在恶性循环中陷入对感官刺激和爽文化的追逐而丧失自我，也降低了大众文化品位，扭曲了是非曲直的标准，模糊了善恶美丑的界限。近年流行的"佛系文化""丧文化"，其实也是这种"泛娱乐化"的表现。大众娱乐习惯的泛娱乐化虽然具有消解传统权威、抵抗权力、逃避现实的意涵，但同时又导致大众被新的市场权威和资本逻辑所支配，最终个体在娱乐狂欢中陷入自我价值的迷失，文化道德价值在娱乐工业的繁荣表象下不断陷落。因而，警惕大众娱乐的泛娱乐化和过度化，调整和引导娱乐产业的发展方向已成

---

① 〔美〕尼尔·波兹曼：《娱乐至死》，章艳译，中信出版社，2015，第 4 页。

为当务之急。

（三）大众娱乐习惯的"亚文化化"

亚文化是相对主流文化而言的，主流文化是处于支配地位和具有官方背景的文化。在改革开放前，主流文化几乎统摄了民众全部的娱乐文化生活，那个时候几乎不存在自主意义上的亚文化，只有在改革开放后随着大众文化自主选择的增加与社会结构的分化，才逐渐产生了反映不同群体特征和不同阶层身份的亚文化。从亚文化概念的历史演变中可以发现，它和社会学维度上的越轨文化、政治学维度上的仪式抵抗和文化学维度上的意义争夺密切相关，可以说亚文化既是对社会问题的文化表征，也是社会问题的一部分。因而中国大众娱乐习惯发展中产生的亚文化现象也映射出社会结构变迁的复杂镜像，勾连着社会利益分化的社会事实。中国的快速发展和对多重现代性的压缩并进，也导致中国的亚文化景观具有更加复杂的面相。

青年在社会权力结构中的边缘地位决定了青年亚文化与生俱来的社会批评性。如对社会不公平、社会权力结构不平等的抵抗，对主流文化、父辈文化压迫的反抗。这种抵抗时而温和时而激烈，主要通过拼贴、模仿、反讽的手段在符号层面进行象征性抵抗或仪式化反抗。"换言之，青年亚文化不只是被动地接受电视、电影、音乐、服饰等流行时尚的东西，而且也会通过各种形式来抵抗主流的社会价值。比如许多青少年通过追求奇装异服、流行的电子游戏和街头舞蹈等，不仅在逃避而且也在挑战社会的约束。"[1]

当今中国的亚文化景观，不仅包括仪式抵抗、意义争夺等自我实践型亚文化，还存在表征群体冲突和阶层歧视的他者建构型亚文化，以及具有自我实践与他者建构的双重面向的复杂亚文化。总之，大众娱乐习惯的亚文化化需要引起重视和引导，毕竟它不仅呈现社会问题，而且本身就是社会问题。

---

[1]　欧阳谦：《文化与政治》，中国人民大学出版社，2012，第66页。

第五节　小结和讨论

纵观我国民众的娱乐习惯变迁不难发现，其先后经历了三种典型形态，即改革开放之前"以政治为主题"的娱乐习惯、市场化改革时期"去政治主题"的娱乐习惯以及文化治理时期"隐政治主题"的娱乐习惯，分别对应着特定历史时期的国家政策和社会制度逻辑。细察改革开放 40 余年来大众文化娱乐习惯的历史演变则可以发现更清晰的演变线索和脉络，更复杂的作用主体和演变结构，同时也可以追踪到国家权力和社会制度作用于大众娱乐文化场域的蛛丝马迹，以及大众通过娱乐文化习惯和国家、社会互动的历史细节。

考察 40 余年来大众娱乐习惯的变迁过程可以发现，改革开放初的 20 世纪 80 年代传统娱乐习惯缓慢复兴，新型娱乐习惯逐步兴起；在 90 年代市场深化发展期，传统娱乐习惯又逐渐衰落，新型娱乐习惯则进一步繁荣；到了新世纪在信息技术的影响下，传统娱乐习惯得以再造，新型娱乐习惯出现转型。大众娱乐习惯 40 余年的演变历程呈现出几个规律性特点：由单一走向多元、演变中冲突与融合并存、去功能化与再功能化共存、受控和自主相交缠。这些演变过程中的张力也是制度、市场和技术所形成的力场与个体主体性角逐与斗争的展现。同时，大众娱乐习惯在 40 余年的发展中也出现了一些值得反思的现象，比如随着我国社会日渐从总体性、集体化趋向个体化，有些大众娱乐习惯也出现了个体化倾向，这预示着公共领域、公共参与的衰落，从而对政治制度产生一定的影响作用；随着社会利益的分化和文化多元化，大众娱乐习惯出现了亚文化化，这昭示着人们的娱乐习惯开始具有一定的政治表达性。由于不同群体对制度的反应不一样，社会中间阶层的娱乐习惯往往有助于制度的维系、稳定，而亚群体或边缘群体的娱乐习惯更多地表现为对既有制度的反抗、抗议；随着市场发育和娱乐工业的繁荣，大众娱乐习惯出现了泛娱乐化的症候，这种解构一切的过度娱乐不仅导致个体自主性的丧失也使社会文化价值陷落，并使文化生产受到资本逻辑和传媒逻辑的支配。

总之，在现代性和后现代性同时显现、交叉重叠的当代中国，文化娱乐领域不仅关涉对权力、市场和技术所形塑的文化生产机制的反思和抵抗，也关系着大众对日常娱乐生活意义的改写和争夺。国家政策和政府管理可以通过"文化领导权""编码"改造人们的娱乐习惯，通过对民间文化团体（特别是剧团）的"收编""整顿"来影响人们的娱乐习惯。但随着大众自主性的不断增强，各种亚文化的兴起构成了行动主义的抵抗，泛娱乐化的产生在某种程度上也是一种沉默无声的不配合，因而文化领导权的建构在现代社会将会充满挑战，大众娱乐个体化所表征的社会公共性的消解，也呼唤着新的公共娱乐形式的出现。

第十五章 现代公共文化服务体系建构

第一节 公共文化服务的基本概念与演变逻辑

2004 年，国家发改委颁布的《关于 2004 年经济体制改革的意见》第一次提出"公共文化服务体系"的概念，这是对政府文化职能的全新表述。由此，公共文化服务的概念逐渐进入政策话语，并由此扩散到学界，成为新的研究热点。公共文化服务作为对政府文化职能的全新概括，反映了人们对文化事业发展规律的认识在不同时期政治经济社会因素的多重约束下不断深化发展、与时俱进的特质，同时学界对公共文化服务概念的解读也在不断深入。

一 公共文化服务的基本概念

公共文化服务作为一个政策概念最早源于政府文件。2005 年，《中共中央关于制定国民经济和社会发展第十一个五年规划的建议》提出，逐步形成覆盖全社会的比较完备的公共文化服务体系。这是在国家层面首次使用公共文化服务来概述政府的文化职能。早期的公共文化服务概念并没有一个相对确定的内涵，只是对政府文化职能的普遍性概括。随着政府对公共文化服务认识的深入，后来以立法的形式规定了公共文化服务的内涵。按照《中华人民共和国公共文化服务保障法》的规定，公共文化服务是指"由政府主导、社会力量参与，以满足公民基本文化需求为主要目的而提供的公共文化设施、文化产品、文化活动以及其他相关服务"。

相对而言，学界对公共文化服务概念的研究更具学理性和多元化。针对公共文化服务的具体内涵，不同学者从不同角度进行了解读。部分学者强调，公共文化服务的内涵体现为由政府主导提供公共文化产品。如陈威认为："公共文化服务就是由公共部门或准公共部门共同生产或提供的，以满足社会成员的基本文化需求为目的，着眼于提高全体公众的文化素质和文化生活水平。"① 周晓丽、毛寿龙把公共文化服务界定为，"基于社会效益、不以营利为目的，为社会提供非竞争性、非排他性的公共文化产品的资源配置活动"②。还有学者认为，公共文化服务的内涵不只是单纯提供文化产品与服务，还包括更广泛的管理职能，如闫平认为，"公共文化服务并非简单地直接提供公共文化产品和服务，而是要求政府承担好文化建设与发展的管理职能"③。也有学者把文化服务领域的体制机制改革创新任务纳入公共文化服务的基本内涵，认为"除了政府负责投资公益事业外，还包括服务水平、产品创新、机制和体制，加快机制和体制改革是推动公共文化服务的主要内涵"④。随着研究的深入，出现了更具整合性的观点。如孔进认为，"公共文化服务既是我国政府公共服务职能的新要求也是我国文化建设的新领域，既是社会发展中的文化诉求也是政府变革中的文化服务"⑤。对公共文化服务由单一到多元的认识，也呼唤着公共文化服务体系概念的成型。有学者进一步总结了公共文化服务体系的内涵，认为"公共文化服务体系就是为满足社会的公共文化需求，向公众提供公共文化产品和服务行为及其相关制度与系统的总称，是公共服务体系的有机组成部分"⑥。

除此之外，学界对公共文化服务的理论认识还经历了从文化福利、文化权利到文化治理的演变过程。"文化福利"的说法最早见于有关深圳市公共文化服务的新闻报道，后来逐渐被国内其他媒体、政府官员、学者所采用，"文化福利观"一般认为，"人们获得文化需求的满足度构成了文化福利"⑦，这也意味着公共文化服务就是把文化产品和服务作为福利提供给公众享受的过程。所谓"文化权利观"，实际上是把文化特别是对公共文化平

---

① 陈威：《公共文化服务体系研究》，深圳报业集团出版社，2006，第 4 页。
② 周晓丽、毛寿龙：《论我国公共文化服务及其模式选择》，《江苏社会科学》2008 年第 1 期。
③ 闫平：《服务型政府的公共性特征与公共文化服务体系建设》，《理论学刊》2008 年第 12 期。
④ 《公共文化服务系列报道之二：让文化阳光普照大众》，中国文明网，http://hxd.wenming.cn/whtzgg/2010-05/13/content-118240.htm。
⑤ 孔进：《公共文化服务供给：政府的作用》，博士学位论文，山东大学，2010，第 17 页。
⑥ 李景源、陈威主编《中国公共文化服务发展报告（2007）》，社会科学文献出版社，2007，第 3 页。
⑦ 耿达、傅才武：《公共文化服务体系建构：内涵与模式》，《天津行政学院学报》2015 年第 6 期。

等获取作为公民的基本权利，国内学者大多引用国际公约来论述公共文化服务为公民的一项基本文化权利。吴理财较早对"文化福利"和"文化权利"的观点进行了深入的分析，在批判这两种公共文化服务理论观念的基础上，提出应从文化治理的高度重新审视公共文化服务，认为"公共文化服务既是文化治理的一种形式，也是文化治理的一项内容"①。

从既有研究可以看出，人们对公共文化服务概念的认识经历了一个由单一到多元、由职能机构到制度系统的深化过程，最终形成了公共文化服务体系更具包容性的概念。对公共文化服务内涵的认识也经历了从文化福利、文化权利到文化治理的演进，形成了多视角的公共文化服务理论。

综合现有研究成果可以发现，公共文化服务作为一种对政府传统文化职能的超越和服务型政府建设的内在要求，实质上是以服务理念创新引导政府重构文化职能，优化部门结构，形成结构合理、治理有效的公共文化服务体系，以多元高效的方式提供普惠均等且符合社会主义核心价值观的公共文化产品和服务。

二 政府文化服务职能的演进逻辑：从管理到服务

改革开放以来，我国文化事业的发展受历史因素和域外实践的影响，公共文化服务建设在不同时期显示出不同的发展逻辑。从早期沿袭改革前单一政府主导下的"文化统治"，到对文化事业进行市场化瘦身而只进行单纯的"文化管理"，再逐步走向包括政府、社会组织、文化企业和个体互动合作的"文化治理"，寓治理于服务之中，这一逻辑变迁意味着今后的公共文化服务体系发展要摒弃过时的强制性、单向度的文化统治逻辑，超越传统的管理文化事业的文化行政或文化管理逻辑，更加注重多元行动主体以互动合作的服务方式实现文化治理。

（一）文化管理：行政的逻辑

改革开放以后，我国各项事业逐步走向正轨，以科层制为主体的政府现代化管理体制不断健全和完善，特别是20世纪90年代对文化事业进行市场化改革以后，以经济建设为中心的国家战略的确立，淡化了前期文化统

---

① 吴理财：《把治理引入公共文化服务》，《探索与争鸣》2012年第6期。

治的色彩，文化事业的发展地位也从政治领域下沉到行政领域，也即国家开始以行政的逻辑对文化市场和文化事业进行管理和规范。文化事业的发展不仅不再具有特殊性，甚至成为弱势发展部门，文化事业的发展在这一时期也受到制约并越来越无法满足人民群众的文化生活需要。

文化管理就是政府文化部门遵循文化发展的规律，为实现预期的文化发展目标，通过建立规章制度对文化事业和文化市场进行组织、指挥、协调、监督和控制的管理过程。这种文化管理过程始终贯穿着行政的逻辑，行政化管理在行政系统内部以等级性、封闭性、命令—控制、向上负责的运作模式确保行政管理的效能和稳定；在外部则以法律和制度对文化事业和文化市场进行监督和管理。这一时期，政府仍然通过自身的文化组织向社会提供一定的文化服务，而文化单位内部也是以行政的逻辑进行生产和管理。对文化市场的管理更多的是进行行业监管，还没有意识到文化市场在提供公共文化服务方面的潜力。

规范的行政管理本身是政府现代化的重要特征，但文化管理以行政的逻辑运行却可能带来诸多不适。首先是以行政逻辑运行的文化管理只注重内部的层级制运行，缺乏民众的参与，导致政府文化管理和服务出现迟缓、被动、前瞻性缺乏等问题；其次是文化内部生产组织以行政的逻辑进行生产和管理，导致效率低下，服务内容不能和群众需求匹配；最后是对文化事业的市场化改革更多的是出于减轻财政负担的目的，对文化市场主体也只是单纯的管理，而没有把文化市场纳入公共文化服务体系之中。因而，这一时期以文化管理来发展文化事业只能提供较低水平、内容单一的文化服务，对社会的文化引导也仅停留在初级的、较低的水平层次上。

（二）文化治理：服务的逻辑

进入 21 世纪，随着民众文化需求层次的提高和民众参与意识的觉醒，文化统治模式早已过时，文化管理模式也无法有效应对新时期文化发展要求以及民众对美好文化生活的新需要、新期待，文化治理便应运而生。20 世纪 90 年代治理理论逐渐在西方社会兴起并得到实践，但是把治理引入中国文化研究领域却是 21 世纪以后的事。文化治理具有比治理本身更丰富的内涵，它不仅要用服务的逻辑来发展文化事业，还要以文化为载体和内容来治理社会多方面事务，也就是利用和借助文化的功能来克服与解决国家发展中的政治、经济、社会等问题。①

　　文化治理视角下的公共文化服务在当代中国语境中具有多重逻辑内涵。首先，在公共文化服务中，通过对文化资源的合理分配和文化内容的象征化、美学化展示可以促进社会整合、强化政治认同。其次，通过公共文化服务中的多元主体互动可以重构政府与民众、民众与民众之间的关系。一方面，政府以充足优良的公共文化服务满足民众文化需求，可以使民众切身感受到公共服务，潜移默化地增强对政府的合法性认同，从文化路径形成对政治的服务式整合；另一方面，民众在共同参与公共文化生活时会形成互动与合作，在这一过程中会形成公共交往和交流，建构公共空间，进而孕育出公共性，从文化路径形成对社会的服务式整合。再次，公共文化服务需要摒弃政府包办思维，积极建构社会、市场等多元主体参与下的合作共治，以契合治理理论的多元合作治理精神。最后，公共文化服务的生产也需要在政府体系内部强化资源整合、优化职责功能，以推动政府内部治理系统的转型升级，以有机协调的治理结构提升政府公共文化服务效能。

　　以文化治理的服务逻辑推进文化事业的发展，不是放弃国家对文化的领导权，而是以群众更愿意接受和参与的方式来进行文化引领，也不是抛弃对文化事业和市场的管理，而是要整合资源、赋权社会，以更有效的方式进行文化生产和服务。所以，以公共文化服务体系进行文化治理，不仅赋予了公共文化服务更高的使命，也对公共文化服务发展提出了更高的要求。在全球化时代既要通过公共文化服务提高全民族的文化素质，促进民族文化复兴，还要以公共文化服务促进我国文化产业的发展，使文化产品在全球文化市场具有更高的竞争力。在现代化进程中，还要完成对文化服务机构的升级改造，以更高的效率和水平为民众提供优质满意的公共文化服务，使民众在感受文化内涵和享受文化服务的过程中树立文化自信，增强国家认同。

第二节　我国现代公共文化服务体系建构的历程与成效

一　顶层设计不断完善，公共文化服务制度渐成体系

　　公共文化事业的发展在 20 世纪 90 年代遇到瓶颈期，是因为国家主要对

---

① 胡惠林：《国家文化治理：发展文化产业的新维度》，《学术月刊》2012 年第 5 期。

经济发展进行顶层设计而忽视了对文化事业的顶层设计。进入 21 世纪以后，在新的发展形势下，根据新的发展理念，着眼于构建具有中国特色和现代特征的公共文化服务体系，国家不断加强顶层设计，对公共文化服务进行系统的制度建设，形成了较为完备的公共文化服务制度体系。

党的十六届五中全会提出，要"加大政府对文化事业的投入，逐步形成覆盖全社会的比较完备的公共文化服务体系"，中央高层开始把公共文化服务体系建设纳入顶层设计。《国家"十一五"时期文化发展规划纲要》把公共文化服务纳入新时期发展规划，标志着公共文化服务顶层设计规划的启动。2007 年颁布的《关于加强公共文化服务体系建设的若干意见》为公共文化服务体系建设擘画了发展蓝图，制定了发展措施。党的十七届六中全会要求，"推进国家公共文化服务体系示范区创建"，以国家公共文化服务体系示范区创建来引领全国公共文化服务体系的建设热潮。进入新时代，《国家"十二五"时期文化改革发展规划纲要》《国家"十三五"时期文化改革发展规划纲要》相继出台，再次为现代公共文化服务体系建设进行顶层规划和指导。2015 年，中央先后出台《关于加快构建现代公共文化服务体系的意见》《关于推进基层综合性文化服务中心建设的指导意见》《关于做好政府向社会力量购买公共文化服务工作的意见》《国家基本公共文化服务指导标准》等文件，不断完善顶层设计，为全国公共文化事业建设提供了发展方向和有力保障。2016 年，原文化部深入贯彻落实《关于加快构建现代公共文化服务体系的意见》精神，相继制定《文化志愿服务管理办法》《文化馆管理办法》《各级公共图书馆业务规范》《各级文化馆业务规范》等政策文件，加快顶层设计细化落地，以科学的制度规范推进公共文化服务建设的标准化、均等化和社会化，不断提升公共文化服务能力和水平。2016 年 12 月颁布实施的《中华人民共和国公共文化服务保障法》为公共文化服务发展提供了法律保障，对公共文化服务发展的各方责任与权利进行了法律界定，确保了公共文化服务发展方向和建设标准有法可依、有章可循。该法的出台标志着公共文化服务制度体系已经成型。

在文化全球化时代，党和政府基于历史使命感和紧迫感把公共文化服务体系建设提升到国家战略地位，纳入文化发展顶层设计。加快发展公共文化服务事业，展现了对历史负责、对人民负责的文化自觉。针对公共文化服务体系发展中存在的普遍性问题、难题，国家不断出台相应的法律法规和政策机制，并做出超前规划设计，形成了较为完善的制度保障体系，彰显了国家在治理现代化进程中的制度自觉。日渐完善的制度机制也推进了公共文化服务在价值取向、建设理念、治理能力、服务内容和服务方式等方面的现代化，实现了公共文化服务体系的整体提升。

二　确立公共文化服务经费和人员保障机制，形成稳定的人力物力保障体系

基本的经费和人员保障是开展公共文化服务的基础条件，随着我国经济的快速发展，国家可用于公共文化服务体系建设的人力物力资源不断增多，特别是近年来随着公共文化服务体系制度化建设水平的提高，我国逐渐建立健全了公共文化服务经费和人员保障机制，形成了较为稳定的公共文化服务人力、物力保障体系，为公共文化服务体系效能的发挥奠定了坚实的基础。

近年来，随着公共文化服务不断纳入中央和地方各级财政经常性支出预算，文化事业费稳步增长。以文化和旅游部门没有合并之前的 2017 年和 2018 年为例，2017 年全国文化事业费为 855.80 亿元，比上年增长 11.0%，全国人均文化事业费达 61.57 元，比上年增加 5.83 元，增长 10.5%；2018 年全年全国文化事业费为 928.33 亿元，同比增长 8.5%，全国人均文化事业费为 66.53 元，同比增长 8.1%。① 可以看出，我国文化事业费无论是总量还是人均水平都在稳步提升。《中华人民共和国公共文化服务保障法》明确规定："国务院和地方各级人民政府应当根据公共文化服务的事权和支出责任，将公共文化服务经费纳入本级预算，安排公共文化服务所需资金。"该项规定为我国建立稳定的经费投入机制提供了法律支撑。

文化人力资源也在不断丰富。据统计，截至 2022 年，纳入统计范围的全国各类文化和旅游单位有 31.4 万个，比上年末增加 0.19 万个。其中，各级文化和旅游部门所属单位 6.81 万个，增加 0.28 万个；从业人员有 72.49 万人，增加 1.45 万人。艺术表演团体有 19739 个，从业人员有 41.52 万人；美术馆机构有 718 个，从业人员为 6415 人；公共图书馆有 3303 个，从业人

---

① 《中华人民共和国文化和旅游部 2017 年文化发展统计公报》，中华人民共和国文化和旅游部网站，https://zwgk.mct.gov.cn/zfxxgkml/tjxx/202012/W020180531619385990505.pdf。

员达 60740 人；群众文化机构有 45623 个（其中乡镇综合文化站为 33932 个），从业人员为 195826 人。[①] 综合以上几个指标可以看出，目前我国已经形成了较为稳定和充实的公共文化服务工作队伍。

三　公共文化服务基础设施进一步夯实，形成较为完备的服务网络

近年来，各级政府切实履行公共文化服务职能，不断加强现代公共文化服务体系建设，着力补齐文化民生短板。截至目前，已初步建立了覆盖城乡的公共文化服务设施体系。县级及以上地区基本实现"三馆一站"的全覆盖和免费开放，县城建有公共图书馆和文化馆，乡镇建设综合文化站成为各地区的标配。在广大农村地区基本实现了广播电视村村通全覆盖，文化信息资源共享工程全设置和农家书屋全覆盖，进一步夯实了基层文化设施的基础。目前，全国公共文化服务的均等化水平和现代化能力得到显著提升。

从总量来看，截至 2022 年，全国公共图书馆实际使用房屋建筑面积为 2098 万平方米，比上年末增长 9.6%；全国公共图书馆总藏量达 135959 万册，比上年末增长 7.8%；阅览室坐席数为 155 万个，增长了 15.4%。全国平均每万人公共图书馆建筑面积为 148.61 平方米，比上年末增加 13.1 平方米，全国人均公共图书藏量为 0.96 册，增加 0.07 册；全年全国人均购书费为 1.67 元，增加了 0.1 元（见图 15-1）。

全国群众文化机构实际使用房屋建筑面积为 5298 万平方米，比上年末增长 6.5%；业务用房面积为 3668 万平方米，增长 3.7%。年末全国平均每万人群众文化设施建筑面积达 375.25 平方米，增长 6.6%。全国共有艺术表演场馆 3199 个，比上年末增加 106 个，观众坐席数为 246.83 万个。

经过改革开放 40 多年的发展，现代公共文化服务体系设施建设取得了巨大成就，服务阵地标准化建设不断推进，文化设施总面积、人均面积和人均藏书量都稳步增加，流动服务设备逐步健全，流动服务愈加精准，显著增强了群众享受公共文化服务的便利性和可及性。

[①] 《中华人民共和国文化和旅游部 2022 年文化和旅游发展统计公报》，中华人民共和国文化和旅游部网站，https://zwgk.mct.gov.cn/zfxxgkml/tjxx/202307/t20230713_945922.html。

图 15-1　2012—2022 年全国公共图书馆人均资源情况

四　建立公共文化服务多元供给体系，显著提升公共文化服务效能

为满足人民群众日益增长的多样化文化需求，激发社会活力，提高公共文化服务的精准化和均等化，近年来文化部门积极推进建设公共文化服务多元供给体系，包括多元化的供给主体、多样化的供给内容和多种化的供给方式。

（一）供给主体多元化

供给主体多元化是公共文化服务现代化的重要体现，地方政府在供给主体多元化方面进行了很多探索和创新。四川泸州市大力引入社会力量，创新公共文化服务内容，积极探索新型社区公共文化服务模式，探索推动民营书店开办阅读书吧，引入艺术学校进社区开办各类免费培训，拓宽社区引入公共文化服务资金、技术、手段和资源的渠道。浙江台州市近年来也在积极推进公共文化服务供给主体的多元化。临海、温岭、黄岩、路桥等县（区）在基层文化工作中，逐渐由政府包办向社会参与、志愿服务转型。

作为公共文化服务的新型供给主体，文化志愿服务团体和组织也得到蓬勃发展。目前，几乎所有省级行政区和地级市都组建了文化志愿服务协调管理机构，推动形成了种类多样、规模不一的各类文化志愿服务团队，经过广泛动员，登记在册的文化志愿者人数已达上百万，成为政府公共文化服务队伍的有力补充。

目前，政府购买公共文化服务模式、PPP 模式、公益创投模式等一系列机制创新，有效促进了政府与市场、社会等多元主体的合作，丰富了公共文化服务的供给形式，也不断引导和培育出多样化的组织参与公共文化服务，文化类社会组织、文化类企业和文化类志愿服务团体不断增加。可以说，全国各地已基本建立起政府、市场和社会多元化的公共文化服务供给体系。多元化的供给主体不仅形成了不同层次的文化供给力量，也显著提高了公共文化服务效能。

（二）供给内容多样化

随着社会的发展和对外交流的深入，人们的需求也因个人发展和社会进步而不断多元化。针对这一现实，文化部门不断开拓创新，积极引入多种文化形态，形成多样化的文化内容供给，以满足不同群体的多元文化需求。

新疆五家渠市积极丰富公共文化服务内容，采取政府搭台、群众唱戏的方式，鼓励支持街道戏剧社、书画社、诗友社、合唱团等 60 多个群众文化团体组织常年开展活动。同时，充分挖掘红色文化、知青文化、戍边文化、地域文化、社区文化、校园文化、广场文化。安徽安庆市"广场文艺天天演"的内容丰富多彩、雅俗共赏，既有时尚的歌舞类演出，又有地方特色浓郁的黄梅戏表演；既有诙谐幽默的小品演出，又有惊险刺激的杂技表演；既有专业的剧团演出，又有精彩的群众表演，是广大市民喜闻乐见的群众性文艺演出。各文化部门对于公共文化服务内容供给坚持丰富均衡的原则，有效满足了群众文化需求。

各地方政府积极主动地丰富文化供给内容，在加快发展现代文化的同时，自觉保护和发展本民族的传统文化，在为群众提供普惠的大众文化的同时，也积极引导高雅文化的普及和发展，形成了立体多层次的文化内容体系。

（三）供给方式多种化

除了最基本的阵地服务，很多城市还积极拓展服务方式，推动流动服务和网上服务的发展，促进公共文化服务供给方式多种化，努力实现公共文化服务的均等化、数字化。

根据当地地广人稀、农牧民一家一户分散居住的实际情况，鄂尔多斯市建立了流动文化馆、流动图书馆和流动博物馆。湖北黄石市为保障边远地区群众的文化需求，在两年时间内为市县两级"三馆"以及乡镇文化站配置了流动电影放映车、图书车、演出车。文化车的流动文化服务，为公共文化服务发展注入了活力，丰富了公共文化服务形式，有效满足了偏远地区民众的文化需求，提升了辖区公共文化服务均等化水平。

全国文化信息资源共享工程、数字图书馆推广工程等，以及边疆万里数字文化长廊等项目的建设都使群众获得数字文化资源的手段更加便捷。一些地方则通过整合数字文化资源，形成了更丰富和便捷的服务平台，如上海的"文化上海云"，重庆市的"公共文化物联网"，在"互联网+"时代，公共文化服务数字化水平的不断提高，既为群众提供了丰富的文化产品，也提升了文化产品的可获得性。

总之，通过引导和鼓励社会组织、市场主体、文化志愿者以及个体文化骨干参与公共文化服务，构建了多元主体参与的公共文化服务供给体系；通过协调推进现代文化和传统文化、大众文化与高雅文化，形成了多样化的公共文化服务内容体系；通过"送文化"和"种文化"结合、阵地服务和流动服务并举，完善数字化网络化服务平台，建立了公共文化服务的多种供给方式。公共文化服务多元供给体系的建立显著提升了公共文化服务的效能，也有效促进了公共文化服务的社会化、均等化发展。

第三节　我国现代公共文化服务体系建构的未来展望

一　坚持以人民为中心的指导思想，加快构建现代公共文化服务体系

以人民为中心的发展思想，是我国构建现代公共文化体系的基本遵循。

党的二十大报告提出："实施国家文化数字化战略，健全现代公共文化服务体系，创新实施文化惠民工程。"① 现代公共文化体系的建设目标正是站在新时代的起点上，进一步落实好以人民为中心的文化服务宗旨，建立以政府为主导，以人民为中心，体现标准化、均等化，符合时代发展需要的公共文化服务体系。

首先，要把以人民为中心作为公共文化服务体系建设的工作理念。在今后的公共文化服务工作中，坚持以人民为中心的工作导向，坚持公共文化建设为了人民、公共文化建设依靠人民、公共文化建设成果由人民共享的公共文化服务发展理念。这就要求公共文化内容的创作人员把深入生活、扎根人民作为创作的源头活水，只有深入群众，向人民学习才能创作出表达人民心声、契合人民期待的优秀作品。同时，还要加强基层公共文化服务人员的教育和培训，提高服务意识和服务技能，使为人民服务的理念入脑入心，把为人民服务的技能学牢学实，让人民群众在享受便利温馨的公共文化服务中切实感受到自己的主人翁地位。

其次，要充分发挥人民群众在公共文化建设中的主体作用。尊重人民群众在文化建设中的首创精神和参与热情，引导群众在公共文化建设中自我表现、自我教育、自我服务。努力创新公共文化服务方式，搭建各类文化展示平台，吸引广大群众积极参与文化学习，鼓励文化能人自我表现，助力农村文化自我发展；提升人民群众参与公共文化服务的组织化水平，发挥各类社会组织的力量，特别是文化志愿者组织的积极作用，实现公共文化服务供给主体多元化，形成群众参与、群众共建、群众共享的良好局面；加强人民群众对公共文化服务机构的民主管理，加快推进公共文化服务机构建立法人治理结构，广泛吸纳社会各界代表和群众积极参与到文化机构的管理和服务之中，提升文化组织机构的公益性和开放性，完善内部激励和外部监管机制，提高公共文化服务机构的治理绩效。

最后，还要为人民监督和评价公共文化服务提供便捷的渠道和制度保障。群众的监督和评价不仅是督促公共文化服务机构提高服务效能的有效途径，还是人民不断反馈公众文化需求，进一步改进公共文化服务方式和创新服务内容的重要方式。始终坚持以人民为中心的指导思想，才能从根

---

① 习近平：《高举中国特色社会主义伟大旗帜 为全面建设社会主义现代化国家而团结奋斗——在中国共产党第二十次全国代表大会上的报告》，人民出版社，2022，第45页。

本上实现好、维护好和发展好人民的文化权益。

二 拓展公共文化服务的治理性功能，在文化治理中促进社会和谐

文化治理视域下的公共文化服务，具有多重治理价值和治理效应。也就是说，公共文化服务既是建设服务型政府的重要方面，也是通过公共文化服务孕育和培植社会公共性、增强政府合法性认同与民族国家认同的重要途径。因而，需要在公共文化服务建设中注重建设政府与多元主体的协同合作关系以及政府内部的整合与协作，同时更要发挥文化的道德教化和精神引导功能，以公共文化服务引导社会、教育人民和推动发展。很多创建国家公共文化服务体系示范区的城市都以文化治理的理念指导了本地的公共文化服务体系创建实践，积极引入社会和市场力量参与公共文化服务产品的生产和供给，推动公共文化服务的资源整合和组织机构优化。但是对公共文化服务的社会治理功能关注较少，没有认识到文化服务在提高公民素质、培育政治认同以及促进社会和谐方面的隐性治理作用。一些地方已经从文化治理的角度，认识到公共文化服务体系建设的重要性，但仍有一些地方对公共文化服务体系建设的重大意义理解肤浅、片面，认为公共文化服务就是"唱唱跳跳"，图个热闹。

上海市注重加强居民自治，开展社区文化活动中心居民自治模式调研，推进居民参与本社区公共文化事务的管理和建设，引导居民实现自我管理、自我教育、自我服务、自我监督，表明越来越多的城市认识到公共文化服务可以达成社会治理效用。

在以后的公共文化服务体系建设中，应该更加注重公共文化服务这种软性治理的方式，通过良好的服务方式和优良的文化内容，使民众从服务获得感和服务内容中增强对政府的合法性认同和国家的共同体认同，同时在微观层面通过公共文化营造社区，促进社区认同，培育社区精神，最终达到社会的整合与和谐。

三 以"文化+"理念推进公共文化服务多维创新，促进经济文化社会互促共融

如果说"互联网+"是以技术创新为主的跨越边界的产业融合，那么

"文化+"则是在相关事业和产业经济中注入文化元素，或者以文化的力量促进其他内容的升级发展。在现代公共文化服务体系建设中，应积极以"文化+"的理念推进公共文化服务多维创新，拓展公共文化服务体系的内涵和功能，促进经济文化社会互促共融和协调发展。

以"文化+产业"促进文化产业与公共文化服务的双赢发展。2015年出台的《关于加快构建现代公共文化服务体系的意见》提出："积极发展与公共文化服务相关联的教育培训、体育健身、演艺会展、旅游休闲等产业，引导和支持各类文化企业开发公共文化产品和服务，满足人民群众多层次的文化消费需求。"① 整合文化资源，加快文化创意与公共文化服务的融合已经成为当前构建现代公共文化服务体系的发展要求。现代公共文化服务体系建设应积极落实这一意见，以"文化+产业"的理念来推进公共文化服务体系建设，促进公共文化服务和经济发展的双赢。

以"文化+扶贫"开拓精准扶贫的文化路径。党中央提出精准扶贫战略，而加强文化的精准扶贫也是题中之义。只有增强文化精准扶贫的造血功能，才能激发贫困地区公共文化建设和经济建设的内生动力。"文化扶智"和"文化扶志"是公共文化服务助力精准扶贫工作的两种主要方式。"文化扶智"是通过公共文化服务培育贫困地区民众的市场意识，提高他们应对市场经济的能力，使贫困居民掌握发家致富所需的知识和技术。"文化扶志"则是打破贫困地区民众教育水平低、科学知识缺乏、观念和生活方式落后的束缚，培育他们自我脱贫的意志和精神。所以精准扶贫，既要物质上脱困，也要在精神上扶志，要"富口袋与富脑袋"齐头并进。通过补齐文化短板，缩小地区之间公共文化的差距，大力推进贫困乡村的公共文化服务体系建设，用文化的力量助推脱贫，实现文化育民、文化乐民、文化富民。

四　提高公共文化服务建设国际化水平，在文化交流中增强文化自信

在全球化时代和中国借助"一带一路"走出去的大背景下，公共文化

---

① 中共中央办公厅、国务院办公厅印发《关于加快构建现代公共文化服务体系的意见》（全文），中国政府网，https://www.gov.cn/xinwen/2015-01/14/content_2804250.htm。

服务体系建设也应该不断提高国际化水平，积极与国际社会对话交流，汲取国际有益经验和相关国际标准为我国公共文化服务体系建设提供借鉴，同时通过文化的"引进来"和"走出去"战略，促进中外文化交流，为群众提供更丰富、完善的文化产品和服务。

在国家现代公共文化服务体系建设过程中，虽然有城市提到了公共文化服务的国际化问题，但是不够深入，没有形成有效的机制和完整的国际化战略。比如，深圳福田区在打造"十大文化功能区"，推进国家公共文化服务体系示范区创建工作中，强调要持续提升福田文化活动国际化水平和特质，增加福田在国际主流艺术界的表现力和出镜率，加强与国际友好城市的艺术交流合作。可以看出，作为国际化程度高的城市也只是简单提到了和国外城市的文化艺术交流。沈阳市提出，群众文化活动项目设计均按照国际标准，比肩国内一流，以专业化、年轻化、时尚化、国际化为目标，将群文活动基础向中青年、青少年延伸。这说明沈阳市注意到在某些项目上要实现公共文化服务标准的国际化。沧州市在创建国家公共文化服务体系示范区过程中，依托中国吴桥国际杂技艺术节、沧州国际武术节两大节庆和"中国工笔画之城"这一荣誉称号，提升沧州文化的对外影响力。沧州市通过举办国际性文化节来吸引外国人参与，也是一种国际化的文化交流方式。

在现代公共文化服务体系建设中，应该积极引导和鼓励各地方政府以国际化的理念和标准规划当地公共文化服务体系，以"一带一路"的开展为契机，以落实《关于进一步加强和改进中华文化走出去工作的指导意见》《关于加快发展对外文化贸易的意见》《关于加强"一带一路"软力量建设的指导意见》等文件精神为指引，不断通过体制机制创新，推动公共文化服务的国际化发展，讲好中国故事，传播好中国声音，以更高水平和更加多元的公共文化服务培育当代国民的国际视野，提升国人的文化自信。

第十六章　现代文化产业体系发展

第一节　文化产业体系的相关概念和理论

尽管在通俗意义上文化产业更多的指涉与市场机制相关的文化产品生产与消费，好像与文化政治无关，但在本源意义上，文化产业概念其实是文化政治研究的早期源头，或者说由对文化工业的研究生发出了文化政治研究。

一　文化产业的基本概念

"文化产业"概念的提出源于法兰克福学派阿多诺和霍克海默对大众文化的批判。他们在1947年出版的《启蒙的辩证法》一书中首次提出了"cultural industry"的概念，尽管翻译上有"文化工业"和"文化产业"的差别，但本质上都是指涉当时资本主导的大众文化生产和消费。

这一概念指出了当时大众文化的主要特征，即与其他工业品一样，文化也被资本通过科学技术进行了标准化、规模化的大量生产，揭示了西方发达资本主义国家的文化具有大工业的特征。阿多诺指出，"文化工业的全部实践在于把赤裸裸的赢利动机放到各种文化形式上"，"文化工业带来的新东西是在它的最典型的产品中直截了当地、毋庸乔装地把对于效用的精确的和彻底的计算放在首位"[①]。在法兰克福学派看来，"文化产品和其他消费品——从肥皂到香烟——以同样的方式被生产出来。这和先前的文化生产形式不一样，在那些形式中，艺术家、表演者或手艺人仍然持有一些控制权，其产品可以说含有一些原创形式，而大工业生产则确保艺术的、创

[①] 〔德〕阿多诺：《文化研究再思考》，高丙中译，载《文化研究》第1辑，天津社会科学院出版社，2000，第199页。

造性的投入只有在资本主义生产过程中运作才具有价值"①。法兰克福学派认为,文化工业由追逐利润的商业资本所控制,生产最能满足"大众"需要的文化产品,但以娱乐消遣为目的制作标准,导致它生产出来的文化消费品丧失了前资本主义时代艺术作品所具有的否定与超越的文化本质精神。这样的文化产业产生了一种威胁个性和创造性的同质性的大众文化。② 资本主义的文化产业支配和规范了文化受众的消费需要,这样一种文化消费不仅束缚了大众的自我意识,而且剥夺了他们的自然情感,当然也阻碍了人的主体性发展,所以法兰克福学派认为文化产业是操纵和欺骗的一种手段,最终使文化不再扮演激发否定意识的角色,反而成为统治者构造满足现状的社会的控制工具,本质上是稳定资本主义秩序的"社会水泥"。

总之,阿多诺和霍克海默主要从艺术和哲学价值评判的双重角度对文化产业进行了否定性批判。相对而言,同属法兰克福学派的本雅明(Walter Benjamin)则对文化产业和大众文化持较为乐观的态度,认为艺术和技术的进步为民主和解放提供了机会,正如刘易斯所言,"本雅明不像阿多诺那样,对新技术及其传播模式如广播、电影、电话、留声机等全盘否定。事实上,本雅明颠倒了阿多诺的看法,认为新技术将艺术从资产阶级的占有和控制中解放出来"③。

法兰克福学派对文化产业的批判研究,并没有阻挡西方资本主义大众文化的繁荣发展,资本主导的文化生产体制反而在科学技术的快速发展和经济全球化的双向加持下扩散到全球,并因为无污染和作为人类沟通交流的渠道而成为受到追捧的产业形式。与此同时,人们对文化产业的认识日益多元化,不同国家侧重对文化产业的不同面向,提出了一系列新的政策概念,如信息产业、创意产业、媒体产业、内容产业、版权产业等概念从不同层面为文化产业赋予了新的合法性。人们对文化产业的态度发生了彻底的转变,"20 世纪 80 年代,当文化被视为整个社会经济政策的一部分时,被阿多诺赋予否定性色彩的文化产业开始获得了

---

① 〔英〕马克·J. 史密斯:《文化——再造社会科学》,张美川译,吉林人民出版社,2005,第 55 页。

② 〔英〕迈克·费瑟斯通:《消费文化与后现代主义》,刘精明译,译林出版社,2000,第 22 页。

③ 〔澳〕杰夫·刘易斯:《文化研究基础理论》,郭镇之等译,清华大学出版社,2013,第 57 页。

新的、积极的含义"①。也就是说，人们不再把文化产业单独拎出来进行价值审视，而是把其作为与其他产业具有同样运作逻辑的资本主义产品生产机制，只在现实的经济管理层面研究文化产业生产如何更具创新性和竞争力，这也促进了对文化产业内涵与外延的研究。

在对文化产业内涵的认识上，英国著名媒体理论家尼古拉斯·加纳姆（Nicholas Garnham）最早从文化的商品性和服务性角度出发来界定文化产业，他将文化产业定义为那些"生产和传播文化商品和文化服务"的机构，"如报纸、期刊和书籍的出版部门、影像公司、音乐出版部门、商业性体育机构等等"②。其中，文化商品一般是指传播思想、符号和生活方式的消费品，它能够提供信息和娱乐，进而形成群体认同并影响文化行为；文化服务是指满足人们文化兴趣需要的行为，这种行为通常不以货物的形式出现，而是指政府、私人机构和半公共机构为社会文化实践提供的各种各样的文化支持。③

尼古拉斯·加纳姆关于文化产业的这一定义去除了意识形态色彩，单纯从社会事实角度对文化产业进行了定义，并列出其外延，较为清晰地指明了文化产业的内涵和外延。澳大利亚学者约翰·辛克莱（John Sinclair）则提出，"文化产业生产商品和服务，如用某种方法表现生活的电影和电视，或是在社会交流系统中占有特殊地位的广告和出版。这是一种通过声音、精神想象、文字和图像给予社会生活以形式的工业。经由文化产业提供的概念和符号，我们得以思考和交流存在于社会模式、群体的定义和认同、社会价值和理想的加强及社会变革的经验之间的种种差异"④。

其他学者从不同侧面出发，对文化产业进行了多元化的研究。如澳大利亚麦觉里大学教授大卫·索斯比（David Throsby）认为：文化产业就是"在生产中包含创造性，凝结一定程度的知识产权并传递象征性意义的文化

---

① 〔芬〕汉娜尔·考维恩：《从默认的知识到文化产业》，吴燕编译，载林拓、李惠斌、薛晓源主编《世界文化产业发展前沿报告（2003—2004）》，社会科学文献出版社，2004，第114页。

② 〔芬〕汉娜尔·考维恩：《从默认的知识到文化产业》，吴燕编译，载林拓、李惠斌、薛晓源主编《世界文化产业发展前沿报告（2003—2004）》，社会科学文献出版社，2004，第115页。

③ 张玉国、朱筱林：《文化、贸易和全球化》，《中国编辑研究》2004年第2期。

④ 〔芬〕汉娜尔·考维恩：《从默认的知识到文化产业》，吴燕编译，载林拓、李惠斌、薛晓源主编《世界文化产业发展前沿报告（2003—2004）》，社会科学文献出版社，2004，第115页。

产品和服务"①。英国曼彻斯特大学大众文化研究所执行主席贾斯廷·奥康纳
(Justin O' connor) 认为，文化产业就是"指以经营符号性商品为主的那些活动，
这些商品的基本经济价值源于它们的文化价值"②。由此可以看出，学界对文化
产业的研究强调了其在形式上的服务性和内容上的创新性，展现出文化产业
的概念范围正在不断扩大，包容性越来越强，以致有人将文化产业宽泛地定
义为，以有意义的产品内容为基础的工业生产。这个定义包括了艺术、技术
和工业设计。芬兰坦佩雷大学泰比奥·威瑞斯 (Tapio Varis) 认为，文化产业
不仅是物质技术的生产，还是主流政治和社会经济系统的枢纽部分。③

　　不同国家、地区和国际组织对文化产业的概念也有不同的理解，并形
成了不同的文化产业政策（见表 16-1）。日本政府一般把文化产业统称为
娱乐观光业，从娱乐和观光两个功能层面总结了文化产业的主要特点。英
国布莱尔政府则把文化产业称作创意产业，以强调人的创造力，强调文化
艺术对经济的渗透和贡献。芬兰官方更喜欢使用"内容产业"一词来指代
本国的文化产业，芬兰信息产业十分发达，他们认为信息产业主要表现为
一种以内容为主导的产业。

表 16-1　不同国家、地区和国际组织对文化产业的命名

名称	文化产业	内容产业	创意产业	版权产业	体验经济	娱乐观光业
国家、地区和国际组织	联合国、欧盟、法国、德国、西班牙、韩国等	经合组织、芬兰	英国、新西兰、新加坡、澳大利亚、爱沙尼亚、立陶宛、瑞典（2002 年）、罗马尼亚、保加利亚、中国香港、比利时的荷兰社区等	世界知识产权组织、美国、加拿大、俄罗斯、乌克兰、荷兰、丹麦（2006 年）、匈牙利、拉脱维亚（2005 年）、挪威等	瑞典（2004 年）、丹麦（2003 年）	日本

　　资料来源：参见郭万超、马萱《全球视野下的中国文化产业价值链》，《人民论坛·学术前沿》
2015 年第 13 期。

---

① David Throsby, *Economics and Culture*. Cambridge University Press, 2001.
② 〔英〕贾斯廷·奥康纳：《欧洲的文化产业和文化政策》，陈家刚编译，载林拓、李惠斌、薛晓源主编《世界文化产业发展前沿报告（2003-2004）》，社会科学文献出版社，2004，第 11~12 页。
③ 〔芬〕汉娜尔·考维恩：《从默认的知识到文化产业》，吴燕编译，载林拓、李惠斌、薛晓源主编《世界文化产业发展前沿报告（2003-2004）》，社会科学文献出版社，2004，第 115 页。

各国对文化产业的定义甚至名称各不相同，但是文化产品的精神性、娱乐性等特征基本一致。联合国教科文组织在《文化、贸易和全球化》报告中指出，"文化产业这个概念是指那些包含创作、生产、销售'内容'的产业。从本质上讲，它们与文化有关而且是不可触摸的，一般通过著作权来保护，并且以商品或服务的形态出现"。文化产业一般包括印刷、出版、多媒体、视听、录音和电影制品、手工艺品和工艺设计等行业。在一些国家，它还包括建筑、视觉和行为艺术、体育运动、乐器制造、广告和与文化有关的旅游业。文化产业增加了"内容"的价值，同时也为个人和社会提供了价值。① 按照联合国教科文组织的定义，文化产业是指按照工业标准生产、再生产、储存以及分配文化产品和服务的一系列活动。

联合国贸发大会专门设有创意产业部，把创意产业定义为那些依个人创意、技能和天才，通过挖掘和开发智力财产以创造财富和就业机会的活动。根据这个定义，创意产业包括广告、建筑、美术和古董交易、手工艺、设计、时尚、电影、互动休闲软件、音乐、表演艺术、出版、软件，以及电视、广播等诸多部门。对他们而言，创意产业不再局限于传统文化产业，而是适应新的产业形态而出现的创新概念，它通过"越界"促成不同行业、不同领域的重组与合作，通过创意化、高端化和增值服务化，推动文化发展与经济发展。②

2003年9月，原文化部发布的《关于支持和促进文化产业发展的若干意见》（文产发〔2003〕38号）认为，"文化产业是指从事文化产品生产和提供文化服务的经营性行业。文化产业是与文化事业相对应的概念，两者都是社会主义文化建设的重要组成部分。文化产业是社会生产力发展的必然产物，是随着我国社会主义市场经济的逐步完善和现代生产方式的不断进步而发展起来的新兴产业"。2004年，国家统计局对"文化及相关产业"的界定是，为社会公众提供文化娱乐产品和服务的活动，以及与这些活动有关联的活动的集合。

学界和政府对文化产业的定义较为多元且有一定差异，这跟文化产业本身的内涵较为复杂密切相关，人们对文化的定义本来就纷繁复杂，文化与产业组合在一起更增加了复杂性和歧义性，但万变不离其宗，文化产业

---

① 张玉国、朱筱林：《文化、贸易和全球化》，《中国编辑研究》2004年第2期。

② 范军：《版权产业与文化产业、创意产业》，人民网，http://ip.people.com.cn/n/2012/0910/c136655-18961892.html。

归根结底是资本主义发展到一定时期在科学技术加持下形成的文化生产和消费的新形态。文化产业的主要特点是市场化的组织生产机制，文化创意为引领的核心竞争力，科学技术支持的规模化生产，大众娱乐为内核的文化消费，这几个特点共同组成了文化产业的生产和运作过程。

第二节　文化产业的分类与政策

一　不同国家的文化产业分类

文化产业概念的复杂性使人们很难厘清文化产业的内涵和外延，因此需要对现实的文化产业进行类型化的区分，这样可以更好地认识文化产业，也能在此基础上制定出更具针对性的文化产业发展政策。

最早建立文化产业分类标准的是联合国教科文组织。1986 年，联合国教科文组织为了收集各国的文化统计数据，率先制定了文化统计框架，并于 1993 年作了进一步修正，成为规范各国文化统计工作以及各国建立文化产业体系的参考标准。这个框架把文化产业定义为以艺术创造、表达形式、遗产古迹为基础而引起的各种活动和产出，具体包括文化遗产、出版印刷业和著作文献、音乐、表演艺术、视觉艺术、音频媒体、视听媒体、社会文化活动、体育和游戏、环境和自然等 10 大类，每个部门分别划分为资源投入、活动过程、产出等活动环节，它们包含反映了以创作和生产、传播和发布、接受和消费以及各项活动规模和参与为内容的文化统计指标，从而形成了文化统计框架矩阵。[①]

联合国教科文组织建立的文化产业分类标准为各国政府建立自己的文化产业分类框架提供了参考。随着文化产业的飞速发展，各国政府纷纷开始采取措施，制定自己的文化产业分类体系，以应对文化产业的发展带来的机遇与挑战。

澳大利亚政府一向重视文化产业的研究和开发。1994 年，澳大利亚文化主管部门通信和艺术部出台了《创意之国——澳大利亚联邦的文化政策》。1997 年，通信和艺术部改为通信、信息技术和艺术部。2001 年，该

---

① 国际统计信息中心课题组：《国外关于文化产业统计的界定》，《中国统计》2004 年第 1 期。

部颁布了《全国文化娱乐业统计分类》。同时，澳大利亚统计局下属的全国文化和休闲统计中心也制定和颁布了《澳大利亚文化和娱乐分类》，这一分类包括行业分类、产品分类、职业分类3大块。（1）在行业分类中，澳大利亚的文化和娱乐产业被划分为遗产类、艺术类、体育和健身休闲类、其他文化娱乐类等4大类、22个中类和75个小类。其中，遗产类又包括博物馆、古董和收藏品、环境遗产、图书馆和档案馆；艺术类包括文学和印刷媒体、表演艺术、音乐创作和出版、视觉艺术和手工艺、设计、广播电子传媒和电影、其他艺术；体育和健身休闲类包括赛马和赛狗、体育和健身休闲场所、体育和健身服务、体育和健身休闲产品的制造和销售；其他文化娱乐类包括赌博、娱乐行业、饭店、户外娱乐、社区和社会组织、其他文化和娱乐服务、文化和娱乐设备的建设、其他文化和娱乐产品的制造和销售。（2）文化和娱乐产品分类又包括26个大类和227个小类。（3）文化和娱乐职业分类具体包括从事文化和休闲活动的经理和管理人员、专业人员、助理专业人员、相关服务人员和工人等9个大类、159个具体职业。[①]

法国对文化产业范围的界定没有寻求向外扩张，而是以表现传统文化为主，其文化产业的范围也相对较窄，主要包括展现传统文化服务的文化基础设施建设、文化设施管理、图书出版、电影、旅游业等几个方面。而体育健身、广告咨询等文化产业的边缘产业以及信息传播和信息服务等文化产业与信息产业的交叉行业，不在政府文化政策所强调的范围内。

在英国创意产业特别工作组发布的《文化产业路径报告》中，创意产业被定义为源于个体创造力、技能和才华的活动，而通过知识产权的开发和利用，这些活动可以发挥创造财富和就业的潜力。创意产业总共包括了13个部门，分别是广告、建筑、艺术品和古董交易市场、手工艺品、工业与时装设计、电影和录像、互动性娱乐软件、音乐、广播电视、表演艺术、出版和电脑游戏、电脑软（见表16-2）。由于重视创意在文化产业中的作用，英国文化产业所涵盖的领域多是强调个人创造性的行业，如广告、建筑产业在许多国家最多只被看作文化产业的相关产业甚至延伸产业，在英国却被列为创意产业的头两项。至于体育健身、旅游观光、娱乐休闲等难以展示创造性的产业却没有被纳入13项大名单中。

---

① 国际统计信息中心课题组：《国外关于文化产业统计的界定》，《中国统计》2004年第1期。

　　日本各界对文化产业达成了一个基本共识，即文化产业更多地被称为娱乐观光业，具体包括：（1）文化艺术业：音乐及戏剧演出、电影制作及放映、美术展览；（2）信息传播业：出版、电视、网络、体育与健身；（3）个人爱好与创作：包括历史、文学、摄影、登山及其相关的各种讲座等；（4）娱乐：包括各种游戏、博彩、竞赛等；（5）观光旅游业。日本以娱乐和观光来界定文化产业，至少说明这两个产业在日本具有更重要的地位，是日本经济发展的重要推动力。其中，游戏和动漫的开发和生产是日本娱乐业乃至整个日本经济的支柱产业，而旅游观光业也是日本经济的重点发展方向。

　　在北美产业分类系统中，文化产业实际包括信息文化产业与艺术、娱乐和消遣两大类。前者包括出版业（不包括因特网）、电影和录音业、广播（不包括因特网）、因特网出版和广播、电信业、因特网服务提供、其他信息服务等；后者包括表演艺术、体育比赛和相关行业、古迹遗产机构、游乐、赌博和娱乐业等。

表 16-2　不同国家、地区、国际组织的文化产业分类

国家、地区、国际组织	分类
英国	13类：广告、建筑、艺术品和古董交易市场、手工艺品、工业与时装设计、电影和录像、互动性娱乐软件、音乐、表演艺术、出版、电脑软件、电脑游戏、广播电视
新西兰	10类：广告、软件与咨询服务业、出版、广播电视、建筑、设计、时尚设计、音乐与表演艺术、视觉艺术、电影与录像制作
澳大利亚	7类：制造（出版、印刷等）、批发与销售（音乐或书籍销售）、财务资产与商务（建筑、广告及其商务）、公共管理与国防、社区服务、休闲服务、其他产业
新加坡	3类：文化艺术、设计、媒体
芬兰	9类：文学、雕塑、建筑、戏剧、舞蹈、影像、电影、工业设计、媒体
美国	4类：核心版权产业、交叉产业、部分版权产业、边缘支撑产业
日本	3类：内容产业、休闲产业、时尚产业
中国香港	11类：广告、建筑、设计、出版、数码娱乐、电影、古董与艺术品、音乐、表演艺术、软件与咨询服务业、电视与电台
中国台湾	13类：视觉艺术、音乐与表演艺术、文化展演设施、工艺、电影、广播电视、出版、广告、设计、品牌时尚设计、建筑设计、创意生活、数字休闲娱乐
联合国	6类：印刷、出版、多媒体、视听产品、影视产品、工艺设计

　　资料来源：参见刘蔚《文化产业集群的形成机理研究》，博士学位论文，暨南大学，2007，第23页。

　　2003 年 7 月，由中宣部牵头，成立了由国家统计局、文化部、广电总局、新闻出版署、国家文物局等有关部门组成的"文化产业统计研究课题组"。2004 年 3 月 29 日，该课题组在现有《国民经济行业分类》的基础上制定了《文化及相关产业分类》标准，并通过国家统计局颁布实施。该分类标准将文化服务分为 9 个部分，即新闻服务，出版和发行服务，广播电视电影服务，文化艺术服务，网络文化服务，文化休闲娱乐服务，其他文化服务（包括文化艺术商务代理服务、文化产品出租与拍卖服务、广告与会展文化服务），文化用品、设备及相关文化产品的生产，文化用品、设备及相关文化产品的销售。

　　国家统计局 2012 年发布的《文化及相关产业分类》，将我国文化及相关产业正式分为 4 类：（1）以文化为核心内容，为直接满足人们的精神需要而进行的创作、制造、传播、展示等文化产品（包括货物和服务）的生产活动；（2）为实现文化产品生产所必需的辅助生产活动；（3）作为文化产品实物载体或制作（使用、传播、展示）工具的文化用品的生产活动（包括制造和销售）；（4）为实现文化产品生产所需专用设备的生产活动（包括制造和销售）。

　　国家统计局 2022 年发布的《文化及相关产业分类》，将我国文化及相关产业分为两个范围：（1）以文化为核心内容，为直接满足人们的精神需要而进行的创作、制造、传播、展示等文化产品（包括货物和服务）的生产活动；（2）为实现文化产品生产所需的文化辅助生产和中介服务、文化装备生产和文化消费终端生产（包括创造和销售）等活动。在此基础上又细分为 9 大产业类别，分别是新闻信息服务、内容创作生产、创意设计服务、文化传播渠道、文化投资运营、文化娱乐休闲服务、文化辅助生产和中介服务、文化装备生产、文化消费终端生产。

二　不同国家的文化产业政策

　　诚如文化研究学者托尼·本内特所指出的，以往的文化研究过度看重文本政治的分析而忽视了文化权利的制度层面，务实的文化研究必须"将政策关怀带入文化研究"，因为文化政治的核心在于政策制定，制度性安排左右了文化生产和文化管理。[①] 文化产业政策就是不同国家对文化生产和管

---

① 〔英〕托尼·本内特：《文化、治理与社会：托尼·本内特自选集》，王杰、强东红等译，东方出版中心，2016，第 204 页。

理的主要制度性安排，特别是在市场主导文化生产的国家，文化产业政策直接影响民众文化权利的实现方式和程度，关系着一国文化产业发展的模式和路径。文化产业政策是文化产业发展的一个风向标与缩影，既可以制约一国文化产业的发展方向，也可以为文化产业发展提供新的助力。不同国家的文化产业政策既与本国的政治文化社会结构密切相关，也受到国际文化产业竞争格局的影响。

美国独特的文化产业政策助推美国发展出全世界规模最大、竞争力最强的文化产业。但是，美国并没有统一的和体系化的文化产业政策。美国文化产业政策最大的特点就是内部鼓励自由竞争，对外强势要求扩张。美国政府认为文化产业和其他产业一样可以自由地在市场上发展，遵循经济发展的市场规律，因此不主张政府过多干预文化产业，力求给其自由的发展空间，所以美国没有建立统一的文化管理机构，也没有制定统一规范的文化产业政策。当然，美国对文化产业的发展也不是完全放任，主要通过法律法规和政策杠杆监管和引导文化产业发展。比如，美国是第一个进行文化立法的国家，出台了反垄断法、电信法案和知识产权制度等，从多个层面对文化产业发展进行监督管理。美国政府倾向于利用政策杠杆扶持本国文化产业发展。比如，政府一般对项目提供不超过所需经费50%的资金，其余部分由申请者从政府以外的机构筹集，通过制定减免税额等优惠政策，针对那些投资或捐赠文化产业发展的私人或企业，政府将减免部分税费，吸引更多外来资金投入文化产业。对外扩张方面，美国高扬贸易自由化的大旗，要求其他国家放开文化进出口管制，放松媒体所有权限制，不遗余力地为美国文化产业发展开路护航，向其他国家推销自己的价值观念和文化产品。总而言之，美国政府通过自由与法治相结合的形式对文化产业进行扶持和监管，培育了世界上最发达的文化产业体系。

如果说，美国自由主义文化产业政策制定的基本原则是把文化产品等同于其他一般商品，鼓励自由竞争和贸易，那么法国文化产业政策制定的基本原则就是强调文化产品的特殊性，而非等同于一般的商品。于是，形成了另一种典型的文化产业政策模式——文化例外原则下的管制和保护模式。法国文化产业模式的确立既根植于对本国文化特别是精英文化的热爱和推崇，也跟抵御外来文化主要是美国大众娱乐文化的侵袭有关。法国政府认为文化产业的根本底色还是文化，因此与其他产业有着本质区别，文化以及文化产业对国民素质、民族传统和凝聚力、国家形象与国家安全等多个方面会产生直接或者间接的影响。因此，法国反对美国好莱坞电影、肥皂剧和迪士尼乐园等大众娱乐文化产业在全球的倾销，主张保护和发展本国传统的、精英化的"文化"以抵御美国文化产业的强势入侵。在 WTO 谈判中，法国将"文化例外"演变为"文化多元化"原则，提出文化产业不同于一般产业，认为美国低俗化的文化产品和文化发展的过度商业倾向会给别国文化带来巨大冲击甚至毁灭性打击。为此，法国特别重视对本民族文化遗产的保护，并把文化遗产保护放在国家文化政策的首位，制定了保护和扶持本国文化艺术的具有法国特色的文化产业政策。法国文化产业政策总的政策基调是，对内扶持法国的高雅艺术，对外展示法国文化的辉煌。在国内文化产业的管理方面，法国政府不仅出台了系统的文化政策和规划，每年还投入大量的资金用于支持电影、音乐等各领域文化产业的保护和发展。在对外的文化贸易和交流方面，一是旗帜鲜明地反对美国在文化产业上的自由贸易政策，二是积极推动法国文化"走出去"以获得国际影响力。

英国的文化产业政策也比较有代表性，被认为是实施"一臂间隔"或"一臂之距"文化政策模式的典型。"一臂之距"原指人在队列中与前后左右的伙伴保持相同距离。"一臂之距"原则被运用到文化政策上则是要求国家对文化采取一种分权式的行政管理体制，形成一种有限指导和间接干预的文化产业政策。20 世纪 40 年代，英国最先将"一臂之距"概念引入文化管理和发展规划工作中，以此形象地比喻政府和各个从事具体文化事务的主体之间应保持适当的距离，也即主要通过半官方或第三方机构负责审核政府文化经费拨款的流向来引导和扶持文化艺术生产，而不是行政上对文化艺术活动进行调节。英国的文化行政主管部门——文化、新闻和体育部，只负责制定文化政策和财政拨款，没有直接管辖的文化艺术团体和文化事业机构，具体管理事务交由中介性的非政府公共文化机构，即各类艺术委员会，如英格兰艺术委员会、工艺美术委员会、博物馆和美术馆委员会等由专家组成的机构，对艺术团体进行评估和拨款。各类中介性的非政府公共文化机构通过分配拨款的形式，负责资助和联系全国各个文化领域的文化艺术团体、机构和个人，形成全社会文化事业管理的网络体系。在"一臂之距"文化产业政策影响下，这些文化产业组织在某种程度上具有行业自治的特征，政府只负责制定文化政策和财政拨款，这种有限指导和间接干预的模式与美国和法国的文化产业政策有一定的不同，是对放任自由和直接管控的一种折中。

第三节　我国现代文化产业发展历程和成效

文化产业是以市场化手段生产文化产品的产业类型。改革开放前我国的公共文化服务主要由国家提供，不存在市场主体提供文化的情况。市场化手段生产文化产品一般具有生产的效率较高和提供的产品更加多元化两个比较优势。改革开放后，我国在各个领域逐步开启市场化改革，文化产业的发展随着改革开放的步伐不断深入，经过 40 多年的不断探索和创新，目前我国的文化产业规模日益庞大，结构日趋合理，影响力不断提升，已初步建立起现代文化产业体系。

一　改革开放前期文化产业发展的萌芽与初生

1978 年，中国启动改革开放逐步引入市场机制，为文化产业的萌芽和发展提供了空间。文化产业的出现既是改革深入的政治信号，也是改革的具体内容。一方面，文化产业关系着与意识形态密切相关的文化产品和服务，在原本完全由国家控制的领域引入市场机制本身就是对建设市场经济发出的一个重要信号；另一方面，文化事业体系面临较大的困境，国家已无力维持庞大的文化事业开支，单一的文化事业体系也无法有效满足人们日益增长的文化需求，亟须引入市场化改革。

改革开放后文化产业的萌芽首先表现为由市场提供的娱乐性文化消费的兴起。1979 年，广州东方宾馆开设国内第一家音乐茶座，这被看作新中国文化市场兴起的标志。这种新的娱乐休闲方式的出现代表国家开始允许市场主体进入文化领域，于是各种经营性文化娱乐场所，如私人经营的舞厅、歌厅等开始在城市里普遍出现。特别是外部流行音乐的输入刺激了国内音乐产业的萌芽，产生了一批流行音乐歌手和文化演出公司，流行音乐和影视的产业化推动了 20 世纪 80 年代文化娱乐休闲走向大众化和个人化，文化娱乐休闲的市场化与个人化标志着我国开始出现具有现代意义和形态的文化产业。文化创意产业的代表——广告业，在 80 年代也开始逐步出现。

随着市场经济的发展，人们逐渐认识到广告在商品销售和市场宣传方面的重要作用，广告日益专业化，各种广告公司开始成立，报纸、电视台等各类媒体都因为广告的出现具有了市场化运作的特征，可以说广告业不仅单纯作为一个创意产业出现，还带动了其他文化传媒业的市场化转型，推动了现代文化产业体系的丰富和发展。

文化产业的萌芽也是政府全面负责的文化事业体系模式难以为继，寻求改革突破的结果。改革前的文化事业体系模式，政府负责文化生产和管理的各个方面，建立了庞大的组织体系，相对僵化和缺乏激励的管理机制使文化事业组织的文化生产效率较低，产品较为单一，在政府日益不能满足规模巨大的文化事业经费开支和文化事业日益不能满足民众文化需求的双重压力下，对文化事业体系进行改革就势在必行。1980 年 3 月，原文化部召开全国文化厅局长会议，讨论和交流艺术表演团体体制改革问题，掀起了文艺院团改革的高潮。文艺院团的改革主要借鉴经济体制改革经验，推行以承包经营责任制为主要内容的改革，试图通过个体承包的方式解决院团管理的体制弊端。同时实行"以文补文""多业助文"为主要内容的配套措施，允许院团通过经营性业务解决文化单位出现的经济困境。在文化艺术管理领域实行"双轨制"改革，形成"国家扶持的全民所有制院团"与"多种所有制的艺术团体"并存发展的局面。1988 年，原文化部颁发《关于加快和深化艺术表演团体体制改革的意见》，要求国家主办的、代表国家和民族艺术水平的全民所有制艺术表演团体要少而精，由社会各种力量主办的艺术表演团体则实行多种所有制形式，这就明确给予了市场化艺术团体发展的政策空间。文化领域的市场化改革甚至波及了新闻出版单位，20 世纪 80 年代中期，跟意识形态密切相关的新闻出版机构全面推行"事业单位企业化管理"改革，以削弱新闻出版部门的"事业"属性，使其增强适应市场经济的能力。通过在文化事业领域进行市场化改革，改变了单一化的文化事业模式和全面的文化管制模式，激活了文化产业的市场主体，在国营文化单位引入市场化机制则改变了其运营模式，到 90 年代初期，我国文化管理体制已经从全面管制逐步走向宏观管理，从国家包揽的文化事业走向文化事业与文化产业共存发展。

这一时期，"以文补文"是文化市场化改革的重要动机。尽管没有明确的发展文化产业的意识，但是市场化改革的意识已经深入文化事业的各个领域。如 1988 年，原文化部、国家工商局联合发布了《关于加强文化市场管理工作的通知》，第一次在政府文件中采用"文化市场"的概念。文化领域的市场化改革与文化市场的形成共同推进了文化产业的萌芽和初生。

二 市场经济大潮下文化产业的形成发展

1992 年，党的十四大明确提出要建设有中国特色的社会主义市场经济体制，这就为文化领域的市场化提供了更强有力的政治支持，文化产业也成为市场经济体制的重要组成部分。随着市场经济的深入发展和民众多元文化需求的扩展，文化产业日益受到重视。整体而言，这一时期的文化产业在国家和社会中获得了合法性身份，正式形成了自己的发展理念，也发展出更多的形式和内容。

20 世纪 90 年代文化产业的形成发展，得益于政府积极改革，形成了政策推力和政策空间。党的十四大提出"积极推进文化体制改革，完善文化事业的有关经济政策，繁荣社会主义文化"的要求，这为通过文化体制改革推动文化产业发展奠定了总基调。1992 年，党中央、国务院发布《关于加快发展第三产业的决定》，正式把文化产业列入第三产业，把文化部门由财政支出型部门定位为生产型部门，转变了文化发展的理念和思路，为文化产业的发展做了政策和体制上的准备。从 1993 年召开的八届人大一次会议对文化体制改革做进一步部署，到 1998 年进一步明确政府机构改革目标和任务，政府在 90 年代一直在文化管理领域进行探索。原文化部为了适应社会主义文化发展积极调整机构设置，精简人员编制，并于 1998 年设立文化产业司，标志着政府日益重视文化产业的发展，并力图通过专门的机构推动和引导文化产业发展。2001 年，中办、国办转发《关于深化新闻出版广播影视业改革的若干意见》，提出在加强党的领导的前提下，以发展为主题，组建包括中国广电集团、中国出版集团在内的 70 多家文化集团，加快文化市场整合和结构调整，形成以国有文化产业集团带动整体文化产业发展的格局。通过一系列的体制改革和对文化产业的全新认识，政府文化主管部门在文化事业发展理念上已经从"办文化"向"管文化"、从"小文化"向"大文化"转变，在文化管理理念上已经从"直接管理"向"间接管理"转变。

在文化体制改革释放的政策活力与社会整体市场经济活力的双重加持

下，国有资本、社会资本、民营资本、外国资本等争相涌入文化产业领域，使 20 世纪 90 年代的中国文化产业获得了迅猛发展，特别是代表现代文化产业体系发展的文化资本市场、文化中介市场等文化要素市场也逐渐孕育和生长。文化产业的发展一方面体现为文化产业主体结构的多元化，民营市场主体占比越来越大。据统计，1997 年，在所有文化经营单位中，国有文化部门创办的文化经营单位只占 10% 左右，而非国有文化部门创办的已达到 88.6%。另一方面，文化产业主体类型也越来越多元化，多种类型的文化产业公司的出现进一步丰富了文化产业体系。除了文化出版、文化演出公司之外，各种文化中介市场在 90 年代也开始兴起与发展。上海市建立了多家正规的中介服务类文化实体，如上海市演出公司、上海市对外文化交流公司、上海广电演出有限公司等，这些新型文化产业公司使文化产业体系更加健全，也推动了文化产业要素市场的专业化、规范化和国际化发展。

20 世纪 90 年代以后，随着市场经济的快速发展，作为市场经济的一部分——文化产业已经由前期单纯的补充部分一跃成为名正言顺的市场经济的组成部分，文化产业由手段成为目的，文化产业话语的兴起和扩展颠覆了文化发展理念，推动了文化体制改革。这一时期的文化产业在规模上迅猛发展，在结构上发育出现代市场经济的基本要素形式，展现出蓬勃的生命力，呈现出门类齐全、层次多样的特点。

三　加入世贸组织推动文化产业繁荣扩张

2001 年 12 月 11 日，中国加入世贸组织，一方面推动市场经济建设进一步发展，另一方面使中国各类型产业面临日益激烈的国际竞争，特别是文化产业面临着更为突出的国际竞争态势。而文化产业不仅是经济竞争力的表现，还代表了一国的文化软实力，关系着国民的文化自信。因此，加入世贸组织后，国家把发展文化产业提高到新的战略层次，一方面继续通过深化改革破除影响文化产业发展的体制障碍，另一方面推出了更多的支持政策以全面扶持文化产业的跨越式发展。

文化产业的概念尽管在 20 世纪 90 年代已经进入政府文件，但直到 2002 年，党的十六大才首次在党的正式文件中关注文化产业的发展，并对文化事业与文化产业的功能进行了区分，强调要"一手抓公益性文化事业，一手抓经营性文化产业"①，这说明党从战略高度对文化产业发展进行了新的定位。为贯彻落实党中央对文化产业发展的战略部署，2003年9月，原文化部制定下发《关于支持和促进文化产业发展的若干意见》，将文化产业界定为"从事文化产品生产和提供文化服务的经营性行业"，并将演出、影视、音像、文化娱乐、文化旅游、网络文化、图书报刊、文物和艺术品以及艺术培训等9大行业纳入文化产业的管理范围。2007年，党的十七大报告再次关注文化产业发展问题，并从提高国家文化软实力的角度提出要解放和发展文化生产力。由此可以看出，党从政治高度认识到文化产业的重要作用。为了对文化产业发展进行更有效的规划指导，2009年我国出台了《文化产业振兴规划》，从战略和策略上对文化产业进行了论述和规划。

为适应文化产业新的发展需要，政府文化职能进一步转变，通过体制变革突出政府的宏观管理职能，弱化政府的微观管制职能，改变以前既管文化又办文化的局面。在管理方式上，注重综合运用法律、经济、行政等管理手段进行管理。在增强市场主体活力上，一方面在国有文化产业单位继续推进转企改制、事业单位内部改革、实施文化改革试点等体制机制创新，提高国营文化产业的市场化运作水平和竞争活力；另一方面通过降低市场准入资格、取消行政限制、出台支持金融税收政策措施来鼓励民营企业、民间资本投资，进一步扩大民营市场主体规模。

总的来说，借助"入世"东风，文化产业的时代性和政治性进一步凸显，纳入全球化市场竞争体系的中国文化产业获得了更多关注和支持。在改革助力和政策红利的扶持激励之下，我国文化产业市场体系在这一时期不断完善，产业规模进一步壮大，产业门类日益齐全，产业形式更加丰富多样。

四 新时代文化产业发展的全面提升

党的十八大以来，党和政府越发认识到文化产业作为朝阳产业的产业特性，深刻认识到文化产业的全方位战略价值，开始在把握文化工作全局的基础上对文化产业发展进行顶层设计。按照习近平总书记关于文化产业工作的重要论述，政府采取一系列创新性举措，在文化领域实施创新驱动

---

① 《十六大以来重要文献选编》（下），中央文献出版社，2008，第380页。

发展战略，促进文化产业与其他相关行业全面协调发展，推动我国文化产业进入全面提升和创新发展的新阶段。与此同时，搭载文化产业发展快车，我国文化"走出去"的步伐不断加快，国际传播能力实现了大幅提高，中华文化的国际影响力进一步提升。

政府文化部门积极贯彻落实一系列重要指示精神，着眼于解决文化产业发展中遇到的瓶颈和痛点，通过强化政策保障和搭建服务平台的方式，有针对性地提出解决方案，为文化产业的健康快速发展"保驾护航"。

一是积极为文化产业发展提供资金和平台。党的十八大以来，政府部门、金融机构和文化企业等积极探索实践，协力推进文化金融合作，建立了"多层次、多渠道、多元化"的文化产业投融资体系。2014 年，按照党中央关于"鼓励金融资本、社会资本、文化资源相结合"的要求，原文化部、中国人民银行、财政部等联合印发了《关于深入推进文化金融合作的意见》，发挥文化产业政策、金融政策、财政政策的协同作用，全面深化文化金融合作。原文化部积极发挥财政资金的引导撬动作用，用好各类政府工具，积极推动社会资本和金融资本投入文化领域，扩大文化产业有效供给，联合财政部等部门积极推广文化领域的政府和社会资本合作（PPP）模式；推动将文化旅游基础设施列入专项建设基金的支持方向；推动出台文化产业专项债券，首次从企业债券领域为文化产业单列门类，并允许以项目未来收益权为债券发行提供抵质押担保。通过创新使用金融、财政、债券等资金支持手段，为文化产业快速发展的资金需求提供了多元化供给渠道。为加强对文化产业发展的服务功能，原文化部建成并运行文化产业公共服务平台，主要包括文化产业项目服务平台、文化消费服务平台、人才培养平台等子平台，为文化产业各参与主体提供项目展示推介、文化消费政策引导、人才培训交流等公共服务，以优质高效的平台服务助推文化产业跨越式发展。

二是积极推动文化产业的业态融合与创新。随着互联网技术的广泛应用和扩展，"互联网+"成为新时代文化产业融合创新的重要表征，政府积极推动以互联网引导文化产业的迭代升级和业态创新。在"互联网+"蓬勃发展的浪潮下，电影、电视、新闻出版、演艺等传统文化产业积极拥抱互联网，进行数字化转型，以互联网数字技术为媒介实现了文化产业的升级，推动了文化产业与其他产业的融合创新，带动了数字出版、手机游戏、网络文学、自媒体等新兴文化业态的繁荣发展。2018 年，文化和旅游部的组建以及各地文化和旅游机构改革的完成，开启了文化与旅游融合发展的新篇章，为新时代文化产业发展注入了新的动力和活力。文旅部门坚持"宜融则融、能融尽融、以文促旅、以旅彰文"，通过政策创新和资金投入大力支持引导文化与旅游进行全方位、多层次的融合发展，拓宽了文化产业的发展边界，推动了文化产业的理念升级和业态创新。

党的十八大以来，以习近平同志为核心的党中央高度重视文化产业发展，制定实施了《深化文化体制改革实施方案》《国家"十三五"时期文化发展改革规划纲要》等文件，加快推进《中华人民共和国文化产业促进法（草案送审稿）》等的批准和审核，在全面推进文化体制机制改革创新的同时，为文化产业发展立法，推进文化产业有序和规范发展。通过不断健全现代文化产业体系和市场体系，创新生产经营机制，完善文化经济政策，培育新型文化业态，推动我国文化产业进入高速发展期。随着文化体制改革的全面深化，文化领域创新驱动发展战略全面展开，文化产业与其他产业融合发展的趋势越发显著，多重利好因素的叠加推动这一时期的文化产业高速发展，文化市场在全球的竞争力也获得明显提升。党的十八大以来，文化"走出去"的步伐加快，讲好中国故事的力度加大。随着文化产业进入快速发展的轨道，产业结构不断优化，文化体制改革渐趋深化，中国文化企业的发展活力和市场竞争力不断增强，对外文化贸易规模不断扩大。文化产品出口近年稳居全球第一。特别是党的二十大以来，在文化产业高质量发展的助推下，我国文化软实力和中华文化影响力快速提升，中华文化更好地走向世界，展现出文化自信的卓越风采和文化复兴的恢弘气象。

第四节　我国现代文化产业体系发展与展望

一　我国现代文化产业体系的发展状况

经过改革开放 40 多年的发展，我国文化产业实现了从无到有、从弱到强。在这一过程中，我们对文化产业理念的认识不断深化，对文化产业政策的理解不断深刻，对文化产业发展规律的探索不断深入，走出了一条符合中国国情的文化产业发展道路。总体而言，从目前的文化产业结构、供给体系、产业布局和发展环境等方面来看，我国已初步建立起现代文化产业体系。

我国文化产业结构不断优化升级，目前新型文化业态更加丰富，文化产业数字化、网络化、智能化水平不断提高，总体已达到发达国家发展水平。文化产业链条和创新发展生态进一步完善，形成了互补互促的产业链条、和谐共生的创新生态。文化产业与相关领域融合更加深入，文化产业的带动辐射作用和融合互嵌作用愈加显著。当前，较为合理的文化产业结构也有效推动了我国文化产业整体实力和竞争力的增强。

文化产业体系的现代化还体现为我国文化产业供给质量得到明显提升。近年来，文化市场不断推出适应人民群众文化需求的精品力作，创作出更多具有自主知识产权的文化产品，形成了多层次的文化服务品牌，显示出我国文化产品和服务内涵品质稳步提高、文化从业人员的创新创意水平持续提升。文化产业供给质量的显著提升推进了城乡居民文化消费的日益活跃。

现代文化产业布局也日益形成并趋向合理。目前，我国文化产业的区域分工协作体系不断完善，文化产业协调发展机制逐步健全，已经建成一批具有较强示范效应和带动作用的文化产业功能区、文化产业中心城市、区域文化产业带。较为现代合理的文化产业布局有效带动了文化产业的规模化、集约化、专业化发展。

目前，我国已建立起有利于现代文化产业的发展环境。促进文化产业的法律制度体系不断完善，文化经济政策体系和文化产业投融资体系更加健全，文化产业的消费理念不断强化，文化产业人才大量涌现。可以说，形成了有利于文化产业发展的法治环境、政策环境、消费环境和人才环境。健康有序充满活力的文化市场环境，有力促进了文化市场主体规模持续扩大，结构更加合理，竞争力显著提升。

近年来，中国文化产业年均增速明显高于 GDP 增速，是增长较快行业之一。2022 年末，全国通过统计直报系统报送的各类文化市场经营单位共计 20.28 万家，从业人员 134 万人，营业收入 14106.44 亿元，营业利润 2349.97 亿元。文化产业在促进国民经济转型升级和提质增效、满足人民精神文化生活新期待、提高中华文化影响力和国家文化软实力等方面发挥了重要作用。目前，中国新闻出版、电视剧产量居世界第一，电影产量居世界第二。在体量增大的同时，文化产业的质量效益也持续提升，初步构建起结构合理、门类齐全、科技含量高、富有创意、竞争力强的现代文化产业体系。

二　我国现代文化产业体系发展的未来展望

随着我国进入新发展阶段，供给侧结构性改革不断深化，现代产业体系加快发展，以国内大循环为主体、国内国际双循环相互促进的新发展格局加快构建，文化产业将深度融入国民经济体系，在服务国家重大战略、培育新的经济增长点、赋能经济社会发展方面发挥更大作用。新一轮科技革命和产业变革的深入发展，创新驱动发展战略的深入实施，将不断催生新产品、新业态和新模式，为文化产业转型升级提供强劲动力。人民美好生活需要日益广泛，对精神文化产品供给提出更高要求，文化产业将成为增强人民群众获得感、幸福感的重要途径。与此同时，我国发展不平衡不充分问题仍然突出，也给文化产业发展带来了风险和挑战。文化产业自身发展的质量效益不高，产业结构还需优化，城乡区域不平衡问题仍然突出，文化产业和旅游产业融合不够深入，文化企业整体实力偏弱，创新创意能力和国际竞争力不强，文化经济政策有待完善落实。综合各方面的因素，在下一阶段，我国现代文化产业体系发展将有以下几个方面的趋势和动向。

（一）　创新驱动将成为文化产业高质量增长的强大动能

新时代的文化产业越来越表现出创意产业的特征，创意的内核源于各种形式的创新，只有坚持创新驱动，才能汇集起文化产业高质量发展的强大动能。首先，应通过融合创新加快发展新型文化业态。进入新时代，要更加积极主动地顺应数字产业化和产业数字化发展趋势，以理念创新引导技术融合创新，加快推动5G、大数据、云计算、人工智能、超高清、物联网、虚拟现实、增强现实等先进技术与文化产业深度融合，在数字文化产业发展上抢占先机，通过形式创新和内容创意的融合嵌入，积极发展线上演播、数字艺术、数字娱乐、沉浸式体验等新型文化业态。加快推动数字文化产业赋能实体经济是融合创新的重要内容，积极引导社交电商、网络直播、短视频等在线新经济嵌入更多的文化创意，推动数字新经济与文化的融合，将显著提升数字文化经济的品质和内涵。其次，要充分运用数字文化新技术推动中华优秀传统文化创造性转化、创新性发展。通过促进文化资源数字化转化和开发利用，推进传统文化与数字技术新形式新要素的结合，大力改造演艺、娱乐、工艺美术、文化会展等传统文化行业的艺术表现形式，提升其科技内涵，推动优秀文化资源的再生和增值，切实推进传统文化行业转型升级。总之，要通过理念创新、技术创新、业态创新不断推动技术与文化的融合、传统与现代的结合，打造出更多文化产业新业态和数字文化强品牌，促进文化产业由高速增长向高质量增长转变。

（二）以供需两端优化升级形成动态平衡的文化产业供需体系

现代文化产业体系建设需要在供需两端同时发力、同步协调。因此，围绕满足人民群众日益增长、不断升级和个性化的文化消费需求，需要把实施扩大内需战略同深化供给侧结构性改革有机结合起来，优化文化需求侧管理，以高质量的文化产品供给引领和创造新需求，以需求的结构变化引导供给体系和结构升级，加快形成需求导向和引领高水平动态平衡的现代文化产业体系。一是要持续扩大优质文化产品供给。鼓励和支持文化生产主体加大内容原创和产品研发力度，探索多种形式的文化产品创作生产，推出多种载体形式的文化产品，特别是以互联网、移动终端等为载体的数字文化产品。针对不同群体的多元文化需求，应在分类的基础上精准提供更多适应青年、少儿和老年群体文化消费需求的文化产品，积极探索开发适应不同消费层次的文化产品和消费模式。二是要多维度释放文化消费潜力，最大限度满足潜在需求。通过大力改造提升现有文化消费场所设施，提升文化设施服务水平，通过数字化建设加快提高文化消费场所、场景支付的便利度，推广电子票、云排队等网络消费新方式，提升数字化预约能力。总之，要加快推进文化产业方面的新基建，从多个层面提高文化消费便捷程度和舒适程度。在促进文化消费的体制机制创新方面，要进一步强化文化和旅游消费示范城市、试点城市引领带动作用，积极推动地方因地制宜举办文化消费季、消费月、消费周等多种促进消费活动，完善常态化消费促进机制。三是要发展新型文化消费模式，通过创新文化消费场景，发挥线上交流互动、品牌打造、精准营销等优势，推动线上线下消费融合互促，加快培育网络消费、定制消费、体验消费、智能消费、互动消费等新型文化消费形态和模式。

（三）以更高程度的融合发展推动文化产业与关联产业的互促共荣

文化产业具有赋能、赋魅和赋形等独特功能，同时其自身发展也需要与其他产业融合互鉴，因此需要以更高程度的融合发展推动文化产业与关联产业的互促共荣。在文旅融合方面，要坚持以文塑旅、以旅彰文，强化文旅产业链条的对接整合，在价值链条上的共创共享，为旅游产业注入文化内涵，为文化产业打造旅游场景，加快实现文化产业和旅游产业双向融合、相互促进。具体而言，一是要大力营造文化和旅游融合发展的重点业态。积极利用数字技术推动文化和旅游的业态融合，鼓励和支持数字文化企业与互联网旅游企业对接合作，促进数字文化内容向旅游领域延伸，推动旅游资源的数字化改造，加快形成数字文旅新业态。强化文化对旅游的内容支撑和创意提升作用，加快推动旅游演艺、文化遗产旅游、研学旅游、主题公园、主题酒店、特色民宿等业态提质升级，不断培育融合新业态。二是要全面打造文化和旅游融合发展新载体。要进一步加强对文化和旅游资源的统筹整合，加快推动更多文化资源要素和旅游资源要素的相互转化，在多样化的载体形式上形成更丰富的文旅产品。比如，可以推动建设一批国家文化产业和旅游产业融合发展示范区、度假区、旅游休闲城市和街区等多种载体形式的文化旅游融合发展业态，积极发挥示范区等的引领整合作用，以形式丰富的融合载体着力打通上下游产业链，推动产业链深度融合互促，形成更高质量的文旅产业融合发展业态。除此之外，还要积极推动文化产业与其他相关领域融合，包括加快推动文化产业与文化事业融合互促，积极推动文化产业发展融入生态文明建设全局，推动文化与农村一二三产业融合发展以及文化产业与健康养老产业结合，推动文化与商业深度融合，形成文化产业全面融入和赋能经济的良好发展态势。

（四）强化文化产业国际合作，形成文化竞争新优势

进入新时代，文化产业发展面临更多机遇和挑战。为进一步提升文化产业竞争力，需要立足国内大循环，以此吸引全球文化资源要素流入，积极推动文化产业发展的国内国际双循环，充分利用国内国际两个市场、两种资源，坚持文化产业高水平"走出去"和高质量"引进来"并重，协同推进国内文化产业发展和国际合作，构筑互利共赢的文化产业合作体系，

进一步提升中国文化产业参与国际合作的能力，加快培育中国文化产业参与国际竞争的新优势。首先，要着力构建文化产业国际合作新格局。夯实创新文化产业国际合作框架，积极构建务实高效的多层次政府间产业政策协调对话机制和文化产业合作多边机制，加快推进战略、规划、机制对接；加快拓展中国文化产业的市场体系和规模，积极引导文化企业深耕传统出口市场、拓展新兴市场，通过加强与共建"一带一路"国家的政策、资源、平台和标准对接，拓展亚洲、非洲、拉美等市场；加快提升中国文化产业在全球体系的话语权，加强与全球文化领域专业国际组织的对接合作，积极参与全球文化产业治理，提升我国在国际层面的文化产业资源调配能力，强化我国在国际层面的文化贸易规则制定权。其次，要增强对外文化贸易综合竞争力。积极参与国际市场竞争，提升对外文化贸易综合竞争力是我国文化产业发展壮大的必由之路，因此需要进一步在产品内容创新、标准制定、领头企业培育等方面加大支持力度和引导效度。在内容创新上要鼓励企业坚守中国文化底色，兼容域外文化特色，开发并提供具有中国风范和一流品质的文化产品和服务，加快打造具有本土特色和国际影响力的中国文化品牌；在产业标准制定上，加快改变我国在文化产业标准制定权上的落后局面和参与不足的困境，加强优势领域国际标准制定和推广；在领头企业培育上，要形成文化产业企业发展梯队，有针对性地进行支持培育，加快形成一批具有国际竞争力的外向型领头雁文化企业，强化领头雁企业的示范引领效应。

第十七章 国家文化治理现代化

第一节 文化治理与国家文化治理

一 从文化治理到国家文化治理

我国台湾地区学者廖世璋于 2002 年最早提出了"文化治理"概念，他认为文化治理即国家对文化发展的干预，文化是国家治理的场域和对象。在他看来，文化治理等同于文化政策。[①] 中国大陆学者郭灵凤在 2007 年对欧盟文化政策和文化治理进行了研究，指出"文化治理"无疑是文化管理体制的一次根本性变革，"合作"取代"管理"成为文化管理部门的基本执政思路。[②] 文化治理研究在中国大陆逐步兴起，吴理财较早地把文化治理引入公共文化服务的运作研究，[③] 胡惠林从国家文化治理角度论述了文化产业发展问题。[④]

2013 年，党的十八届三中全会将"文化治理"作为正式的政策话语提出之后，文化治理便超脱了原有的文化政策意义上的学术化概念，在中国更多地与治理理论相结合，特别是在"国家治理体系和治理能力现代化"的政策表述出炉以后，治理的理念获得了广泛的认可和使用。治理与文化相结合，便产生了中国特色"文化治理"理念，文化治理的治理属性内在地要求公民的文化参与和多元主体合作，这是对发展以人民为中心的文化事业的时代表达，拓展了公共文化服务的形式与内容，文化治理进入国家

---

① 廖世璋：《国家治理下的文化政策：一个历史回顾》，《建筑与规划学报》2002 年第 2 期。
② 郭灵凤：《欧盟文化政策与文化治理》，《欧洲研究》2007 年第 2 期。
③ 吴理财：《公共文化服务的运作逻辑及后果》，《江淮论坛》2011 年第 4 期。
④ 胡惠林：《国家文化治理：发展文化产业的新维度》，《学术月刊》2012 年第 5 期。

视域，形成了国家文化治理的实践话语。

关于何为国家文化治理，目前学界的研究较为薄弱，尚未形成统一概念，只有个别学者对国家文化治理体系或治理能力进行了论述，如景小勇认为国家文化治理体系是以政府为"元主体"，政府、市场、社会等为多元主体，以保障国家文化需求、提供公共文化服务和满足私人文化消费为治理客体，以文化法治为基本方式，以法律、行政、经济、社会等为具体手段，为不断提升国家文化软实力而形成的理念法治民主、结构复合开放、功能全面互补、运行科学协调、手段创新规范、目标公平高效的动态发展系统。①

国家文化治理应是一个包含与文化治理相关的治理理念、治理方式、治理目标等多重要素的治理结构和体系。国家文化治理的主要特点体现在文化治理主体的多元化、文化治理方式的多样化和文化治理目标的多重化三个方面。治理主体的多元化就是主张在公共文化服务中要构建政府引导，市场、社会等多元主体协同参与的文化治理框架，激活社会多方主体参与公共文化服务的积极性，打造多元主体协商共治的文化治理平台，以治理合力推动公共文化服务的效能提升。治理方式的多样化就是在公共文化服务中不能只局限于政府手段，还要引入市场和社会手段，同时要鼓励多种方式相结合，以提供多层次多种类的公共文化产品和服务。治理目标的多重化是指国家文化治理的目的不是单纯地治理文化进而提高公共文化服务水平，而是有着政治、经济、社会等多重目标指向，最终要达到文化引导社会、教育人民、推动发展的功能。

文化治理相对文化福利和文化权利来说是个更具包容性的概念，具有合作性治理特征的文化治理因应了公民参与意识的崛起、社会力量的壮大和国家现代化不断推进的多重因素的发展，以文化治理理念指导公共文化服务体系的建设能加快推进国家文化治理体系和治理能力的现代化。

二　国家文化治理的逻辑内涵

进入 21 世纪，随着民众文化需求层次的提高和参与意识的觉醒，文化统治模式早已过时，文化管理模式也无法有效应对新时期文化发展的要求

---

① 景小勇：《国家文化治理体系的构成、特征及研究视角》，《中国行政管理》2015 年第 12 期。

以及民众对美好文化生活的新需要、新期待，基于此，文化治理应运而生。20 世纪 90 年代，治理理论逐渐在西方社会兴起并得到实践，但是把治理引入中国文化研究领域却是 21 世纪的事情。文化治理具有比治理本身更丰富的内涵，它不仅要用治理的逻辑来发展文化事业，还要以文化为载体和内容来处理社会事务，也就是利用和借助文化的功能来克服与解决国家发展中的政治、经济、社会等问题。因此，国家文化治理就是要从国家治理的高度，把文化作为治理的工具和内容，促成国家发展中政治、经济和社会问题的有效解决。

国家文化治理在当代中国语境具有多重逻辑内涵。首先，在公共文化服务中，国家通过对文化资源的合理分配和文化内容的象征化及美学化展示，可以促进社会整合、强化政治认同；通过对文化产业扶持引导，优化文化产业的内容结构和产品形态，可以促进文化传播创新，提升国民的文化自信。总之，国家文化治理的一个重要任务就是加快提升本国文化产品和服务的数量和质量，以此培育高素质的公民。其次，在国家文化治理过程中通过公共文化服务的多元主体互动，可以重构政府与民众、民众与民众间的关系。一方面，政府以充足优良的公共文化服务满足民众文化需求，使民众切身感受到公共服务的便利，潜移默化地增强对政府的合法性认同，从文化路径实现对政治的服务式整合；另一方面，民众在共同参与公共文化生活时会展开互动与合作，形成公共交往和交流，建构出公共空间，进而孕育出公共性，从文化路径实现对社会的服务式整合。再次，国家文化治理要求公共文化服务摒弃政府包办思维，积极推进社会、市场等多元主体参与下的合作共治，以契合治理理论的多元合作精神，以文化共治达成全社会文化共识，推动形成文化治理共同体。最后，公共文化服务的生产也需要在政府体系内部强化资源整合、优化职责功能，以推动政府内部治理系统的转型升级，以有机协调的治理结构提升政府公共文化服务效能，实现政府治理结构的现代化。

以治理的逻辑推进文化事业的发展，不是放弃国家对文化的领导权，而是以群众更愿意接受和参与的方式来进行文化引领，也不是抛弃对文化事业和市场的管理，而是要整合资源、赋权社会，以更有效的方式进行文化生产和服务。所以，从国家治理的高度对公共文化服务体系进行文化治理，不仅赋予了公共文化服务更高的使命，也对其发展提出了更高的要求。

在全球化时代既要通过公共文化服务提高全民族的文化素质，促进民族文化复兴，又要以公共文化服务促进我国文化产业的发展，使我国文化产品在全球文化市场上具有更大的竞争力。同时在现代化进程中，还要完成对文化服务机构的改造升级，以更高的效率和水平为民众提供优质满意的公共文化服务，使民众在感受文化内涵和享受文化服务的过程中树立文化自信，增强国家认同。

第二节　国家文化治理能力与体系

随着学界对国家文化治理研究的深入和国家文化治理实践的发展，国家文化治理能力和治理体系现代化建设成为国家文化治理的重要任务和主要内容。文化治理能力和治理体系作为国家文化治理现代化的一体两面，相辅相成，有机统一。系统完备的文化治理体系是增强文化治理能力的前提和保障，高效健全的文化治理能力则是文化治理体系的功能体现。

一　国家文化治理能力

国家文化治理在发展过程中意在构建一种稳定持久的文化治理能力，文化治理能力作为文化治理主体通过文化治理机制和技术所生成的综合性能力，连接着文化主体与文化客体，贯穿于文化形式与文化内容。国家文化治理能力原则上应该包括文化价值领导力、文化政策协同力、文化精准服务力、文化产业竞争力和文化传承创新力，这五种基本能力构成了国家文化治理的能力体系。

（一）文化价值领导力

文化关涉公共价值生产和人们的价值取向，直接影响国民价值认同的形成，特别是社会核心价值观的确立，因此文化价值的领导力是国家文化治理能力的基础和关键。

从文化治理的角度来看，文化既是治理的内容也是治理的工具，文化价值领导力主要在两个方面展开：一是在文化生产领域，确保各种形式的文化主体生产出的文化产品符合法律法规所体现的国家意志和公序良俗，积极推动把党的理论思想和政策理念嵌入文化产品的生产中，强化以社会主义核心价值观引领文化生产的能力；二是在文化服务领域，要大力提升文化服务的品质和均等化程度，创新服务方式。文化价值领导力的形成和提升不仅在于使文化服务能够惠及尽可能多的民众，还在于能够提高文化服务的品质，引领民众的文化需求，使民众在享受文化服务的过程中自觉接受教育，认同文化服务背后的价值理念。

总之，强化文化价值领导力的关键是确保党对文化的领导权，强化对文化生产的价值规约和引领，以确保文化安全，培育文化自信，推动文化发展。提升文化价值领导力的基础在于优化文化服务，使更多民众能够共享承载社会主义核心价值观的优秀文化产品，在有效引领民众文化需求的基础上促进民众文化需求和文化服务的有效对接。

（二）文化政策协同力

文化治理的重要载体或领域就是文化政策。文化治理在早期也是文化政策研究，因此国家文化治理能力的重要体现就是文化政策能力。在各种政策能力中，尤以政策协同能力最为关键。

协同论将协同定义为在一定条件下，处于系统内部的具有相对独立、自治和自利能力的各子系统之间能够协同工作，推动系统由无序向有序发展。① 文化政策协同力即是指多个文化政策相互匹配或协调，以达成文化发展共同目标的过程，包括文化政策主体所制定的方案连贯一致，达到最小冗余和有序状态。文化政策协同力贯穿于文化政策生产和执行过程始终，需要注重文化政策制定的部门协同、府际协同，在重大文化政策上要体现城乡协同、政府与市场协同、政府与社会协同，在达至政策均衡的过程中形成政策合力。在具体的文化政策执行过程中，执行方应根据自身实际情况对政策内容细化与完善、合理选择政策工具、协调组织与执行主体，使执行行为与环节相互协调、相互作用，提升执行效率。

文化政策协同力关乎文化治理的政策质量和执行效能，是国家文化治理能力的重要支撑。培育和提升文化政策协同力是一项系统工程，需要不断更新政策理念，不断完善政府机构设置，不断强化执行系统效能。只有

---

① 郭淑芬、赵晓丽、郭金花：《文化产业创新政策协同研究：以山西为例》，《经济问题》2017年第4期。

从结构和要素上双向发力，才能有效改进文化政策协同力。

（三）文化精准服务力

在现代社会，每个公民都有平等享受文化服务的应然权利，但实际上由于公共文化服务供给的不精准，公民的文化需求不能及时有效地满足，因此文化精准服务力也是文化治理能力的重要依托。

目前，文化服务不精准显著制约了国家文化治理能力的提升。这种不精准，一是体现在供给数量上，也就是提供的文化服务要么不能满足特定空间内的群众需求，要么超出特定群体的需求造成了文化资源浪费；二是体现在供给内容上，也就是提供的文化服务要么不符合民众的文化需求，要么不符合社会主义核心价值观。因此，提升文化的精准服务能力需要从服务供给的数量和内容上着手。就供给数量的精准服务而言，一是需要优化公共文化设施的空间布局，缩减超级文化设施的规模，根据人口分布情况综合考量规划文化设施，推动设施建设的小型化、社区化、便民化；二是需要综合利用信息技术手段，及时获取并分析汇总不同区域民众的文化需求状况，精准投放和输送文化产品。就供给内容的精准服务而言，一是畅通公共文化服务需求反馈渠道，建立及时反馈甚至时时反馈的平台，根据民众的需求变化动态调整文化产品供给；二是对民众文化需求进行精准引领，改变传统的说教模式，创新社会主义核心价值观植入文化产品的方式，以创新的文化服务引领民众文化需求转型。

文化精准服务能力的提升既可以使公共文化服务由更多人共享，显著增加文化治理的受众，也可以使文化服务与民众需求在更高程度上匹配，增强文化治理的效度。

（四）文化产业竞争力

积极发展文化产业加快满足群众多层次文化需求，以文化产业带动经济社会发展是我国文化治理的题中之义，而国际市场上文化产业竞争力的提升则是国家文化治理能力在经济全球化时代的全新体现。

文化产业竞争力是由一国文化企业在国际文化产业市场上的出口规模、占有率和盈利能力等竞争指标所形成的综合影响力和整体结构能力。提高文化产业竞争力的基础在于文化产业发展机制的创新，只有通过创新机制引导文化产业发展所必需的参与主体、发展资金和文化资源的投入与整合，才能加快推进文化产业的跨越式发展。因此，应进一步创新文化产业发展的主体培育机制，通过内部孵化和外部引入，培育多元文化产业发展主体；创新文化产业的政府引导机制，构建收益合理的回报机制和风险规避机制，创新宣传引导和示范引导机制，引导多元资金和人才进入文化产业；创新乡村文化资源整合机制，通过创意整合、技术整合，形成文化产业品牌。提升文化产业竞争力还需要优化文化产业发展路径，丰富文化产业发展模式。具体而言，要加快实现由文化资源驱动向文化创新驱动的路径转变，抛弃文化资源粗放型开发模式，把文化创新作为文化产业发展的持续动力；要着力推进由单一型发展向融合型发展的路径转变，摒弃过去就文化产业发展文化产业的思想，要打开思路将文化资源融入多种产业，促进产业融合发展；要大力推动由依靠内生文化资源发展向吸收多元文化资源发展的路径转变，积极吸收外部多元文化的有益营养，特别是注重对现代技术的运用，把文化产业和数字技术、互联网技术结合起来，使中国文化产业走向更高更远的舞台。

文化产业竞争力的提升不仅有利于进一步推动我国产业结构的优化，也将加快中华文化在全世界的传播推广。更高水平的文化产业竞争力可以为讲好中国故事提供更多渠道和载体，更高质量的中国文化产品则可以增强中华文化的吸引力和美誉度。

(五) 文化传承创新力

作为国家文化治理的重要议题，文化的传承创新关系着我国优秀传统文化和红色文化的赓续发展，是坚持文化自信、推进文化自强的内在要求，因此文化传承创新力是国家文化治理能力的重要指标。

提升文化传承创新力需要从多方面着手。首先，需要确立传统文化和红色文化在当代的价值坐标。认识到传统文化和红色文化传承创新的多重价值，使全社会尊重和热爱传统文化、红色文化，鼓励更多人投入文化传承创新中去。其次，要持续加大对传统文化和红色文化发展的扶持保护力度。通过完善相关法律法规，出台相应的财政金融支持政策，加强人才梯队建设等，建立起对文化传承创新的全方位支持体系。最后，要加强对文化的整合式创新。一是加强文化的内容整合创新，文化创意产业追求"内容为王"，只有加强对文化内容的整合创新，才能形成有竞争力的文化产品；二是促进文化与科技的整合创新，以科技赋予传统文化现代形式，是提升传统文化对青年一代吸引力的重要法宝；三是强化文化的价值整合创新，发掘传统文化与红色文化的政治、经济、社会价值，对这些价值进行整合创新，融入文化产品的开发和保护之中，实现文化创新的价值最大化。

文化传承创新力提升的关键在于激发青年一代对继承和弘扬传统文化与红色文化的文化自觉和文化担当，为年轻人进行文化传承创新提供全方位的制度支持和价值引导，使之成为中华文化内生发展的源头活水。

二　国家文化治理结构

国家文化治理体系包含一系列治理结构，主要有主体结构、客体结构、要素结构等，这些治理结构在文化治理中扮演和发挥了不同的角色和功能，共同组成了国家文化治理体系。分析国家文化治理结构，有利于走进国家文化治理体系内部，认清文化治理的内容与特征。

（一）文化治理的主体结构

文化治理的主体是政府、市场和社会，三者共同承担了文化治理总体任务，但是每个主体扮演的角色、发挥的功能各异。其中，政府担负着文化治理的领导责任和总体责任，包括文化治理的战略规划、制度设计、政策实施、资金筹措等，各级政府组成了一个层级化的文化治理运作结构，包括从中央到地方的五级政府，中央政府负责制定文化治理的宏观战略方针，文化职能部门负责战略规划的细化以形成普遍性的文化政策，地方各级政府主要负责执行政策，并根据地方实际进行政策创新。除了文化职能部门，政府直接领导和管理的文化机构包括从中央到地方的各级文化事业单位、国有文化院团，事业单位一般负责提供具体的公共文化服务。

各种市场主体已成为我国参与文化治理的重要力量。文化市场主体是指各种以市场化机制运作的文化企业，具体包括两大类型：一是以文化为核心内容，为直接满足人们的精神需要而进行创作、制造、传播、展示文化产品（包括货物和服务）的生产经营活动，主要涉及新闻信息服务、内容创作生产、创意设计服务、文化传播渠道、文化投资运营和文化娱乐休闲服务等行业；二是文化产品生产活动所需的文化辅助生产和中介服务、文化装备生产和文化消费终端生产（包括制造和销售）等所衍生的产业类型。作为参与文化治理的市场主体，文化产业可以为社会公众提供不同层次的文化产品和服务，满足不同群体的文化需要。现代多元的文化产业既是对政府公共文化服务的有力补充，也是重要的产业类型，具有独特的经济价值。强化文化市场主体参与文化治理，一方面要按照文化产业发展规律继续支持鼓励文化产业的发展，形成具有国际竞争力的文化产业体系，另一方面要加强监管和引领，使文化产业的发展始终坚持社会主义核心价值观，发挥文化产业参与治理的正向功能。

改革开放后，随着社会组织的发展壮大，社会组织参与文化治理也成为文化治理现代化的重要表现。目前，已经形成了形式多样、规模庞大的社会文化组织。社会文化组织参与文化治理区别于其他主体的主要特征是公益性和自发性：与文化市场主体不同，社会文化组织为民众提供文化服务主要基于公益目的，不是为了获取经济利益；与政府文化单位不同的是，社会文化组织一般是由民众自发组织的文化团体，具有独立运作的机制，不完全依靠政府。社会文化组织能够提供更具多元化的文化选择，成为政府公共文化服务的有益补充。目前，政府日益认识到社会文化组织在为民众提供多元化文化服务方面的独特功能，积极通过多种方式支持和引导社会文化组织的发展。各地也积极推动实行政府购买服务、免费提供设施空间、设施空间合作运营、项目合作运营、提供展示平台等方式来激发社会文化组织参与公共文化服务的内生动力。优化社会主体参与文化治理。一方面要在法律框架内给予社会文化类组织更多的发展空间和政策资金扶持，探索社会文化组织发展的长效机制，开展社会文化组织参与文化治理的品牌活动；另一方面加强对社会文化组织的规范管理和价值引领，使其服务于国家文化治理的总体目标。

（二）国家文化治理的客体结构

国家文化治理的客体结构主要包括治理的目标、治理的对象以及治理的内容，三者之间具有内在统一性且相互制约。其中，文化治理的目标决定了治理对象和治理内容的范围，治理对象和治理内容的选择又影响着治理目标的确立和实现。

国家文化治理目标是多层次和多维度的，呈现为一个目标体系。其中，国家文化治理的总目标是建设社会主义先进文化，推动文化事业全面繁荣和文化产业快速发展，提升国家文化软实力。从价值和效率层面看，国家文化治理的价值目标是满足人民的文化生活需求，繁荣发展社会主义先进文化；效率目标是建立高效运转的公共文化服务体系和高度发达的文化产业体系。从目标的不同层次来看，国家文化治理的宏观目标是建立现代化的文化治理体系和治理能力，推动文化自信和文化自强；中观目标是建立完善的公共文化服务组织体系、文化产业体系，健全文化发展的法律制度体系；微观目标是建立健全文化产品的高效生产机制，文化服务的精准服务机制，文化价值的引领机制，文化需求的表达机制。从对受众的治理效果来说，国家文化治理的目标是提高全民族的思想道德水平和科学文化水平，增强民众对国家的合法性认同、民族认同与文化认同。由此可以看出，国家文化治理的多重目标共同引领着文化治理的方向和路径，从目标层面体现了文化治理的系统性和协同性。

文化概念的复杂性和文化治理实践的多样性，导致文化治理对象和内容也比较庞杂，甚至包罗万象，需要从不同角度去理解。从作为被治理的客体来看，政府及其文化职能部门是文化治理的首要对象，政府的文化体制及其机构设置都需要从治理的角度出发不断改革优化，以提升其对文化的监管、引领、服务和整合功能，构建现代化文化治理体系。文化市场也是文化治理的重要对象。总的来看，文化市场作为市场化机制生产和提供文化产品的领域主要以营利为目的，如果不加规约则可能出现为了营利而违反法律和道德的生产经营行为。与此同时，在全球化背景下，文化产业的国际竞争加剧，作为后发国家文化产业发展还处在较低水平，如果不加以扶持引导则会被国外文化产业冲垮，无法建立本国的文化产业体系，因此对文化市场的治理需要强化监管和引导扶持。社会民众是文化治理的最终影响对象，文化治理最终落实到对人的治理上，文化治理的目的也是通过文化的力量改变人们的思想，引导人们的行为，为社会培养有道德有文化的现代公民。

从文化治理的过程来看，文化治理的主要内容有文化的生产、流通和消费三个环节。文化生产主体包括文化市场、文化事业单位、社会组织和个人，对生产环节的文化治理主要通过制定法律、法规、政策来规范文化生产秩序并进行监管，通过政策资金鼓励和引导文化生产的创新发展，推动文化生产转型升级；对流动环节的文化治理主要包括通过法律法规规范流通秩序，建立畅通高效的文化产品流通渠道；对消费环节的文化治理主要包括营造和维护安全稳定的消费环境和消费秩序，引导人们的消费需求，畅通消费反馈渠道。

国家文化治理结构涉及文化发展的方方面面，需要系统谋划和整体优化，以制度机制创新推动各要素之间耦合互补和良性互动，形成更具嵌合度和有机性的现代国家文化治理结构。

第三节 改革开放以来国家文化治理的历程与成效

国家文化治理不同于文化管理和文化统治，文化治理最主要的特点是多元主体参与文化的生产和服务，而在改革开放前的全能型政府时期，国家对文化更多的是进行单一主体的统治管理和全盘包办，市场和社会没有参与文化生产的可能，因此改革开放前不存在现代意义上的文化治理。

改革开放后，随着市场经济体制的确立和完善，文化体制改革出现了市场化取向，社会组织也逐渐加入文化服务生产的行列，国家文化治理在改革开放后经历了一个发展演变的过程，通过不断发展完善初步建成了现代化的国家文化治理体系。

一 文化体制改革市场化阶段的文化治理

改革开放后，市场化改革逐步从纯经济领域扩散到文化领域，标志着我国文化治理现代化的正式起步。改革开放的推进打破了原有的意识形态禁锢，带来了各个领域的变革，总体上体现出国家的放权让利。

首先，文化领域的改革体现为国家对文化与政治的关系进行了新的界定。1979年邓小平在讲话中指出："党对文艺工作的领导，不是发号施令，不是要求文学艺术从属于临时的、具体的、直接的政治任务，而是根据文学艺术的特征和发展规律，帮助文艺工作者获得条件来不断繁荣文学艺术事业，提高文学艺术水平，创作出无愧于我们伟大人民、伟大时代的优秀的文学艺术作品和表演艺术成果。"[1] 这一表述破除了对文化的绝对政治化

---

① 《邓小平文选》第2卷，人民出版社，1994，第213页。

的领导，形成了相对宽松的政治文化关系。与此同时，1979 年国内开始出现了音乐茶座、外国商业广告等市场化的文化内容。对文化领域控制的相对放松也为国家逐步开始接纳文化的市场因素提供了可能。

其次，国家对文化领域的改革还体现在文化治理模式的转变上。国家开始从计划经济体制下对文化的全盘包办转向市场经济条件下对文化的监管，通过对文化事业单位进行市场化改革和给予文化市场主体更多的发展空间，初步建立了以市场化机制进行文化生产服务的文化市场，政府文化部门更多的履行对文化市场主体的监管职能。1989 年，原文化部正式设置文化市场管理局，标志着全国文化市场开始建立并逐渐进入规范化治理阶段。20 世纪七八十年代的文化市场化改革主要基于减轻包办包袱和提升文化事业单位活力，在客观上不仅为民众文化需求的满足提供了更多选择，也使文化产业逐步成为产业经济的一部分，完善了整体的市场经济体系。90年代，文化市场化改革进一步深化，国家开始从产业发展的高度推进文化市场化，进一步提升了文化市场参与文化治理的能力。

由此可以看出，改革开放后国家把市场机制引入文化领域的步伐一直没有停滞，并在不断深化发展，文化市场体系日益成为国家文化治理的重要组成部分。

二 市场、社会齐头并进阶段的文化治理

进入 21 世纪之后，在文化市场化加速发展的同时，国家开始重视社会组织的发展，社会组织参与文化生产服务的范围不断扩大、方式不断创新，形成了市场与社会齐头并进参与文化治理的新阶段。

随着经济社会的发展和中产阶层的壮大，人们对自主性的追求导致社会组织蓬勃发展，社会组织参与文化生产服务越来越普遍。《中国文化及相关产业统计年鉴（2018）》统计数据显示，2007~2017 年这十年间，我国文化类社会组织总数迅速增长，平均年增长率为 10.36%。截至 2017 年，我国共有 59857 个文化类社会组织。由此可以看出，进入 21 世纪，文化类社会组织在政府引导和社会自主的共同推进下获得了显著发展，并成为文化产业体系和公共文化服务体系之外人们满足文化需求的新选择。文化类社会组织参与文化生产服务既可以通过自发的形式开展文化活动，也可以与市场或政府合作，共同提供文化产品和服务。文化类社会组织开展文化生

产服务，一方面可以满足组织内成员的文化需要，另一方面可以为更广大的社会群体提供文化产品和服务。

文化类社会组织参与文化治理从总体上为社会提供了更多的文化选择，在内容和形式上提供了更具自主性和多样性的文化产品和服务，因此从整体上提高了社会的文化福利水平，营造了良好的社会文化氛围。21世纪的市场、社会共同参与文化治理，初步形成了多元主体参与文化治理的良好格局。

三 政府主导多元共治阶段的文化治理

进入新时代以后，国家治理现代化进入快车道，同时要求充分发挥政府、市场和社会多元主体的积极功能，形成有为政府、有效市场与有机社会的充分结合。

国家文化治理现代化同样需要建立政府主导、多元共治的现代治理结构。随着文化产业的快速发展，我国文化市场主体规模越来越庞大，产业竞争力日益增强，并已经成为重要的经济产业类型，文化市场主体为满足不同群体的文化需求提供了不同层次和形式的文化产品与服务。同时，政府公共文化服务也通过购买的方式把市场主体纳入文化供给体系之中，这些政府文化部门与文化市场之间形成了较高层次的互补和合作。

目前，文化类社会组织发展迅猛，正式的文化类社会组织数以万计。截至2021年，我国社会组织总量为901870个，文化领域社会组织有76635个（占8.50%），非正式的文化类组织更是不计其数。[①] 这些文化类社会组织广泛参与群众的文化活动，形成了很多群众文化品牌，为广大群众提供了丰富多彩的文化产品和服务。文化类社会组织的发展受到政府的高度重视和大力支持，各级政府都有专门的政策和资金引导文化类社会组织参与文化服务。比如，为其提供活动场地、经费，把文化类社会组织纳入政府购买服务的范畴等，文化职能部门和文化类社会组织之间也形成了良好的互动合作关系。

随着现代公共文化服务体系的日益完善，现代文化产业体系的初步形

---

① 黄晓勇：《2021年中国特色社会组织高质量发展报告》，载黄晓勇主编《社会组织蓝皮书：中国社会组织报告（2022）》，社会科学文献出版社，2022，第4~5页。

成和文化类社会组织的蓬勃发展，政府主导、市场和社会等多元主体共同参与的文化治理体系进入了新的发展阶段。

第四节　国家文化治理现代化的未来展望

在全球化和信息化时代，各国之间的文化竞争日趋激烈，群众的文化生活需求日益增多。在国际国内双重背景下，国家文化治理现代化需要进一步强化底线思维、系统思维和治理思维，以文化安全为底线，坚持固本强基，以文化繁荣为高线，推动百花齐放，以文化育人为内核，实现文明振兴。

一　以文化安全为底线，坚持固本强基

文化涉及社会价值观和意义的争夺，关乎政治合法性、国族身份的建构和持续生产，所以文化领域的互动既有合作，也有竞争、冲突和对抗，这也是文化政治的内在意涵，正如萨伊德（也译作"萨义德"）所说："文化成了一种舞台，上面有各种各样的政治和意识形态彼此交锋。文化决非什么心平气和、彬彬有礼、息事宁人的所在；毋宁把文化看作战场，里面有多种力量崭露头角，针锋相对。"[①] 在全球化时代，文化交流范围的扩大也带来更多文化渗透甚至文化颠覆的风险，特别是在西方国家日益围堵中国发展的情况下，保障文化安全显得尤为迫切。党的十八届三中全会提出，要"切实维护国家文化安全"。党的二十大报告强调："推进国家安全体系和能力现代化，坚决维护国家安全和社会稳定。"[②] 文化安全是国家安全的重要组成部分，关乎国家政权颜色、文化血脉、价值导向，强化底线思维，推动文化安全体系和能力现代化建设至关重要。因此，保障国家文化安全的底线应该是未来相当长一段时间内文化治理现代化的紧要目标。

保障文化安全首先要坚持和强化党对文化的领导权，优化党对文化工作的领导方式，强化党对文化工作的领导效能，始终代表和推动中国先进

① 〔美〕爱德华·萨伊德、谢少波：《文化与帝国主义》，《马克思主义与现实》1999 年第 4 期。
② 习近平：《高举中国特色社会主义伟大旗帜 为全面建设社会主义现代化国家而团结奋斗——在中国共产党第二十次全国代表大会上的报告》，人民出版社，2022，第 52 页。

文化的发展方向，始终坚守中国特色社会主义文化价值体系。其次，要大力厚植文化自信，加快推动优秀传统文化的创造性转化和创新性发展，使中华文化成为国民安身立命之基，培根铸魂之本，以对中华文化的自信培养国民开放包容的文化心态，加快提升民众的文化鉴别力和文化免疫力，铸就文化安全的人民防线。最后，要着力推动文化自强，大力发展社会主义现代公共文化服务体系和文化产业体系，提升中国文化的产业竞争力和价值引领力，以中国文化解读中国之治，以中国智慧回应全球课题，为人类命运共同体的建构增添更多的中国文化元素。

二 以文化繁荣为高线，推动百花齐放

习近平总书记强调："文化是一个国家、一个民族的灵魂。文化兴国运兴，文化强民族强。没有高度的文化自信，没有文化的繁荣兴盛，就没有中华民族伟大复兴。"[①] 可以说，没有社会主义文化的繁荣发展，就不能实现中华民族的伟大复兴和社会主义现代化。国家文化治理的现代化是中国特色社会主义现代化的重要组成部分，文化繁荣是中华民族实现伟大复兴的必然要求。

治理视角下的文化繁荣既包括文化创作生产和服务供给的繁荣，也包括全体民众能够共享文化繁荣。因此，以文化繁荣为高线，首要的任务就是推动文化创作生产的百花齐放，充分发挥公共文化事业单位、文化产业主体、社会文化组织和个人的文化生产创作的积极性、主动性，引导文化生产创作主体在正本清源、守正创新中为人民群众提供昂扬向上、多姿多彩的精神文化食粮，以多种层次和形式的文化作品讲好中国故事，发出时代强音。此外，推动文化繁荣还需要进一步完善文化产品流动和供给的平台，加快推动文化数字平台建设和公共文化服务设施的布局优化，畅通文化产品流动渠道，扩大优秀文化产品的传播范围，使更多民众共享文化成果，形成生产者和消费者的良性互动，营造出推陈出新、百家争鸣的文化盛景。总之，要以文化消费引领文化创作生产，以文化基建护航文化流通供给，以公共文化的便利性、均等性提升共享水平，提升人民群众的文化获得感，在不断推进文化治理现代化的过程中持续推动我国文化事业的繁

---

① 《习近平著作选读》第 2 卷，人民出版社，2023，第 33 页。

荣发展、百花齐放。

三　以文化育人为内核，实现文明振兴

文化治理的内核是以文化育人，通过文化的浸润和教化，促进人的全面发展，推动社会文明进步，"文化育人在更深层面关系到每一个个体的文化身份认同与文化身份归属，在更高层面则关系到一个民族的文化传承与文化创新，乃至民族核心价值观的塑造与凝聚力和向心力的提升"①。国家文化治理现代化就是要不断提升文化育人的效能，优化文化育人的内容方法，最终实现中华文明的振兴。

文化育人内容为先，首先要大力推进社会主义先进文化的繁荣发展，积极使中华优秀传统文化、革命文化与现代文化相结合，创作生产出更具时代性和中国特色的社会主义先进文化，以更具人民情怀、家国情怀的文化去感染人、教育人、引领人。其次，文化育人要创新形式，文化的艺术形式要注重多元融合，积极引导和鼓励文化创作的形式多样化，兼顾不同群体和阶层的文化需求和审美水平，在文化艺术形式上博采众长，融汇古今，用更多群众喜闻乐见的艺术形式进行呈现和创作；文化的服务形式要丰富多彩，不同的文化服务形式会产生不同的服务效果，针对不同的群体特征积极开发不同的文化供给方式，进一步提升文化服务供给的精准化水平，提升文化服务的效能。最后，文化育人效能的提升还需要进一步完善文化职能部门的机构设施，优化文化治理机制和体系，形成较强的现代文化治理能力。总之，在国家文化治理现代化进程中要坚持文化育人的核心要义，充分发挥文化深沉持久的向上向善功能和教育引导价值，全面提升国民的科学文化素养，最终实现中华民族的伟大复兴。

----

① 李建国：《文化育人的哲学省思》，《高等教育研究》2014 年第 4 期。

后 记

本书系安徽省高等学校省级质量工程项目（2022JCJS010）研究成果。

早在 2021 年初，我们就开始策划编著《文化政治学概论》。之后，经过多轮讨论，才最终确定了写作框架。

吴理财、吴侗、李山、张晒、解胜利、李韬、王松磊、李宗义、许雅淑等参与了讨论和具体写作工作。第一章、第四章、第十章由吴理财撰写，第二章、第三章由吴理财、吴侗撰写，第五章、第七章由王松磊撰写，第六章、第八章由张晒撰写，第九章、第十一章、第十二章由李宗义、许雅淑撰写，第十三章由李山撰写，第十四章由吴理财、解胜利撰写，第十五章、第十六章、第十七章由解胜利撰写。全书由吴理财、吴侗、李韬统稿。

曹义恒、岳梦夏编辑为本书编辑出版做了大量细致的工作，特此感谢！

吴理财

2023 年 7 月 16 日

图书在版编目（CIP）数据

文化政治学概论／吴理财主编. -- 北京：社会科
学文献出版社，2024.1
ISBN 978-7-5228-3108-4

Ⅰ.①文… Ⅱ.①吴… Ⅲ.①文化学-政治学 Ⅳ.
①G05

中国国家版本馆 CIP 数据核字（2024）第 019129 号

文化政治学概论

主　　编／吴理财

出 版 人／冀祥德
责任编辑／岳梦夏
责任印制／王京美

出　　版／社会科学文献出版社 · 政法传媒分社（010）59367126
　　　　　地址：北京市北三环中路甲 29 号院华龙大厦　邮编：100029
　　　　　网址：www.ssap.com.cn
发　　行／社会科学文献出版社（010）59367028
印　　装／三河市龙林印务有限公司

规　　格／开 本：787mm × 1092mm　1/16
　　　　　印 张：19.25　字 数：314 千字
版　　次／2024 年 1 月第 1 版　2024 年 1 月第 1 次印刷
书　　号／ISBN 978-7-5228-3108-4
定　　价／98.00 元

读者服务电话：4008918866